유아교육학시리즈

유아 컴퓨터교육

홍혜경 저

Computer Education

학지사

유아교육학 시리즈 집필진

양옥승(덕성여대)

김미경(총신대)

김선영(명지대)

김숙령(배재대)

김영연(신라대)

김영옥(전남대)

김지숙(건국대)

김진영(숭의여대)

김현희(학습발달지원연구소)

문무경(육아정책개발센터)

문미옥(서울여대)

박은혜(이화여대)

박선희(방통대)

백혜리(서울신학대)

서영숙(숙명여대)

신화식(한양여대)

오문자(계명대)

우남희(동덕여대)

유혜령(영남대)

이경옥(덕성여대)

이순례(강남대)

이 영(연세대)

이 옥(덕성여대)

이재연(숙명여대)

이차숙(경원대)

임승렬(덕성여대)

장혜순(강남대)

정채옥(아세아신학대)

조복희(경희대)

조부경(교원대)

조성연(호서대)

조은진(서울여대)

조형숙(중앙대)

조흥식(서울대)

지성애(전남대)

최양미(안양대)

현은자(성균관대)

홍혜경(전남대)

황해익(부산대)

'유아교육학 시리즈' 발간에 즈음하여

교육의 실천은 명시적이든 묵시적이든 인간과 학습에 대한 전제를 가정하며, 이것이 체계적으로 정리된 것이 곧 이론이다. 교육학은 이론을 통하여 교육현상을 기술, 설명함으로써 교육현장의 방향을 설정하고 개선하는 데 도움을 주는 학문이다. 이론은 실천을 대상으로 하고, 실천은 이론에 기초를 둔다.

한국의 유아교육학은 짧은 역사에도 불구하고 교육현장과의 밀접한 관련 속에서 많은 연구 성과를 이루어냈으며, 빠르게 성장했다. 그러나 그러한 과정에서 외국의 교육이념이나 제도, 정책 등을 소개하고 이것을 그대로 적용하려는 시도가 주를 이루어 왔음은 부인할 수 없다. 그러므로 이제는 질적 수준을 논의할 때고, 유아교육학의 학문적 역할이 그 어느 때보다도 중요하다는 것을 인식해야 할 때다.

그동안 유아교육에 대한 많은 연구와 실천은 아동심리학 내지 아동발달 이론과 밀접한 관련하에 이루어져 왔다. 유아발달에 대한 이해가 유아교육에 많은 시사를 주고, 유아교육이 발달에 대한 정보와 연구를 필요로 한다는 점은 의심의 여지가 없지만, 심리학이론에 대한 과도한 의존이 유아교육에 대한 역사적, 철학적, 사회과학적 분석을 놓치는 결과를 초래하였다. 유아교육학 연구는 이제 심리학의 영역을 넘어 다양한 주제와 영역으로 관심을 확장해 나감으로써 현장의 문제를 비판적으로 이해하고 해석할 수 있는 틀을 제공하며, 이러한 이해에 기초하여 교육실천을 개선하고 미래의 방향을 제시하는 역할까지도 해야 할 것이다.

현대 사회는 지식정보가 넘치는 사회다. 이러한 상황에서 유아교육의 학문적 발전과 이론 정립은 매우 시급한 과제라고 할 수 있다. 다양한 연구방법론을 통해 얻어지는 성과를 바탕으로 유아교육학이론을 재정립하고 연구 범주를 보다 확대해 나가야 할 것이다. 또한 우리의 현장에 맞는 정책과 프로그램을 개발하고, 창의적 탐구과정을 거쳐 유아교육을 학문적으로 체계화시켜 나가야 할 것이다. 아울러 유아교육학의 영역을 확장하고 현장 연구를 보다 활성화하여 이론과 실천을 접목시키는 노력이 이루어져야 하겠다.

유아교육학 시리즈는 이러한 문제의식을 가지고 유아교육학에 대한 학문적 이해와 연구의 수준을 높이고자 1997년에 계획되었으며, 이에 공감한 유아교육학자들이 집필에 참여하게 되었다. 우리는 이 시리즈가 유아교육 내의 다양한 연구주제에 대한 저자들의 주장을 담아 내고 이러한 저자의 주장을 이론화해 나가는 과정을 통해 유아교육 전공자들을 한층 깊은 학문의 세계로 안내할 수 있기를 희망한다. 유아교육학 시리즈는 유아교육에 대한 학문적 관심과 애정으로 시작되었으며, 이제 공동 탐구의 산물로 결실이 맺어지기를 기대한다.

시리즈 집필진을 대신하여
양옥승

머리말

정보화 사회로 변화되어 감에 따라 사회의 일원으로서 요구되는 능력과 생활환경도 변화되고 있다. 유아들은 이미 일상생활에서 다양한 유형의 테크놀로지에 노출되어 있고, 다양한 테크놀로지가 생활환경의 일부가 되고 있어, 자연보다는 테크놀로지에 둘러싸여 생활하고 있다고 하여도 지나친 말이 아닐 것이다. 더욱이 가정뿐 아니라 교육환경에서도 컴퓨터 테크놀로지의 활용은 보편화되고 있다. 최근까지도 유아교육에 컴퓨터 테크놀로지를 수용할지의 논쟁이 지속적으로 제기되고는 있지만, 이보다는 어떻게 활용하고 부정적 영향을 최소화할 것인지에 초점이 맞추어지고 있는 추세다. 이와 같은 사회적·교육적 환경의 변화와 요구에 유아교사들이 어떻게 대처할지는 새로운 도전이 되고 있다. 그러나 다양하고 빠르게 바뀌는 테크놀로지 환경에서 자라는 유아들을 이러한 경험을 하지 않은 유아교사들이 어떻게 지원하고 안내할 것인가는 유아교육자들이 해결해야 할 과제인 것이다.

이 책에서는 현장에서 컴퓨터 테크놀로지의 활용에 대한 구체적인 교수 실제를 위한 내용을 제시하기보다는 유아교육학 시리즈 발간의 기본 취지에 맞게 컴퓨터교육을 위한 접근방향을 모색하는 데 기초자료로서 활용될 수 있는 학문적 근거와 연구 및 이론을 중심으로 구성하였다. 이 책의 내용 구성을 살펴보면, 제1장에서는 정보화 시대의 사회적, 생활적, 교육적 환경의 변화를 다루었고, 제2장에서는 유아교육에서 컴퓨터 테크놀로지 수용에 대한 인식과 관점의 변화와 논쟁점을 분석하였고, 제3장에서는 유아를 위한 컴퓨터 테크놀로지 교육의 다양한 지침이나 기준을 비교 제시하였으며, 제4장에서는 유아 발달이론의 측면에서 컴퓨터 테크놀로지 활용에 대한 입장을 대비하여 보았다. 제5장에서는 컴퓨터 테크놀로지 활용에 따른 유아의 발달적 측면에서의 긍정적, 부정적 영향을 고찰하여 보았고, 제6장에서는 유아를 위한 컴퓨터 테크놀로지 활용 유형과 교사의 역할을 다루었으며, 제7장에서는 유아에게 적합한 컴퓨터와 각종 기자재 선정의 기준을 제시하였다. 제8장에서는 유아교육현장에서 컴퓨터의 통합적 적용에 대해 실제 예를 들어 제시하였으며, 제9장에서는 유아 컴퓨터교육에 있어 교사의 수용태도 인식의 영향과 교사교육에서 초점을 두어야 할 점에 대해 다루었고, 마지막으로 제10장에서는 효과적인 유아 컴퓨터교육을 위해 해결되어야 할 주요 과제와 쟁점들을 포함하였다. 이 책이 유아교사, 이 분야를 연구하는 대학원생 및 교수, 컴퓨터업계 관련자들에게 유아를 위한 컴퓨터 테크놀로지 활용에 대한 이해와 시야를 넓혀 주는 데 도움이 될 수 있기를 기대한다.

아마도 1997년에 유아교육에 대한 학문적 이해와 연구 수준을 높이자는 취지에서 시도하는 유아교육학 시리즈 발간에 동의하고 유아 컴퓨터교육의 집필에 참여했던 것으로 기억한다. 이 책의 발간을 위해 자료를 수집하고 정리하는 도중 다른 많은 일에 자주 중단되어 진척이 늦어졌으며, 그러는 동안 첨단기술의 빠른 발달로 컴퓨터 테크놀로지 환경이 바뀌게 됨에 따라 새로운 관련문헌과 자료들이 필요로 하게 되곤 하였다. 이러한 상황의 반복으로 좀 더 나은 책을 만들고자 발간 시기를 자꾸 늦출 수 없었음을 고백하며, 미흡하고 부족함은 추후 보완작업을 통해 개선될 것으로 기대한다.

　무엇보다 이 책이 나올 수 있도록 도와주신 많은 분들께 감사의 말씀을 전하고 싶다. 우선 대학원 수업에서 책의 초고를 보며 함께 토론하고 보완하여 준 고은별, 김경숙, 김명희, 이경희, 이영선, 이진희, 박수화, 정주선 학생과 교정작업을 도와준 김현, 천혜경, 김세루 학생의 수고가 큰 힘이 되었다. 특히 한계를 초월한 인내심을 갖고 기다려 주신 학지사 사장님과 관계 직원들께도 감사의 말씀을 드린다.

2007년 10월
저자 홍혜경

9

차 례

제1장 **정보화 시대의 환경 변화** 15

제2장 **유아교육에서 컴퓨터 테크놀로지의 수용** 31

제3장 유아 컴퓨터 테크놀로지 교육에 대한 기준과 지침 61

정보화 시대의 환경 변화

학습개요

정보화 시대의 환경 변화로 인해 사회의 일원으로 기여하기 위해 필요로 하는 능력이 바뀌고 있으므로 이러한 변화에 요구되는 능력들에 대하여 살펴보고자 한다. 또한 컴퓨터 테크놀로지는 이미 일상생활과 주변 환경의 일부가 되고 있으며, 특히 유아들이 접하는 생활환경의 변화에 초점을 두어 다루었다. 또한 이러한 사회적, 생활환경의 변화뿐 아니라 교육 패러다임의 변화로 인한 교육환경과 컴퓨터 테크놀로지의 교육적 활용에 대한 사회생태학적 영향에 대해 살펴보고자 한다. 이 장은 정보화 사회의 환경적 변화와 이에 따른 교육적 측면에서 고찰할 부분을 다루고자 한다.

COMPUTER
EDUCATION

1. 정보화 시대의 사회환경 변화

1) 정보화 시대의 변화와 요구

미래의 사회는 정보사회로서 정보나 아이디어가 무한한 가치를 가진다. 모든 분야에서 엄청난 변화가 일어날 것으로 예측되고 있고, 여러 변화의 조짐은 이미 감지되고 있다. 미래학자들은 인류가 농경사회에서 산업사회로 바뀔 때 커다란 변혁을 가져왔듯이, 산업사회에서 정보화 사회로의 변화로 또 한 차례의 엄청난 변혁을 맞게 될 것이라고 한다. 정보화 사회는 정보의 대량 생산, 유통, 소비로 특징지어지는 사회라고 정의되고 있으며(정보통신용어사전, 2007), 미래사회에 대한 전망과 예측은 2000년을 맞이하는 시기에 활발히 논의되었다. 미래학자들이 정보사회로의 변화에 대해 예측한 주요 특징을 몇 가지로 요약하면 다음과 같다.

첫째, 정보화 시대는 인류사회가 경험하지 못한 사회가 될 것이므로 모방할 모델이 없다. 따라서 새로운 사회적 환경에서 무엇을 어떻게 할지에 대해 스스로 찾아가야 하므로 창의적인 아이디어와 새로운 정보를 활용할 수 있어야만 국제경쟁시대에 살아남게 된다(Resnick & Wirt, 1996; Toffler, 1996). 이러한 관점에서 미래 정보화 사회는 창의력과 정보활용능력이 요구되는 사회가 될 것이다.

둘째, 정보화 사회는 3S(sports, sex, screen)와 3F(feeling, fashion, female)의 문화와 감성이 지배하는 사회가 될 것이다(김진현, 1995; 서광선; 1996; 서정우, 1996). 따라서 2차 산업보다는 문화나 예술산업의 부가가치가 높아질 것이며, 이를 위한 인재를 잘 육성한다면 산업자원이 부족한 우리나라에서는 오히려 발전을 위한 계기를 마련할 기회를 가질 수도 있을 것이란 전망도 제기되고 있다.

셋째, 미래사회는 국제화, 개방화의 사회가 될 것이다. 인터넷이나 항공

산업 등의 발달로 지구촌화가 가속화될 것이며, 특히 통신과 교통의 발달과 보급으로 국가 간, 개인 간 교류가 활발해지고 보다 개방된 다국적 기업이 증가할 것이다. 따라서 회사의 경우도 정보의 전 세계적인 네트워크가 없으면 성공하기 어려울 것으로 전망되며(서정우, 1966; Toffler, 1995), 상호 간에 효율적으로 의사소통할 수 있는 능력이 요구되는 사회가 될 것이다.

넷째, 탈대량화(소량화), 개별화를 추구하게 되며, 소규모 고부가 가치를 갖는 제품과 단순정보가 아닌 고급 전문정보 등이 가치와 부를 창출하는 사회가 될 것이다(서정우, 1966; Elkind, 1991; Toffler, 1996). 특히 인터넷의 보급으로 이미 누구나 손쉽게 정보에 접근할 수 있게 되고 정보를 활용할 수 있게 되었다. 따라서 누구나 쉽게 얻을 수 있는 정보 자체는 별 의미가 없으며, 오히려 이들 정보를 종합, 분석하여 고급 전문정보로 재창출하는 능력이 중요하게 되었다. 이를테면 산업혁명과 기계혁명 이후 부의 가치 창출이 자연(토지, 토양, 기후 등)이나 노동력이었던 것에서 자본, 물질, 상술에 의하여 결정되는 것으로 이동되었으나, 정보화 사회에서는 정보, 지식, 아이디어가 부의 가치를 창출하게 될 것이라고 보고 있으며, 이를 뇌본(腦本)사회라고 부르기도 한다(홍혜경, 2000). 이러한 정보화 사회로의 변화로 인하여 주요 패러다임은 〈표 1-1〉과 같이 달라질 것이라고 보고 있다.

이러한 변화의 조짐의 증거로 미국의 예를 들 수 있다. 미국 경제는 1970년대 중반 이후 무역적자에 허덕였으며, 일본이나 독일에게 세계 경제의 주도권을 빼앗길 위기를 맞았으나(이 여파로 교육계에서도 1983년 'A Nation at Risk' 발표를 계기로 교육적 개혁이 시도되었음), 1990년대 이후로 최장기 호황을 구가하고 있다. 이러한 호황은 미국 자본가들이 자본집약적 산업의 한계를 인식하고, 정신집약적 산업으로 옮겼을 뿐 아니라, 기존 상품의 개선이 아닌 새로운 창조를 시도했기 때문이라 보고 있다. 그리고 그 저변에는 미래사회에 필요한 창조형 인간들이 길러지고, 자율성이 충만한 사회체계가 있었기에 가능했다는 분석이다(한국경제신문, 1999년 1월 4일자). 이미 미국사회에서 보았듯이 미래사회에 대비한 창조력을 갖춘 인간의 육성은

〈표 1-1〉　사회의 패러다임 변화

구분	산업사회	정보화 사회
추구대상	물질, 자본	정보, 아이디어
경쟁력 기반	하드웨어(hardware)	소프트웨어(software)
사회조직	수직, 중앙집권	수평, 분권화
경쟁	대립, 갈등	통합
존재양식	질서(order)	혼돈(chaos)
사고	사실, 논리	유추, 직관
인간형	IQ, EQ 중시	AQ, MQ 중시
자원관리	보관(Stock)	유통(flow)
기업경영	규모경영	시스템, 스피드
성장기업	대형 회사	좋은 회사

출처: 한국경제신문, 1999년 1월 1일자.

우리 교육 분야에서 시사하는 바가 크다고 하겠으며, 창의적인 문제해결능력을 갖춘 인재 육성은 앞으로 국가의 성패를 좌우하게 될 것이다.

2) 정보화 시대에 요구되는 능력

21세기에는 일상생활과 일에 있어 엄청난 변화가 초래될 것으로 예상되고 있으며, 인간의 어떤 능력은 사회적 발전과 안녕에 매우 중요하고 필요한 능력이지만 어떤 능력은 그렇지 않게 될 것이다. 또한 이러한 사회의 변화로 직업 분야에도 사라지는 직종이 생기고 새로 대두되는 직종들도 나타나고 있다.

미국 노동통계국은 2000년대 새롭게 대두되는 직업의 80% 이상이 수학과 과학 분야에 숙련된 능력을 요구하는 직업이 될 것이라고 전망하였다(Sprung, 1996). 정보화 사회에서 능동적인 사회인으로 살아가려면 산업사회에 적합한 능력이 아닌 새로운 능력이 필요하며, 어떠한 능력이 길러져야 하는지에 대한 논의들을 살펴보면 다음과 같다.

일반적으로 정보화 시대에 요구되는 인간은 정보를 활용하여 새로운 지식과 가치를 창출해 내는 사람이라고 공통적으로 지적하고 있다. 더 나아가서 새로운 사회에서 필요로 하는 인간형을 입체형 인간, T자형 인간, 장파(長派)형 인간이라 구분하여 제시하기도 한다(한국경제신문, 1999년 1월 15일). 입체형 인간은 사물의 한 단면만 보고도 입체적으로 조망할 수 있는 사람으로 다면적으로 생각하고 전체를 통찰하는 능력을 가진 사람이다. T자형 인간은 전공 외의 부전공에도 전문성이 있으면서 폭넓은 지식을 함께 갖춘 인간이다(general specialist). 장파형 인간은 긴 안목을 가진 사람으로 시각이나 인식의 폭이 넓어 큰 흐름을 읽을 수 있는 사람이다.

이와 같이 정보화 시대에는 과거와는 다른 인식체계를 가진 인간형으로, 보지 않아도 실제를 유추할 수 있고, 경험하지 못한 것도 추리할 수 있으며, 미래의 방향을 조망할 수 있는 창조적인 인간을 요구한다고 하겠다. 특히 예측이 불가능한 미래사회에서는 분석·논리적 사고보다는 감성·직관·유추적 사고를 할 수 있어야 한다. 따라서 성취의 주요 예측변인으로 산업사회에서는 논리·분석력을 측정하는 IQ(지능지수: Intelligence Quotient)를 사용하였으나, 논리적으로 조망되지 않는 변화의 사회에서는 직관과 추리를 측정하는 AQ(유추지수: Analogy Quotient)를 사용하여야 하며, AQ가 높은 인간을 길러 내는 환경을 마련해야 한다고 보고 있다([그림 1-1] 참조). 그림에서 보듯이 산업사회에서는 좌측 뇌의 기능이 강조되었다면, 정보화 사회에서는 우측 뇌의 기능도 활성화하는 노력이 필요하며, 미래의 사회를 위해서는 교육 패러다임도 바뀌어야 한다는 것이다.

한편, 레즈니크와 워트(Resnick & Wirt, 1996)는 미래사회에서 요구하는 보다 구체적인 능력을 다음과 같이 제시하였다. 이를테면 구어나 문어 등의 다양한 유형의 정보에 접근하고 복합적인 도구나 과학기술을 지적으로 활용할 수 있는 정보활용능력, 여러 상황을 분석하고 추론적인 판단을 통해 당면한 문제의 새로운 해결능력, 상식을 뛰어넘어 비상한 생각을 할 줄 아는 창의적인 문제해결능력, 의사소통을 잘하며 의견의 차이에도 불구하고 서로 존중하고 함께 팀의 일원으로 일할 수 있는 의사소통 및 협동능력, 상황이나 조건, 또는 필요에 따라 변화하는 새로운 기술·지식을 지속적으로 배울 수 있는 능력 등으로 요약하고 있다. 또한 기존의 방식이 아닌 새로운 방식으로 문제를 접근하여 해결하려는 시도와 방안을 찾아야 하며, 자신만의 작업이 아닌 공동작업으로 의견과 아이디어를 공유하며 협력할 수 있는 능력이 필요하다. 더욱이 급변하는 사회적 상황에서는 대학에서 배운 지식과 기술로 평생의 직업을 보장받기는 어려우므로 항상 새로운 지식과 기술을 지속적으로 배울 수 있는 능력과 자세가 필요하다.

    뿐만 아니라 앞으로의 사회에 요구되는 능력에 대해 박용만(2002)은 인

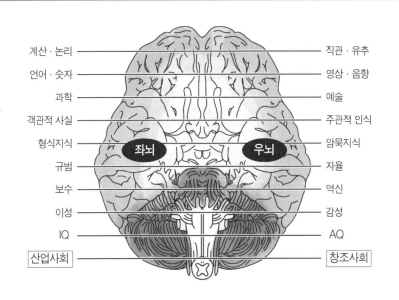

[그림 1-1] 인간두뇌의 기능

출처: 한국경제신문, 1999년 1월 15일.

간자본(human capital)으로 외국어를 포함한 의사소통능력, 수리력, 자기주
도적 학습능력, 정보통신기기의 활용능력, 전문적인 문제해결능력을 들고
있다. 그리고 제6차 유치원 교육과정에서도 세계화, 정보화에 적용할 수
있는 자기 주도적 능력의 신장을 기본방향으로 제시하고 있다. 이처럼 컴
퓨터 테크놀로지를 통한 정보활용능력은 이미 일상생활에 필요한 능력으
로 자리 잡고 있다고 하겠다.

2. 정보화 시대의 생활환경 변화

유아들은 일상생활과 주변의 환경에서 이미 다양한 테크놀로지를 자연
스럽게 접하고 있다. 유아들이 일상생활에서 접할 수 있는 테크놀로지의
예를 살펴보면 TV를 켤 때 사용하는 리모컨, 편리하게 가지고 다니며 받을
수 있고 인터넷과 연결하여 사용하는 휴대전화, 원하는 방식을 선택해 작
동하게 하는 세탁기나 전자오븐, 길 건널 때의 신호등, 물건 살 때의 바코
드, 사진을 찍어 컴퓨터 화면으로 볼 수 있는 디지털 카메라, 집안에 설치
한 경보장치 등 셀 수 없이 많다. 심지어는 유아가 갖고 노는 놀잇감에도
음성인식과 인공지능 기능이 내장된 인형, 리모컨 자동차, 다양한 게임기
나 유아용 소프트웨어 등이 있으며, 테크놀로지를 활용한 유아용 스마트
토이 유형의 상품들의 출현도 증가 추세에 있다. 또한 한국인터넷진흥원
의 조사(2006)에 의하면, 우리나라 국민의 73.5%가 인터넷을 이용하고 있
는 것으로 보고되고 있으며, 3~5세 유아의 인터넷 이용률도 47.9%로 나
타났다. 이와 같은 연구결과와 여러 상황들을 살펴볼 때 인터넷 활용은 일
상생활의 일부가 되고 있음이 분명하다. 이미 유아들은 부모나 교사가 태
어나 성장한 시대와는 전혀 다른 환경에서 자라나고 있다.

유아들은 태어나서 자연보다는 테크놀로지에 둘러싸여 생활하게 된다
고 볼 수 있다. 이러한 테크놀로지가 만연한 일상적인 상황에 대한 우려와

함께 최근 자연으로 돌아가자는 움직임이 대두되고 있으며, 이를 호응하는 사람도 증가하고 있다. 테크놀로지를 수용하는 환경에서 유아를 키우는 것이 바람직한지, 테크놀로지를 배제한 환경에서 키우는 것이 바람직한지는 컴퓨터가 대두된 이후로 꾸준히 논란이 되고 있는 문제다. 그러나 현실적으로 유아의 환경에서 테크놀로지를 배제하는 것은 사실상 불가능하다. 이에 따라 유아의 양육과 교육환경에서 테크놀로지의 잠재적인 위험을 배제하고 긍정적으로 유익하게 할 수 있는 방안을 찾는 것은 유아교육자에게 새로운 도전이 되고 있다.

유아교육에서 테크놀로지에 대해 어떻게 접근하여야 할지를 고려할 때 유아의 문해출현에 대한 접근에서 시사점을 얻을 수 있다(Siraj-Blatchford & Whitebread, 2003). 전통적으로 유아교육에서 문자교육은 배제되어 왔으나 문해출현(emergent literacy)의 관점으로 바뀌었으며, 이미 유아가 학교에서 글을 읽고 쓰기를 정식으로 배우기 전에 다양한 철자와 관련된 자연스러운 경험을 하게 되며, 이러한 경험은 추후 읽고 쓰기 학습에 중요한 역할을 하게 된다고 보고 있다. 이와 마찬가지로 유아들이 자신의 일상생활에서 테크놀로지를 활용하는 것에 대한 의미 있는 경험을 가지게 될 것이며, 테크놀로지의 활용의 필요성과 이에 대한 학습도 더욱 용이해질 수 있을 것이다. 따라서 테크놀로지를 활용한 다양한 매체는 기존의 교수매체와 함께 지식을 구성하는 데 주요한 역할을 할 수 있을 것이며, 또한 바람직한 컴퓨터 테크놀로지 활용을 위한 다각적 방안이 모색되어야 할 것이다.

3. 정보화 시대의 교육환경 변화

1) 정보화 시대의 교육환경

사회변천에 따른 교육환경의 변화를 말한 엘킨드(Elkind, 1991)에 의하면,

농경사회에서의 교육은 가정에서 추후 필요한 생계기술을 도제식으로 현장경험을 통해 개별적으로 전수해 주는 방식이었고, 산업사회에서는 기능성과 효율성을 추구하는 대량체제(top-down)의 교육방식으로 학교체제하에 집단을 구성하여 훈련받고 자격 있는 교사가 가르치도록 하였다. 그러나 정보화 사회에서는 학교가 양육과 교육의 기능을 모두 담당하게 되며, 교사 중심이 아닌 학생 중심, 국가 주도가 아닌 교사 주도 교육과정, 학교의 리더십이 아닌 학교-부모의 파트너십이 강화되는 교육방식으로 변화될 것이라고 예측하고 있다. 최근 학교에서 재량활동이나 급식의 제공 등은 이러한 사회적 변화를 반영한 예라고 할 수 있다.

특히 산업시대에서 정보화 시대로의 전환에 따른 교육 패러다임의 변화는 〈표 1-2〉로 요약하여 볼 수 있다. 정범모(1996)는 정보화 사회는 유아들의 발달과 교육에 전에 없던 네 가지 가능성을 제시하고 있다고 지적하고 있다. 유아들은 전에 없는 성장과 학습을 위한 아주 다양한 경험을 할 수 있고, 엄청나게 풍부한 정보자원을 접할 수 있으며, 학습의 개별화가 용이하며, 애니메이션, 시뮬레이션 등을 동원한 가상현실의 체험을 통한 학습

〈표 1-2〉 **교육 패러다임의 변화**

	농경사회	산업사회	정보사회
교육의 특징	• 생계기술 전수 • 도제식 현장실습	• 대량화 효율성을 위한 대량매체(학교)학습 • top-down • 양육, 교육기능 분리	• 개인특성, 학생 중심 교육 • 시·공간의 제약을 받지 않는 교육 • down-top • 양육, 교육기능 통합
교수매체 및 교육환경	• 책, 칠판 • 자연물 (돌, 환경보호)	• 비디오, 슬라이드, 오디오 • 물감, 크레파스, 색종이	• 통합형 multimedia (상호작용적 특징) • 정보과학기술을 활용한 교수환경 • 컴퓨터 그래픽

이 가능하다. 이러한 가능성은 종전의 교육적 접근에 대한 변화를 요구하는 요인이 되고 있다.

또한 사회적 변화에 따라 실제 학습환경과 학습에 사용되는 학습전략도 종전과는 달라지고 있으며, 이를 요약하면 〈표 1-3〉과 같다. 즉, 새로운 학습환경적 요인들 중 유아 중심, 다감각경험, 협력적 작업, 능동적 탐색과 활동, 상황적 맥락의 활용 등은 유아에게 적합한 학습 환경적 요인들이라 볼 수 있다. 따라서 컴퓨터 테크놀로지를 활용한 학습환경은 사회적 요구를 수용할 뿐 아니라 유아에게 적합한 학습 환경이 될 수 있다.

미래사회의 변화에 따라 교육환경도 변화되고 있으며, 이미 변화에 대처하려는 다각적인 노력이 시도되고 있다. 이러한 노력의 일환으로 1987년에는 정보화 시대에 대비하여 아동과 컴퓨터의 문제를 집중적으로 다룬 국제적인 세미나가 '정보화 시대의 아동' 이라는 주제로 불가리아에서 개

〈표 1-3〉 사회적 변화에 따른 학습환경

전통적 학습환경	새로운 학습환경
교사 중심 교수 ⟶	학습자 중심 교수
단일 감각 자극 ⟶	다중감각 자극
단일 방향 진행 ⟶	다중방향 진행
단일 매체 ⟶	다중매체
개별적 작업 ⟶	협력적 작업
정보 전달 ⟶	정보 교환
수동적 학습 ⟶	능동적 탐색/탐구 중심 학습
사실적, 지식기반 학습 ⟶	비판적 사고와 의사결정
반응적 응답 ⟶	미리/계획된 행동
탈 인위적 맥락 ⟶	참 실제 세계 맥락

출처: ISTE, 2000.

최된 바 있다. 이 국제세미나 보고서에 의하면, 정보과학기술에 대한 학습과 활용에 대한 교육적 요구가 지속될 것이라고 전망하였으며, 또한 정보과학기술은 풍부하고 다양한 학습환경에 대한 잠재성을 제공한다고 하였다. 뿐만 아니라 정보과학기술을 활용한 학습환경은 정보로부터 지식을 획득하도록 도우며, 나아가 새로운 지식 창출을 하도록 지원할 수 있다고까지 내다보았으며, 결국 새로운 교수매체로서의 컴퓨터는 교육활동에 활용될 뿐 아니라 지적 교육환경의 일부가 될 것이라고 예견하였다(Hubbard, 1988). 이어서 미국 도서관협회인 ALA(American Library Association)과 교육통신기술협회(Association for Educational Communications & Technology)는 1998년 학생 학습을 위한 정보문해 기준을 새롭게 제시하며, 문자뿐 아니라 정보의 이해와 활용도 문해능력에 포함시키고 있다. 이 기준에 의하면, 학생들이 정보를 효율적으로 접근하는 것, 정보를 능숙하게 비판적으로 평가하는 것, 정보를 정확하고 창의적으로 사용할 것을 정보문해 기준으로 규정하고 있다. 이러한 추세는 정보활용능력이 학생에게 학습시켜야 할 주요 능력으로 대두되고 있음을 의미하는 것으로 볼 수 있다. 또한 패퍼트(Papert, 1998)도 기존 교육체계로는 복잡하고 역동적 사회의 변화 가능성에 대처하지 못하며, 학습의 질, 교수방법, 교과목의 다양성이 허용되는 새로운 체계가 필요하며, 특히 디지털 테크놀로지는 정보의 매체로서뿐 아니라 구성적 매체로 활용되어야 한다고 주장하고 있다.

이러한 단체들의 요구에 덧붙여 미래를 예측하는 관련 자료들도 한결같이 정보화 시대의 아동교육에서 컴퓨터가 차지하는 역할이 커지고 필수적임을 시사하고 있다. 심지어 유아교육 분야에서도 학습에 컴퓨터 활용이 증가될 뿐만 아니라 유아도 컴퓨터 문해력을 갖도록 요구하게 될 것이며, 교수적 모델로서 사용될 것이라고 전망하고 있다(Morrison, 1997). 이와 같이 앞으로의 사회는 일상생활에 컴퓨터 사용이 필수적이기 때문에 컴퓨터의 활용능력을 키우기 위해서는 유아기부터 일찍 컴퓨터를 교육활동으로 소개하여야 한다는 입장도 적극 수용되고 있는 추세다(Haugland, 2000).

앞으로의 사회는 더욱더 컴퓨터를 활용한 생활이 보편화될 뿐 아니라 유아들도 유아교육기관에 오기 전에 컴퓨터와 관련된 다양한 경험과 지식을 갖게 될 것이며, 이미 컴퓨터는 유아의 일상생활에 일부분이 되고 있다. 따라서 유치원에 오기 전 가정에서 일상생활을 통해 다양한 컴퓨터 활동을 경험한 유아를 교육하는 것은 교사에게 새로운 도전이 될 것이다. 이를 테면 교사는 컴퓨터를 활용한 동화활동과 그림책을 활용한 동화활동에는 사실상 차이를 느끼고 있을 것이지만, 아마도 유아들은 컴퓨터나 그림책 동화의 별 다른 차이를 느끼지 못할지도 모른다. 예를 들면, 컴퓨터가 활용되는 시대에 성장하지 않은 교사에게는 인쇄된 문자를 사용하는 그림책을 활용한 이야기 나누기는 익숙하고, 어떻게 활용해야 효과적인가에 대해 이미 축적된 지식과 방법을 갖고 있으나, 동영상과 음향을 사용하고 상호작용적인 컴퓨터 동화에 대해서는 어떻게 활용하는 것이 효과적인지에 대해서는 익숙하지 못할 뿐 아니라, 심지어는 컴퓨터 활용에 대한 확신도 갖지 못하고 있을 수도 있다. 최근 연구(홍혜경, 2006)에서 인터넷 동화와 그림책 동화활동 간의 교사-유아언어 상호작용의 빈도와 유형에는 차이가 없다는 것을 보고하고 있다. 이는 교사가 상호작용적 매체를 어떻게 활용할지에 대한 이해가 부족하기 때문일 가능성이 있다. 따라서 이러한 시대적·사회적 상황 변화에 따라 유아를 어떻게 효과적으로 교육할지가 교육자와 부모의 커다란 관심이 되고 있다. 더욱이 패퍼트(Papert, 1998)는 역동적 사회의 변화에 따른 새로운 교육체계에 컴퓨터 테크놀로지가 구성적 매체로 활용되어야 한다고 주장하고 있다. 특히 이러한 교사와 유아의 컴퓨터 경험이나 수용능력의 차이는 사회적, 시대적으로 과도기적 상황에서 기인하며, 컴퓨터 환경에서 자란 유아가 교사가 될 때에는 아마 또 다른 상황으로 다루어져야 할지도 모른다. 그러나 컴퓨터 테크놀로지가 교육의 현장에 커다란 변화를 초래하게 되겠지만, 어떠한 변화에도 교수-학습과정에서 교사와 유아 간의 상호작용의 중요성과 그 상호작용은 전인적이어야 한다는 교육의 본연은 잃지 말아야 한다는 지적은 의미가 크다(정범모, 1996).

2) 사회생태학적 요인과 컴퓨터 테크놀로지의 교육적 활용

유아교육뿐 아니라 모든 교육현장에서 컴퓨터 테크놀로지의 활용을 고려할 때 현장교사, 학교행정가, 관련 정책 및 제도 등의 다양한 요인에 의해 영향을 받게 된다. 홀과 히긴스(Hall & Higgins, 2002)는 이들 관련 요인을 브론펜브레너(Bronfenbrenner)의 인간발달의 생태학적인 체계에 기초하여 제시하였다. 이는 컴퓨터 테크놀로지의 활용에 대한 관련 요인에 대해 폭넓게 조망할 수 있으므로 간략하게 살펴보면 다음과 같다.

첫째, 미시체계 수준에서는 교사 자신의 교육적 신념, 사전 컴퓨터 경험, 교사의 나이와 성별, 소프트웨어나 사이트의 자율적 선택이나 활용의 용이성 등이 현장의 컴퓨터 활용에 직접적인 영향을 주는 요인이 될 수 있다. 특히 미시체계 수준에서는 교사와 관련 요인들로 유아교육에서는 교사가 낭만적 성숙주의 관점을 선호하는 경우 다감각을 활용한 구체적이고 직접적인 조작이나 놀이의 경험을 더욱 중시하기 때문에 수용에 소극적인 편이다. 반면 컴퓨터 활용의 편리함과 사용에 대한 성공적 경험을 가지고 있고 이에 대한 긍정적 태도를 가진 교사일수록 새롭게 대두되는 컴퓨터 테크놀로지의 활용을 적극 수용하며, 일반적으로 연령층이 젊거나 여자교사보다 남자교사가 적극적인 수용태도를 보인다. 미시체계 수준에서는 교사의 변인에 따라 영향을 받기 때문에 유아교사들이 거의 대부분이 여성이라는 점과 구체적이고 직접적인 경험과 놀이를 중시하는 전통적 관점을 가지고 있다는 요인들로 인하여 컴퓨터 활용의 수용이 타 분야보다 늦어진 원인이 되었다고 할 수 있다. 또한 이러한 유아교사의 성향은 컴퓨터의 활용에 대한 교사의 수용이나 태도관련 연구들에서도 일치된 결과를 보고하고 있다.

둘째, 중간체계 수준에서는 유아교육기관의 문화와 경영방침, 지원할 수 있는 자원이나 제도, 학부모 및 지역사회의 지원 등이 컴퓨터 테크놀로지 활용에 영향을 주는 요인이 될 수 있다. 특히 컴퓨터의 새로운 교육적 적용을 승인하고 지원하는 역할을 하는 유아교육 및 보육기관의 원장과 새로운 적용에 대한 시행착오와 지원을 공유할 수 있는 동료교사들의 태도도 중요한 영향을 미친다는 것이다. 컴퓨터 활용을 위한 교사교육의 성공적인 요인 중 하나로 가까이 있는 동료로부터의 지원이 용이한 점을 들고 있는 것도 이와 같은 맥락에서 설명될 수 있다. 무엇보다도 컴퓨터의 현장 적용 시 가장 효율적인 지원자는 가까이서 손쉽게 도움과 피드백을 줄 수 있는 동료인 것이다. 주변에서 컴퓨터 활용의 다양한 적용의 과정과 결과를 비교하고 보완할 수 있는 동료와의 공유과정은 새로운 시도의 지속성을 결정짓는 중요한 요인이다.

마지막으로 거시체계 수준에서는 컴퓨터 활용에 대한 그 사회가 갖고 있는 일반적 인식과 가치, 정보 활용에 대한 정책, 교육적인 활용 지원체제 등이 영향을 주는 요인이 될 수 있다. 이를테면 우리나라의 교육정보화 종합계획, 교육과정에 컴퓨터의 활용에 대한 지침 등은 교육기관에서 컴퓨터

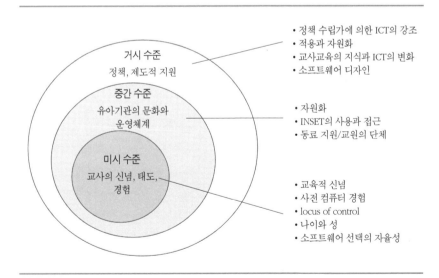

[그림 1-2] ICT 수용에 영향을 주는 요인

출처: Hall & Higgins, 2002.

교육을 위한 제도적 틀을 제시하는 것이다.

앞에서 살펴본 요인들은 유아교육에서의 컴퓨터 활용에 대해 직·간접적인 영향을 주는 요인들이며, 우리나라의 경우는 다른 나라에 비해 이러한 요인들로 의하여 컴퓨터 활용에 대한 수용의 속도가 비교적 빠르게 진행되어 왔다고 볼 수 있다.

CHAPTER TWO

유아교육에서
컴퓨터 테크놀로지의 수용

학습개요

유아교육은 전통적으로 다양한 교수매체를 사용하여 왔다. 이 장에서는 우선 유아교육에서 교수매체의 변천과정을 살펴보고자 한다. 또한 컴퓨터 테크놀로지의 사용에 대한 일반적 인식의 오류를 통해 보다 정확한 이해를 돕고, 교수매체로서의 컴퓨터 테크놀로지 수용에 대한 관점의 유형을 요약하여 제시하고 비교해 보고자 한다. 최근 구성주의 입장이 수용되는 추세이므로 구성주의 입장에서의 컴퓨터 테크놀로지 활용에 대하여 자세히 다루고자 한다. 마지막으로 유아교육에서의 컴퓨터 테크놀로지 활용에 대한 긍정적, 부정적 논쟁점을 정리 비교해 보고, 컴퓨터 테크놀로지 활용의 영향에 대한 폭넓은 이해를 갖고자 한다.

COMPUTER
EDUCATION

1. 교수매체의 변천

교육을 위한 교수매체 활용의 역사는 17세기경에 책을 사용하게 되면서
부터 시작되었다고 할 수 있다. 1658년 코메니우스가 그림으로 설명된 언
어 교과서인 『세계도회』를 제작하였으며, 이 책은 최초의 그림책으로 오늘
날 어린이를 위한 그림책의 기원이 되었다(이영자, 박미라, 최경애, 1999). 그
리고 18세기에 석판을 사용하기 시작한 이래로 현재까지 교육현장에서 칠
판이나 화이트보드는 주요 교수매체로 여전히 활용되고 있다. 19세기는
유아를 위한 교재교구로서 프뢰벨의 은물과 몬테소리의 교구가 개발되어
사용되기 시작하였으며, 이들 매체들은 오늘날 유아교육현장에서도 꾸준
히 활용되고 있을 뿐 아니라 때로는 새롭게 개선되어 활용되고 있다.

그러나 이러한 전통적인 교수매체에 획기적인 변화를 가져오기 시작한
시기는 20세기라고 할 수 있다. 이를테면 1950, 1960년대에 영화나 TV를
통한 시청각 교수매체가 대두되면서 교육을 위한 유아용 TV 프로그램의
개발이나 교육용 비디오의 보급이 활발해졌다. 그러나 이러한 교수매체들
은 시청각매체를 활용하여 정보나 지식을 효과적으로 전달할 수 있기는
하나, 일방적인 정보나 지식을 제공하여 유아가 수동적으로 수용하는 접근
에 기초한 것이라는 지적이 지배적이었다. 따라서 이들 교수매체들은 지
금까지 보조적이고 제한적인 역할로 활용되어 왔다.

한편 최근의 교수매체로서 정보통신기술(ICT)의 교육적 활용에 대한 기
원은 1980년대 컴퓨터가 등장하면서부터라고 하겠다. 컴퓨터의 등장과 함
께 교수매체의 활용은 교육자들에 의해 활발히 검토되기 시작하였으며, 특
히 유아교육에서의 활용에 대한 논쟁은 오늘날까지 이어지고 있다. 컴퓨
터의 교육적 활용에 대한 동향을 분석한 버클라이트너(Buckleitner, 2003)는
1980년대 애플 컴퓨터(Apple computer)가 등장하고 상호작용적 소프트웨
어가 출시되는 시기를 제1물결(1st wave)이라고 꼽고 있으며, 주로 워드 프

로서서, 그래픽, 스프레드 쉬트 등이 활용되었다. 제2물결(2nd wave)은 1992년 Color Macintosh와 Window 3.1이 등장하고 CD-Rom에 의한 저장이 가능해지면서 CD-Rom 소프트웨어의 개발과 판매의 황금기를 맞이하였다. 이어서 제3물결(3rd wave)은 1997년 이후 인터넷의 확산과 스마트토이, video game console로 새로운 변화의 물결이 이어지고 있다고 하였다. 버클라이트너가 지적한 바와 같이 컴퓨터의 발달과 보급 속도가 빠르기 때문에 교사에게 교육현장에서 교수매체의 효과적 적용에 대한 모색 작업은 지속적인 도전이 되고 있다. 특히 1990년대 후반 이후 인터넷과 상호작용적인 놀잇감의 확산으로 유아의 교육환경과 교수방법에 획기적인 변화가 요구되고 있다.

그러나 이러한 기술적 변화로 인해 컴퓨터 테크놀로지는 종전의 교사로서의 역할에서 파트너로서의 역할로 인식이 바뀌면서, 학습뿐 아니라 아는 것을 표상하는 매체로서 교육에 어떻게 효과적으로 활용될 수 있을지 모색하는 과정에 있다. 결국 성공적인 컴퓨터 테크놀로지 활용의 여부는 이를 활용하는 유아와 교사 그리고 부모의 손에 달려 있다고 하겠다. 특히 교육현장에서 컴퓨터의 새로운 기능이 업데이트되는 빠른 변화에 따른 적절한 대처방안을 찾아야 하므로 교사에게는 지속적인 도전이 되고 있다.

미국보다는 늦었지만 1990년대에 들어 우리나라 유아교육에서도 컴퓨터교육에 대한 논의가 시작되었다. 1991년 이화여대 동서교육연구소가 주최한 '유아를 위한 컴퓨터 활동의 통합적 접근' 특강이 계기가 되었으며, 이후 유아교육 전문가들도 유아 컴퓨터교육에 관심을 갖게 되었다. 이어서 1995년에는 교육부에서 유치원교사를 위한 컴퓨터교육 자료를 발간하여 유아교육현장에서의 컴퓨터 활용을 지원하게 되었다. 한편, 1997년 아리수 미디어가 Brouderbund의 우수 CD-Rom들을 시판하게 되면서 유아교육현장에서의 바람직한 적용을 위한 시도가 활발히 이루어졌다. 특히 KBS 영상사업단과 한국어린이교육협회(1998년 5월 12일)의 지원연구와 한국유아교육학회의 지원연구(1998) 등은 유아 멀티미디어 교육의 접근에 대한 방향을 제시하는 구체적인 노력을 하였다고 볼 수 있다. 그리고 2001년에는 한국어린이미디어학회가 창립이 되었고, 정기적 학술대회 개최와 학회지 발간뿐 아니라 산학협동에 의한 유아의 멀티미디어의 교육적 적용에 대한 학문적 연구와 산업과 연계한 개발 노력이 꾸준히 이어지고 있다.

2. 컴퓨터 테크놀로지 사용에 대한 일반적 인식

컴퓨터 테크놀로지에 대한 일반적인 인식이나 우려는 흔히 컴퓨터 테크놀로지의 효과적 사용을 위한 적절한 방안의 모색이 미흡하다는 점과 유아에게 컴퓨터가 효과적인지에 대한 입증 자료가 부족한 것에 기인하고 있다고 볼 수 있다. 비위크와 소베넬(Bewick & Thouvenelle, 2003)은 컴퓨터 테크놀로지에 대해 흔히 갖고 있는 잘못된 인식을 7가지로 요약하여 제시하였다.

첫째, '컴퓨터는 사용하기 쉽다.' 고 인식하고 있다는 것이다. 그러나 익숙하게 사용할 수 있게 될 때까지는 컴퓨터 사용이 결코 쉬운 것은 아니다. 처음 컴퓨터라는 낯선 물체를 사용하게 될 때 당황하는 경험을 하게 되며, 이로 인하여 새로운 매체에 대한 도전을 포기하기도 한다. 예를 들면, 키를 잘못 눌러 파일이 지워지거나 표가 뒤죽박죽된 경험, 저장한 파일을 찾지 못하는 등의 경험들은 자신감과 사용에 대한 흥미를 상실시키며, 다른 사람은 쉽게 배우는데 나만 그렇지 않은 것 같은 느낌을 가지게 하여 위축되기도 한다. 맥카티(McCarty, 2000)는 교사들이 개인적으로 컴퓨터를 편안하고 익숙하게 사용할 수 있을 때가 되어야 가치 있는 교수도구로 활용될 수 있다고 하였다. 따라서 익숙하게 컴퓨터를 사용할 수 있을 때까지는 컴퓨터 사용에 대한 지속적인 지원과 활용에 대한 배려가 필요하다.

둘째, '컴퓨터를 잘못 사용하여 망가뜨릴 수 있을지 모른다.' 는 우려를 갖고 있다. 특히 유아교사들은 컴퓨터의 토너 교환이나 오류의 사인이 있을 때 컴퓨터를 잘못 만져서 고장나게 할지도 모른다고 생각하여 해결하기 위한 시도조차도 두려워하는 경향을 보인다. 그러나 최근 대부분의 컴퓨터는 자동적으로 백업 파일이 생성되고 생각보다 견고하며 여러 안전장치를 가지고 있으며, 부품 교체도 간단하다.

셋째, '유아가 선생님보다 컴퓨터에 대해 더 익숙하다면 유아에게 맡겨도 된다.' 고 생각한다. 일반적으로 유아들은 컴퓨터 사용을 때로는 교사보다 빨리 배우며, 문제해결에 어려워하지 않음을 볼 수 있다. 그러나 비록 유아가 잘 사용할 수 있다고 할지라도 교육적 효과의 차이를 만드는 것은 컴퓨터 자체가 아니라 컴퓨터를 어떻게 사용하는지에 대한 교사의 지식과 기술 그리고 태도에 달려 있다. 다시 말하면 컴퓨터 사용 시 교사의 도움이 필요 없고 돕는 과정이나 개입이 일어나지 않을 때 그 테크놀로지의 교육적 활용 가치는 소멸되고 만다. 교사가 컴퓨터의 사용에 능숙하고 적절히 개입하여 지도할 수 있을 때만이 컴퓨터 테크놀로지를 통한 효과적인 학습을 유도할 수 있다.

넷째, '컴퓨터 활용으로 교육이 직면하고 있는 문제를 해결해 줄 수 있다.' 고 보는 것이다. 그러나 교육현장에서 컴퓨터가 효과적으로 사용될 경우 긍정적인 역할을 할 수 있지만 교육적 문제의 병폐가 컴퓨터 테크놀로지의 활용을 통해 모두 해결될 수는 없는 것이다. 따라서 컴퓨터 테크놀로지가 학업성취를 향상시킬 수 있는 등의 교육문제를 쉽게 해결해 줄 수 있는 대안이라고 볼 수 없으며, 컴퓨터 테크놀로지의 활용으로 인한 부정적 영향에 대한 가능성과 대책도 함께 고려해야 하는 것이다.

다섯째, '유아 대상으로 만든 소프트웨어는 유아에게 적절한 것이다.' 라는 생각을 갖고 있다. 대부분의 소프트웨어들은 다양한 색채와 애니메이션, 음향 등을 사용하여 유아들의 호기심과 주의집중을 유도하기 쉽도록 구성되어 있다. 그러나 오히려 이러한 속성들로 인하여 무엇보다 중요한 내용과 목적을 비판적으로 검토하는 것을 방해할 수 있다는 것이다. 유아가 재미있게 집중한다고 하여 모두 질 높은 소프트웨어는 아닌 것이다. 따라서 교사는 유아가 컴퓨터 사용을 즐기는 것 자체보다는 컴퓨터를 사용하지 않고는 할 수 없는 의미 있는 학습의 기회를 제공하는 것인가를 판단하여야 하다. 그리고 교사는 이러한 전문적 판단을 할 수 있는 능력이 필요하며, 교육의 기회를 확장시킬 수 있는 질 높은 소프트웨어의 선택에 관한 지식도 필요하다.

여섯째, 컴퓨터는 친사회적 상호작용을 증진시키지 않고 다른 활동의 참여를 저해한다는 것이다. 그러나 많은 연구들은 개방된 소프트웨어를 사용하고 잘 계획된 컴퓨터 활동은 다른 극놀이활동에서와 같은 정도의 사회적 상호작용을 가능하게 하며, 기존의 놀이활동에 참여하는 것도 저해하지 않는다고 보고하였다. 또한 컴퓨터가 오히려 유아 간 정보를 공유하고 의사결정 등을 촉구하는 촉매자 역할을 하여 학습경험을 확장·증진시킬 수 있다는 것이다. 그럼에도 불구하고 무엇보다도 컴퓨터 활동이 다른 활동이 갖는 구체적 경험의 가치를 대신할 수 없다는 데에는 이의를 제기하지 않고 있다.

일곱째, 유아는 컴퓨터를 즐기며, 3~4세의 어린 유아들도 사용할 수 있다. 그러나 어린 유아들에게 컴퓨터를 허용하는 것은 전자 베이비시터가 될 우려가 있으며, 또한 이 시기에 중요하고 필요한 구체적 경험을 대신하는 과오를 범할 수 있다는 것이다. 따라서 컴퓨터의 사용은 유아의 인지적, 신체적, 사회적 발달을 고려하여 적절한지를 판단하여야 하는 것이다. 참고로 유아교육에 컴퓨터 활용을 지지하는 유아교육 전문가들도 3세 이하의 어린 유아가 컴퓨터를 사용하는 것에는 많은 우려를 표시하고 있다.

요약하면 컴퓨터라는 매체가 교육 분야에 대두대면서 이에 대한 특성이나 효과 그리고 문제점까지도 충분히 검증되기에는 시간적으로 부족할 뿐만 아니라, 잘못된 편견이나 우려 등이 여전히 상존하고 있는 실정이다. 특히 유아교사가 컴퓨터에 대해 갖고 있는 인식은 제9장에서 보다 상세하게 다루어질 것이다.

3. 교수매체로서 컴퓨터 테크놀로지의 수용관점

컴퓨터 테크놀로지를 교육현장에 도입함에 있어 미래의 학교와 컴퓨터 테크놀로지의 역할을 규정하는 것은 테크놀로지 그 자체가 아니라 수용에 따른 사회의 철학적 · 사회적 또는 정치적 요인 등에 의해 결정된다고 한다. 패퍼트(Papert, 1987)는 컴퓨터 테크놀로지 수용 유형을 네 가지 관점으로 분류하여 다음과 같이 제시하였다.

1) 기술중심주의

이 관점은 기술중심적 사고로 컴퓨터의 사용이 아동의 흥미를 유도할 수 있는가? Logo가 수학적 사고를 증진시키는가? 가장 효과적인 활용방법은 무엇인가? 등에 대한 질문과 관련이 있다. 만약 컴퓨터의 역할이 유아를 이전보다 더 나은 상태로 이끌 수 있다면 활용하여야 한다는 것이다. 즉, 개인적 발달 및 개인이 획득해야 할 성취에 주로 초점을 두는 입장이라 하겠다. 따라서 컴퓨터의 활용이 유아교육에 효과적으로 사용될 수 있다면 사용되어야 한다는 관점이다.

2) 과학주의

이 관점은 모든 질문을 과학적으로 보려는 태도를 의미하는 것으로 확실하게 입증할 자료를 요구하게 된다. 따라서 컴퓨터 활동에 대한 효과의 검증을 전제로 한다. 그러므로 컴퓨터 활용의 효과에 대한 구체적, 실증적 연구결과를 기초로 결정해야 한다는 것이다. 과학적 검증결과에 따라 컴퓨터의 수용을 결정하자는 신중한 입장이지만, 교육에는 과학적 검증으로 밝혀낼 수 없는 것도 있기 때문에 과학에 의해 결정될 수 없는 요인들도 있어이 입장의 수용도 역시 한계를 갖고 있다고 할 수 있다.

3) 교육생태주의

이 관점은 교육의 문제가 교육심리, 교수이론, 장학이론 등 각각의 부분으로 나누어 다루어지고 있고 전체로서의 교육을 다루지 않고 있기 때문에 새로운 'educology'의 이론 적용이 필요하다는 것이다. 이를테면, 컴퓨터의 학습효과나 학습효과에 대한 검증자료뿐 아니라 컴퓨터가 소개된 지 6개월 후의 학습환경, 학교분위기 등에 대한 변화까지 생태학적 관점에서 고려하여 수용 여부를 결정해야 한다고 보는 입장이다.

4) 구성주의

이 관점은 지식은 전수되지 않고 구성되며, 각 개인은 지식을 재구성하기 위하여 다른 사람의 도움, 자료가 풍부한 환경, 문화와 사회의 지원이 필요하다고 보는 입장이다. 따라서 컴퓨터의 활용도 지식을 전수하는 형태의 활동으로 제공하는 것은 전적으로 잘못된 것으로, 스스로 컴퓨터 테크놀로지의 세계로 들어가는 방법을 발견하도록 하고, 자신의 것으로 만들고, 자신의 생각과 생활의 일부가 되도록 하여야 한다고 보는 입장이다. 그러므로 컴퓨터가 기존의 지식을 수용하기 위해 사용하기보다는 적합한 지적 환경을 마련하여 새로운 지식 구성의 매체로 활용하여야 한다는 것이다. 따라서 유아가 빨리 쉽게 배우고 즐겁게 지식을 구성할 수 있다면 수용해야 한다는 것이다(구성주의 입장에서의 수용관점은 제4장에서 자세히 살펴보겠다).

이러한 여러 관점들은 컴퓨터 수용을 결정하는 데에는 많은 복합적인 관점들이 대두될 수 있음을 보여 주고 있으며, 또한 각 관점들은 나름대로 컴퓨터 테크놀로지의 수용에 시사하는 바가 크다고 하겠다.

4. 구성주의 입장에서의 컴퓨터 테크놀로지 활용

1) 구성주의의 기본 가정

최근의 컴퓨터 테크놀로지의 보급과 확산으로 인하여 활용 여부에 대한 관심보다는 어떻게 효과적으로 활용할지에 관심이 집중되고 있다. 대체로 구성주의에 의한 컴퓨터 활용을 수용하는 추세이며, 컴퓨터 테크놀로지가 수동적 학습의 도구가 아닌 적극적 지식 구성을 위한 도구로 활용되어야 한다는 입장에 동의하고 있다.

그렇다면 컴퓨터 테크놀로지가 어떻게 지식 구성에 활용되어야 할지에 대해 살펴보아야 할 것이다. 이에 대하여 조나슨, 팩, 윌슨(Jonassen, Peck, & Wilson, 1999)은 구성주의 관점에서 테크놀로지를 활용한 의미 있는 학습에 대해 개념화하여 제시하였으며, 구체적으로 살펴보면 다음과 같다. 근본적으로 구성주의 관점에서 의미 있는 학습이란 능동적, 의도적, 구성적, 실제적, 협력적 속성을 포함하고 있어야 한다는 것이다.

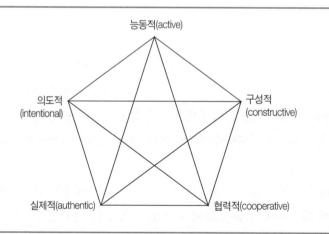

[그림 2-1] 의미 있는 학습의 5속성

[그림 2-1]에서 보듯이 여러 요인들이 상호관련되는 학습의 형태가 구성주의에서 말하는 의미 있는 학습이며, 의미 있는 학습에서 컴퓨터 테크놀로지가 활용되기 위해서는 다음의 각 요인들이 고려되어야 한다.

(1) 능동적(조작적/관찰적)

인간은 자기가 원하고 필요로 할 때 주변에서 더 나은 정보를 찾고, 지식을 구성하게 되며, 정교한 기술을 발달시키게 된다. 이런 관점에서 볼 때 의미 있는 학습은 자연적인 적응과정이며, 자연적 맥락에서의 학습은 그 물체를 조작하고, 결과를 관찰하고, 조작과 결과의 관계를 해석하는 과정을 포함한다.

따라서 컴퓨터 테크놀로지는 행함에 의해 학습(learning-by-doing)을 지원하는 맥락에서 제공될 수 있다. 이를테면 컴퓨터를 통해 의미 있는 실제 문제, 상황, 맥락을 표상하고, 시뮬레이션화하며, 다른 사람의 관점, 신념, 논쟁을 표상할 수 있는 기회를 가질 수 있어야 한다. 컴퓨터를 활용한 활동에서는 유아 스스로 직접 관계성을 조작할 수 있어야 하고, 이에 따른 결과와 반응을 관찰할 수 있어야 하므로 컴퓨터의 요구에 따라 작업을 수행하는 수동적 활동이어서는 안 된다는 것이다.

(2) 구성적(명료/반성적)

학습자는 자신이 알고 있는 것과 배우게 되는 것에 차이가 생길 때 의미 있게 학습하며, 반성적 사고에 의해 사전경험과 새 경험을 통합하면서 지식을 구성해 나간다. 이런 관점에서 볼 때 의미 있는 학습은 자신의 생각을 설명하고 타당함을 입증하는 과정에서 실제와의 차이에서 생기는 갈등을 해결하여야 하는 인지적 과정을 경험하게 된다.

이러한 측면에서 컴퓨터 테크놀로지는 반성함에 의해 학습(learning-by-reflecting)을 지원하는 지적인 파트너의 역할을 제공할 수 있어야 한다. 따라서 컴퓨터 테크놀로지는 학습자가 학습한 내용을 명료화하고 표상하도록 도울 수 있으며, 학습자의 내적인 협상과 의미 만들기를 지원할 수 있으며, 자신이 무엇을 알고 어떻게 알게 되는지에 대한 반성적 사고를 요하는 방식으로 활용되어야 한다.

(3) 의도적(반성적/조정적)

학습자 자신이 인지적 목적이나 의도를 갖고 시행할 때 더 잘 사고하고 학습한다. 이런 관점에서 볼 때 의미 있는 학습은 자신의 의도에 의해 무엇을 할지, 어떻게 할지를 결정하고 실행하는 과정을 포함하게 된다. 따라서 컴퓨터 테크놀로지는 교사나 프로그램에 의해 미리 정해진 것을 수행하는 것이 아닌 학습자가 선택하고 결정할 수 있으며, 이에 따른 실행을 주도적으로 할 수 있도록 지원할 수 있어야 한다. 이를테면 컴퓨터 테크놀로지는 개방적이고 탐색을 허용하는 프로그램을 통하여 학습자가 학습을 주도하고 조정할 수 있도록 도울 수 있어야 한다.

(4) 실제적(복잡/맥락적)

일반적으로 교육은 쉽게 학습하도록 돕기 위해 아이디어를 지나치게 단순화하여 제공해 왔다. 따라서 많은 학습에서 맥락적 단서와 정보가 제외되고 현실과 격리된 형태의 지식을 획득하게 되었고, 새로운 맥락에 적용하는 것에 어려움을 겪게 되었다. 그러나 의미 있는 학습은 실제 생활이나 유용한 맥락에서 학습이 이루어지는 것을 포함한다. 이러한 측면에서 컴퓨터 테크놀로지는 실제 상황이나 맥락에서 연습할 수 있고 새롭고 다양한 맥락이 제공될 수 있어야 한다. 이를테면 컴퓨터 테크놀로지 활용을 통해 실제과제나 시뮬레이션화된 학습과제를 쉽게 해결하는 데 참여할 수 있어야 한다. 그러므로 컴퓨터 테크놀로지는 단순한 문제가 아닌 복잡하고 잘 구조화되지 않은 실제적인 문제와 유사한 문제를 해결하는 기회를 통하여 보다 상위수준의 사고를 하도록 돕는 방식으로 활용되어야 한다.

(5) 협력적(협동적/대화적)

인간은 자신이 학습한 것을 다른 사람에게 전하기도 하고 정보를 얻기 위해 자연스럽게 도움을 청하기도 한다. 그러나 대체적으로 학습은 각자 자신의 독립과정으로 인식되어 왔다. 이런 관점에서 볼 때 의미 있는 학습은 학습에 참여한 다양한 이해 수준의 사람들과의 대화, 협상을 통해 복합적 해결과 다각적 관점을 볼 수 있는 기회가 포함되어야 한다. 이러한 측면에서 컴퓨터 테크놀로지는 학습자들을 서로 연결시켜 대화하고 논쟁하고 이들 간의 합의를 도출하는 사회적 매개체로 활용될 수 있어야 한다는 것이다. 이를테면, 컴퓨터 테크놀로지는 e-mail, 토론방, 홈페이지, 게시판 등을 통해 폭넓은 대상이 참여할 수 있으며, 참여자 간의 사회적 공유가 용이하고, 공동의 이해를 위해 협상해 갈 수 있는 공간을 제공할 수 있어야 한다. 특히 인터넷의 보급으로 여러 사람이 참여하는 협력적 학습을 위한 협동이 훨씬 용이해지고 있다.

2) 구성주의 입장에서의 컴퓨터 테크놀로지 활용 유형

구성주의 관점에서 컴퓨터 테크놀로지 활용의 방법적 측면에 대한 조나슨과 동료들(Jonassen et al., 1999)이 제시한 내용 중 유아교육에 적용 가능한 방법을 살펴보면 다음과 같다.

첫째, 컴퓨터 테크놀로지를 활용한 탐색에 의한 학습이다. 학습과 관련된 주제나 이슈에 대한 정보나 자료를 인터넷이나 사전류의 CD-Rom을 활용하여 탐색하고, 이 과정에서 자료를 찾고, 다양한 정보 중 선택 여부를 결정하고, 자료를 요약·정리하고, 그 결과를 제시하는 방법을 학습자가 주도적으로 참여하여 해결하도록 하는 것이다.

둘째, 컴퓨터 테크놀로지를 활용한 시각화와 표상화에 의한 학습이다. 디지털 비디오를 활용하여 학습과정의 상황을 기록하고 재현함으로써 학습자가 그들이 실행한 방법이나 과정에 대한 반성적 사고가 용이하도록 하는 것이다. 또한 새로운 사실이나 결과를 다양한 방식으로 표상하도록 하고, 이를 공유하고 의사소통하도록 하는 것이다.

셋째, 구성주의 학습환경에서 컴퓨터 테크놀로지를 활용하는 학습이다. 컴퓨터 테크놀로지는 학습자에게 적합한 과제나 프로젝트, 조사나 탐색을 지원하는 정보나 자원, 인지적 조작, 탐색이 가능한 도구, 공유하고 협상할 수 있는 대화자나 협력자 등의 요소와 함께 활용되어야 한다는 것이다.

간단히 요약하면 구성주의에서의 컴퓨터 테크놀로지는 학습자가 탐색하고 실험하며, 새로운 사실이나 결과를 구성하고 표상하며, 이를 공유할 뿐만 아니라 반성적 사고도 함께 할 수 있는 도구로 활용되어야 한다는 것이다.

지금까지 유아교육에서 컴퓨터 테크놀로지의 수용에 따른 다양한 관점을 비교하여 보았다. 물론 어느 입장을 수용할 것인지는 그 사회구성원이 갖고 있는 교육에 대한 철학, 교수이론, 교사나 학부모의 태도 등에 따라 달라질 것이며, 유아교육 전문가, 정책입안자, 부모들의 의견 수렴을 통해 결정되는 문제라 하겠다. 그러나 컴퓨터 테크놀로지의 수용에 대해 패퍼트(Papert, 1998)는 앞으로는 학교에서 배운 기술이 사회에 나와서 적용될 수 있는 기간은 점점 짧아지며, 학교는 사회의 변화에 너무 느리게 대응하여 사회에서 요구하는 능력과 학교에서 양성하는 능력 간에 결국 격차는 점점 커지게 된다고 보았다. 따라서 이러한 변화에 대처하기 위해서는 교육시스템도 역동적인 시스템으로 바뀌어야 한다고 지적하고 있다. 컴퓨터 테크놀로지는 학습의 질적 다양성, 교수방법의 다양성, 학습 교과목의 다양성을 제공할 새로운 시스템이 될 수도 있으며, 정보를 얻는 매개체로서 그리고 정보를 구성하는 수단으로서 활용될 수 있을 것으로 예측하고 있다. 이는 교육에 시사하는 바가 크며, 만약 교육을 역동적 시스템으로 전환하는 데 컴퓨터 테크놀로지가 활용적 가치가 있다면 새롭고 적극적인 대안책이 될 수 있을 것이다. 또한 컴퓨터 테크놀로지를 활용함으로써 유아들도 단지 정보의 소비자가 아니라 정보의 적극적 생산자로서의 참여할 수 있도록 키우는 것이어야 하며, 이러한 관점은 유아교육자에게는 새로운 도전이 될 것이다.

5. 유아교육에서 컴퓨터 테크놀로지 활용에 대한 논쟁

사회의 여타 분야보다도 컴퓨터를 가장 늦게 수용하기 시작한 것은 교육 분야이며, 그중에서도 유아교육 분야는 더욱 늦어 미국에서는 1970년대 말부터 논의되었으며, 우리나라는 1990년대 초부터라 할 수 있다. 이렇게 수용이 늦어진 주요 이유는 유아교육에 있어 컴퓨터 활용에 대한 적절성 여부의 논쟁 때문이라 할 수 있으며, 이러한 논쟁은 지금까지도 이어지고 있다.

1) 초창기의 부정적 입장

초창기 유아전문가들은 컴퓨터 활용에 대해 주로 부정적인 관점에서 다루었다. 이들이 우려하고 반대입장을 취했던 사항을 요약하면 다음과 같다(Barnes & Hill, 1983; Elkind, 1987; Haugland & Wright, 1997).

첫째, 컴퓨터 활동이 유아에게 가치 있는 다양한 놀이활동(쌓기놀이, 소꿉놀이, 조작놀이 등)을 대치하게 될 것이다.

둘째, 컴퓨터 활동은 가치 있는 놀이경험보다는 학습을 강조하게 될 것이며, 이에 대한 부담을 갖는 것으로 인해 유아기를 상실하게 할 것이다.

셋째, 컴퓨터 활동은 유아에게 너무 추상적이고 비현실적 이미지를 제공할 것이다. 전조작기 유아는 발달특성상 구체적 조작활동을 할 수 있어야 하며 실제적인 맥락에서 학습하여야 한다. 그러나 유아의 발달적 측면에서 볼 때 컴퓨터 활동은 직접적, 구체적 경험을 제공할 수 없기 때문에 부적합하다는 것이다.

넷째, 컴퓨터 활동으로 인하여 또래와의 상호작용이 감소하는 대신 컴퓨터와의 상호작용이 증가할 것이다. 따라서 유아의 신체발달, 사회성발달, 언어발달이 위축될 것이다.

다섯째, 컴퓨터 활동은 정서나 창의성 발달을 저해할 것이다. 기계와의 상호작용으로 감정을 표현하고 공유하는 기회가 줄어들고, 따라서 유아의 정서발달에 도움이 되지 않을 것이다.

이러한 부정적인 견해는 전통적으로 유아의 발달과 학습에 놀이를 가장 중요한 매체로 인식하고 있는 유아교육자에 의해 호응을 받고 있다. 또한 학습 위주의 활동으로 조기에 학업적 부담을 갖게 함으로써 받게 될 부정적 영향을 우려하고 있다. 실제로 유아교사의 컴퓨터와 놀이에 대한 인식조사(Sandberg, 2002)에 의하면, 유아교사들은 놀이가 학습에 가장 중요한 역할을 하는 것으로 인식하고 있으며, 컴퓨터는 발달을 증진시키고 학습을 위한 잠재력을 가진 도구로는 인식하고 있으나 여전히 시간과 자원 등의 장애요인을 지적하고 있는 것으로 보고하고 있다.

또한 유아 놀이의 중요성에 대한 인식에서 컴퓨터 활용을 반대하는 입장과 함께 최근 대두되고 있는 새로운 입장으로, 유아들은 자연과 비상품화된 놀잇감과 놀아야 한다는 발도로프(Waldorf) 추종자들이나 생태적 접근이 호응을 받으며 컴퓨터 활용에 비판적 시각을 보이고 있다. 이들 교육자들은 유아교육이 자연에서의 감각적 경험과 체험적 활동에 더욱 가치를 두어야 한다고 보는 입장이며, 가능한 한 자연친화적 접근을 강조하고 있다. 그러나 이러한 입장에 대하여서 유아들의 감각적 경험과 체험적 활동도 중요하지만 문화적으로 중요한 표상의 상징적 형태인 언어, 그림, 드라마, 춤 등을 접하는 것도 동등하게 경험하여야 할 필요가 있다는 반박이나 주장도 대두되고 있다. 그럼에도 불구하고 이러한 전통적인 유아교육의 관점은 유아교육의 전반적인 모든 이슈에 지속적으로 영향을 미치고 있다.

2) 긍정적 입장의 대두

초창기 유아의 컴퓨터 활용에 대한 우려와 비난은 1980년대 중반부터 컴퓨터 활동이 유아발달이나 학습에 미치는 많은 관련 연구보고들의 축적과 컴퓨터 테크놀로지의 발전으로 유아가 사용하기 용이해지면서 부정적 관점에서 긍정적인 관점으로 바뀌기 시작하였다. 많은 연구들은 반복·연습 위주의 소프트웨어를 사용한다면 앞에서 제시한 우려들을 부분적으로 수용하여야 하지만, 발달적으로 적합한 소프트웨어를 사용한다면 보다 긍정적인 효과가 크다는 것을 일관성 있게 밝히고 있다. 또한 많은 관련된 문헌들에 의하면, 발달적으로 적합한 소프트웨어의 특징을 개방적, 탐색적, 유아조절 가능, 시행착오를 통해 의사결정과 문제해결을 할 수 있는 것으로 보고 있다.

유아의 컴퓨터 관련 연구들이 밝힌 긍정적인 측면을 요약하면 다음과 같다(Clements & Nastasi, 1993; Davidson, 1989; Haugland, 1992).

첫째, 유아의 학습 유형에 적합하다. 유아는 시행착오, 탐색과 발견, 구체적 경험을 통해 학습한다. 발달적으로 적합한 소프트웨어를 사용한다면 유아의 능동적 참여와 탐색을 통해 스스로 관계성을 찾아보도록 하는 참여적 학습을 가능케 할 수 있다는 것이다. TV나 비디오 등의 활용은 일방적으로 정보를 제공하고 유아들은 수용하는 수동적 학습자가 되지만, 발달적으로 적합한 소프트웨어를 사용할 경우 컴퓨터의 상호작용적 기능이 가능하여 유아의 능동적 참여와 주도적 활동을 전개할 수 있다는 차이점을 제시하고 있다.

둘째, 유아의 내적 동기화를 가능케 한다. 발달적으로 적합한 소프트웨어는 유아가 무엇이, 왜, 어떻게 일어났는지를 탐색하고 실험하고 발견하고자 하는 활동을 허용하므로 이러한 활동은 유아에게 지적 호기심을 갖게 해 준다는 것이다. 이러한 컴퓨터 활동이 갖고 있는 도전성, 환상, 조절의 용이성, 신기함은 유아의 학습동기를 자극할 수 있는 요인이 될 수 있다.

　셋째, 개념 획득뿐 아니라 비계화(scaffolding)을 위한 기회를 제공한다. 흔히 사전에 필요한 기술을 획득하지 않고도 컴퓨터 활동을 통해 보다 높은 수준의 인지능력을 성취할 수 있는 것은 발달적 소프트웨어의 비계효과라 부르기도 한다. 예를 들면, Logo 같은 소프트웨어는 구체물 조작이 제공할 수 없는 구체적 조작과 추상적 학습을 연결시켜 주기도 한다. 또한 시뮬레이션의 활용은 표면장력이나 중력 등 기존 학습에서 경험하기 어려운 상황을 구체적이고 시각적 경험으로 제공할 수 있기 때문에 오히려 이해를 도울 수 있다는 것이다.

　넷째, 유아와 주변 세계의 연결을 돕는다. 컴퓨터 활동은 세계의 모든 자원 및 사람과 연결할 수 있는 기회를 주며, 보다 정확하고 현실적인 정보를 제공받을 수 있다. 또한 의사소통의 용이하므로 개개인, 지역사회와 문화 등에 폭넓은 이해의 기회를 갖게 한다. 예를 들어, 유아들이 흥미 있게 읽은 동화책의 저자와 직접 의사소통도 가능하여 유아가 직접적으로 생활에서 접할 수 있는 세계가 보다 확장될 수 있다는 것이다.

　다섯째, 유아의 발달과 학습을 지원한다. 발달적으로 적합한 소프트웨어는 사회성, 언어, 창의성, 추리력, 문제해결력, 자아개념 등에 긍정적인 효과를 보고하고 있다.

　이와 같이 컴퓨터 활용의 긍정적인 많은 연구보고들의 축적과 함께 컴퓨터 테크놀로지 활용에 대한 사회적 요구의 증가로 수용 여부에 대한 논쟁은 차츰 줄어들게 되었으며, 컴퓨터 테크놀로지의 활용에 관심을 두게 되었다. 이러한 추세로 인하여 유아교육 전문가들도 발달적으로 적합한 소프트웨어의 선정 및 교육적 활용 방안과 이를 위한 교사교육을 중점적으로 다루는 등 수용하는 자세로 바뀌었다.

　특히 유아의 발달적 수준에 따라 테크놀로지가 기여하는 바를 구분하여 제시한 것을 살펴보면 〈표 2-1〉과 같다(Newton, 2005).

〈표 2-1〉 연령별 컴퓨터 테크놀로지 활용에 대한 이점

3~5세
• 유아가 독자적으로 또는 또래와 작업하는 방식과 자신감을 획득할 수 있다.
• 유아가 활동을 만들고, 문제해결의 만족과 즐거움을 경험하고 탐색하며, 토의할 기회를 제공한다.
• 유아 자신의 사고를 지원하는 그림을 사용하고 기술하며, 설명과 토의할 기회를 제공한다.
• 유아들이 행함으로 배우는 방법에 대한 기회를 갖는다.
• 유아가 사용된 맥락과 만들어진 결과를 통해 새로운 지식과 이해를 갖게 된다.
• 연습적 활동에서는 계획하기, 조작적 기술, 눈-손의 협응을 증진시킬 수 있으며, 개방적 활동에서는 의사결정과 그들의 아이디어를 시도해 볼 기회를 가진다.

5~7세
　교과내용 영역의 학습에 컴퓨터 테크놀로지를 통합적으로 사용하여 다음의 기술들을 경험할 기회를 제공할 수 있다.
• 정보처리기술: 필요한 정보를 찾을 수 있다.
• 추론기술: 자신의 것이 어떻게 작동되는지를 설명할 수 있다.
• 탐구기술: 자신의 아이디어를 점검해 볼 수 있다.
• 창의적 사고기술: 자신의 아이디어를 시도하고 표현할 수 있다.
• 평가기술: 자신이 수행한 결과와 다음 시도에 대한 생각을 점검할 수 있다.
• 연습적 문제해결: 문제해결에 대한 연습을 할 수 있다.

3) 최근의 논쟁점

　컴퓨터 테크놀로지가 가정과 학교에서 아동의 생활에 깊이 파고들면서 기대하지 않았던 부작용의 우려와 함께 새로운 부정적 입장을 대변하는 목소리가 다시 대두되고 있다. 최근 이러한 움직임의 일환으로 아동의 삶을 증진시키기 위해 아동기를 존중하고자 하는 취지에서 2001년 영국에서 'Alliance for Childhood(아동기를 위한 동맹)'가 조직되었으며(Cordes & Miller, 2001), 컴퓨터 사용에 대한 부정적 견해를 발표하여 다시 논란을 촉

발하는 계기가 되었다. 이 단체의 기본적 입장은 아동기는 인성의 결정적 시기이므로 구체적인 경험을 충분히 할 수 있도록 보호되어야 할 뿐 아니라 서둘러서는 안 되며, 오늘날 아동들은 이미 엄청난 스트레스에 직면하고 있으므로 이를 해소시켜 주기 위한 노력을 하여야 한다는 입장이다. 이들이 지적한 우려는 나름대로 타당한 측면이 있으며, 이를 요약하면 다음과 같다.

첫째, 컴퓨터는 눈의 건강, 비만, 반복성 긴장장애, 사회적 격리, 장기간의 신체, 정서, 지적 발달에 저해를 초래한다는 것이다. 특히 장기간 전자파에 노출되는 상황으로 인하여 시력과 신체적 성장을 저해할 수 있다는 우려를 제시하고 있다.

둘째, 유아는 능동적이고 신체적인 놀이를 위한 시간이 보장되어야 한다. 특히 유아기는 자연세계의 직접적 경험, 모든 종류의 구체적 학습을 보다 필요로 하는 시기라는 것이다.

셋째, 컴퓨터 테크놀로지가 유아와 성인의 관계를 멀어지게 할 수 있다. 유아는 컴퓨터와 놀기보다는 자신을 보살펴주는 성인과의 강력한 유대를 맺는 것이 필요하다.

넷째, 유아의 학습에 대한 성공을 위하여서는 주의집중, 듣기, 지속성이 필요하다. 그러나 컴퓨터의 즉각적 반응에 익숙해지게 되면 학습을 위해 필요한 이러한 요인들에 대해 오히려 부정적 영향을 초래하게 된다는 것이다.

다섯째, 유아에게 길러 주어야 할 창의성과 상상력은 혁신적 사고에 기초하게 된다. 그러나 미리 프로그램화된 컴퓨터의 활동과 영상을 지나치게 접하게 되면 상상적 사고를 저해하는 요인이 된다는 것이다.

이들의 기본 입장은 유아에게 미칠 수 있는 테크놀로지에 의한 부정적 영향을 경고함과 동시에 유아기의 삶을 보호해 주기 위한 적극적인 노력이 필요하다는 것이다. 또한 이 단체의 권고사항에서는(Cordes & Miller, 2001) 건강한 아동기의 본질에 초점을 두어서 보살피는 성인과의 강한 유대감 형성, 자발적 · 창의적 놀이를 위한 시간, 책읽기, 음률, 동작, 쌓기놀이, 만들기, 자연에 대한 구체적 경험 등의 풍부한 교육과정이 제공되어야 한다는 것이다. 덧붙여 컴퓨터의 사용으로 인한 신체적 위해에 대한 보고의 공개, 테크놀로지의 개인적·사회적 효과에 대한 윤리, 책임감, 비판적 사고를 강조해야 한다는 입장이다.

한편, 컴퓨터 테크놀로지 활용에 대한 이러한 새로운 비판에 크레멘츠와 사라마(Clements & Sarama, 2003)는 'Strip Mining for Gold: Research and Policy in Educational Technology—A Response to Fool's Gold'를 발표하며 다시 이를 반박하고 있다. 이들은 'Fool's Gold: A Critical Look at Computers in Childhood'가 중요한 컴퓨터 관련 연구들을 충분히 검토하지 않았으며, 다양한 사용에 따른 유형 간의 차이를 변별하지 않은 방법적인 결함을 지적하였다. 심지어 그들이 인용한 학자의 다른 연구물은 무시하였을 뿐 아니라 그의 입장과는 달리 인용되었음을 지적하고 이들의 입장을 조목조목 반박하고 있다. 이와 같이 유아교육에서 컴퓨터 테크놀로지의 활용이 바람직한지 아닌지는 여전히 유아교육자 간에도 찬반논쟁이 제기되고 있다. 이들의 주장과 반대입장의 근거로 제시되고 있는 관련연구들의 결과는 유아발달과 컴퓨터의 영향을 다룬 제5장에서 보다 상세히 다루어질 것이다.

근본적으로 컴퓨터 테크놀로지 자체는 유아에게 아무런 영향을 미치지 않으나, 이것을 어떻게 유아에게 사용하느냐에 따라 그 영향은 커다란 차이가 있을 것이다. 예를 들면, 유아에게 긴 문장의 활자로만 가득 찬 책을 읽도록 하는 것은 유아에게 적합하지 않고 오히려 부정적 영향을 줄 것이란 것에 누구나 동의한다. 그러나 같은 책이라도 흥미로운 삽화가 그려져 있고 유아의 일상적 생활이나 관심을 반영하는 내용과 어휘로 이루어진 책일 경우 누구나 유아에게 적합하고 긍정적 영향을 기대할 수 있을 것이다. 이와 마찬가지로 컴퓨터 테크놀로지 자체를 활용해야 하느냐 활용하지 않아야 하느냐가 중요한 것이 아니라 어떻게 활용할지를 고려하는 것이 더욱 중요한 문제라고 하겠다. 그리고 이미 컴퓨터 테크놀로지는 유아

의 일상적인 환경이 되고 있기 때문에 이를 인위적으로 배제하는 것도 용
이한 것은 아닐 것이다. 오히려 유아교육현장에서 배제함으로써 각 가정
혹은 유아가 처해 있는 환경에서 컴퓨터의 부적절한 사용으로 유아들에게
미칠 컴퓨터 테크놀로지 활용의 부정적 영향에 대한 우려도 제기될 수 있
다. 그러므로 컴퓨터 테크놀로지의 활용을 반대하는 입장에서 제기하는
부정적 영향의 가능성에 대한 대책과 보완에 적극적으로 관심을 가져야
할 것이다.

6. 유아교육기관에서의 컴퓨터 도입 및 활용 현황

우리나라 교육정보화의 역사는 1970년대 직업교육 중심의 전산교육으로
시작하여 1980~1990년대 초반까지 보통교육으로서의 컴퓨터교육이 도입
되었다. 그리고 제6차 교육과정의 실과(5~6학년)에 컴퓨터교육이 포함되
면서 컴퓨터교육을 위한 체계적인 교육이 추진되기 시작하였다. 1990년대
중반부터는 교육정보화가 확산되는 시기로, 특히 새 천년이 시작되면서 정
보통신부와 교육부에서는 교육정보화계획의 일환으로 초·중·고교에 컴
퓨터 보급과 전산망 구축작업을 실시하였다.

통계자료에 의하면, 2003년 현재 초등학교의 경우 PC 1대당 8.3명이며,
2Mbps 이상의 인터넷 설치가 66.8%인 것으로 나타났다(한국교육학술정보
원, 2004). 또한 초등학교 1학년부터 컴퓨터교육 필수화, 인터넷 구축, ICT
활용능력 기준 및 교육과정을 제시하는 등 교육정보화는 급속히 이루어지
고 있다. 그러나 교육의 정보화 정책에서 유아교육 분야는 소외되어 왔으
며, 심지어 교육통계의 자료에서도 포괄적인 자료만이 포함되어 있어 유치
원의 컴퓨터 활용 현황을 정확히 파악하는 데는 한계가 있다. 따라서 일부
연구보고서에서 나타난 자료를 중심으로 구체적 활용 현황을 파악할 수밖
에 없다.

1) 유치원의 컴퓨터 도입과정

유아를 위한 컴퓨터교육은 1980년대 후반 대우전자에서 유아용 컴퓨터로 유아의 인체공학적 특성에 따라 제작한 KOBO가 개발되면서 시작되었다고 할 수 있다. KOBO는 유아가 사용하기 편하게 인체공학적 특성에 따라 제작된 키보드, 둥그런 모양의 컬러 모니터, 음향지원 등으로 유아에게 적합한 컴퓨터였다. 그렇지만 지원되는 소프트웨어의 개발과 가격 등의 문제로 확대 보급되지 못하였으나, 유아의 특성을 고려한 멀티미디어용 컴퓨터의 필요성을 인식하는 데 기여하였다고 보고 있다(이경우, 이영주, 2000).

이어서 1997년 LG 소프트는 자체 운용능력을 가진 CD-I를 개발하였으다. CD-I(computer disk-interactive)는 키보드나 마우스를 사용하지 않고 easy ball의 사용으로 조작이 편리하다는 점이 있으나, 기기 자체가 수동적인 측면이 있었다. 또한 삼성의 PICO도 자체 운용능력을 가지고 TV와 연결하여 사용하는 등 컴퓨터를 조작하는 능력이 없이도 사용이 용이하다는 이점이 있었다(이경우, 이영주, 2000). 그러나 컴퓨터 기종의 향상과 WINDOWS 체계로의 사용환경의 변화, CD-Rom 타이틀의 출시 등 여러 요인으로 성인용 컴퓨터의 활용이 보다 용이해지고 급속히 보급됨에 따라 일반 PC가 유아대상 컴퓨터를 대체하게 되었다.

한편, 1999년부터 국가의 초고속망확충정책과 유료 인터넷 서비스 업체의 등장으로 인터넷에 접속하여 활용할 수 있게 되면서 유아정보화 교육이 활성화되기 시작하였다(한국교육학술정보원, 2003). 이미 유아교육기관에서 인터넷의 활용이 증가하고 있는 추세이며, 2007년에는 정보통신부에서 유치원 인터넷 활용 교재가 나와 각 유치원에 보급되고 있는 실정이다.

2) 유아기관의 컴퓨터 보유 및 활용 현황

유치원의 컴퓨터 보유 현황을 살펴보면(교육인적자원부, 2004), 유치원당 평균 3.4대를 보유하고 있으며, 학급당 평균 1.4대 그리고 컴퓨터 1대당 원아 수는 19.3명인 것으로 나타났다. 이는 컴퓨터 1대당 학생 수가 8.3명인 초등학교의 컴퓨터 보유 현황과 대비하여 볼 때 엄청난 차이를 보이고 있으며, 이는 사립 유치원의 비중이 크기 때문이라 볼 수 있다. 정부의 전 국민 지식정보화 사회 대처능력을 배양한다는 정책에 사립유치원을 포함하는 유치원에 대한 컴퓨터 지원책도 함께 고려되어야 보유율을 높일 수 있을 것이다.

(1) 컴퓨터 및 기자재 보유

유아기관의 컴퓨터 보유 및 활용 현황을 보고한 연구들에 의하면, 대체적으로 유아기관에서 컴퓨터 보유 및 활용 정도가 꾸준히 증가하고 있음을 볼 수 있다(김언주, 2004; 김종연, 2002; 이경우, 이영주, 2000; 이옥기, 2001). 서울 경기지역의 공·사립유치원과 어린이집을 대상으로 유아용 컴퓨터 보유 및 활용에 대한 김종미(2005)의 연구에 의하면, 유아용 본체 수는 공·사립유치원과 비슷한 수준으로 5.5~5.8대인 데 비해 국공립, 민간어린이집은 1.4~1.8대를 보유하고 있으며, 흑백프린터, 컬러프린터, 스캐너, 디지털 카메라 등도 평균 1대 미만인 것으로 나타났다. 이 보고에 의하면, 유치원이 어린이집보다 컴퓨터나 주변기기의 보유 정도가 나은 것으로 볼 수 있다. 한편, 대전지역의 연구보고에서는(양영란, 2004) 컴퓨터 1대를 보유하고 있는 경우는 약 60% 정도(공립 62%, 사립 57%) 되었으며, 2대 이상 보유한 경우는 약 40%정도로(공립 33%, 사립 10.2%) 공립유치원의 컴퓨터 보유율이 높음을 알 수 있다. 이들 연구들에서 보는 바와 같이 유치원이 어린이집보다 컴퓨터 보유율이 높으며, 공립이 사립보다 높음을 볼 수 있다. 이러한 기관별 차이에 대한 해소에도 지원부서에서 관심을 가져야 할 것이다.

(2) 소프트웨어 보유

유치원의 소프트웨어 보유 현황은 소프트웨어 산업의 번성과 밀접한 영향이 있다. 초창기에는 소프트웨어에 의존하였으나 점차 인터넷 활용이 확산되면서 소프트웨어 구입보다는 인터넷 활용이 증가하는 경향을 볼 수 있다. 유치원의 소프트웨어 보유 현황을 살펴보면(김종미, 2005) 공립유치원은 소프트웨어 20개 이상을 보유하고 있는 곳이 83.4%이나, 사립유치원은 53%인 것으로 나타나, 소프트웨어 보유에서도 컴퓨터 보유와 같이 공

〈표 2-2〉 소프트웨어 보유현황

소프트웨어 명	제작사(국내보급사)
올리의 그림동화	Broderbund(아리수미디어)
또래 프로그램	휘닉스시스템
토끼와 거북이	Living Book(아리수미디어)
띵킹띵즈 1	Edmark(애드앤)
키드픽스 스튜디오	Broderbund(아리수미디어)
새미의 과학 놀이방	Edmark(애드앤)
밀리의 수놀이 가게	Edmark(애드앤)
투루디의 시간여행 공간여행	Edmark(애드앤)
할머니와 둘이서	Living Book(아리수미디어)
TV 유치원	KBS 영상사업단
키키랑 또로랑	대우통신
어린이 훈민정음	삼성영상사업단
줌비니	Broderbund(아리수미디어)
꼬마크레용	웅진미디어
Stanley's Sticker Story	Edmark(애드앤)
일곱 마리 너구리	대교
매직월드	세광데이타테크
색깔을 갖고 싶어	푸른하늘을 여는 사람들

* 영어로 기재한 것은 한국어로 번안되지 않은 것임(김종미, 2005).

립과 사립유치원 간의 차이를 보이고 있다. 더욱이 어린이집은 20개 이상 보유하고 있는 경우가 10.2%로 나타나, 컴퓨터기기뿐 아니라 소프트웨어의 보유에서도 엄청난 차이를 보이고 있어 기관별 차이가 심각함을 볼 수 있다. 최근에는 인터넷의 활용이 증가하고 새로운 CD-Rom 타이틀 제품의 개발이 미미하기 때문에 이를 활용하는 비율에 대한 정보는 의미가 없으나, 어떠한 소프트웨어가 활용되었는지에 관한 역사적 자료로서의 가치로는 의미가 있을 것이다.

(3) 컴퓨터 활용 현황

유치원에서의 컴퓨터교육은 공립유치원인 경우 85.5%가 컴퓨터교육을 실시하고 있었으며, 유아의 80.1%가 자유선택활동시간에 활용하는 것으로 나타났으며, 교사는 이야기 나누기에 가장 많이 이용하고, 이어서 동화, 음률, 신체표현 순으로 나타났다(류영자, 2005). 유아교사들의 멀티미디어 활용을 살펴보면 CD-Rom 타이틀을 활용하는 경우가 54.1%이며, 인터넷 사이트 활용은 29.4%인 것으로 보고(양영란, 2004)되고 있으나, 이는 유아와 교사의 사용주체에 따라 다를 것으로 보인다.

한편, CD-Rom 타이틀과는 달리 인터넷은 급속한 보급과 사용이 보편화되고 새로운 교수매체로서의 활용적 가치가 높게 인식됨에 따라 교육현장에서 인터넷의 구체적인 활용방안에 대한 다각적인 모색이 활발히 이루어지고 있다. 그러나 유아교육에서의 인터넷 활용은 정보검색 혹은 e-mail로 활용하거나, 상용화된 인터넷 사이트의 서비스를 이용하는 극히 초보적인 수준에 있으며(안동근, 2000; 이영석, 이소희, 2001), 교수매체로서의 적극적이고 다양한 활용방법의 제시, 활용에 대한 효과의 검증, 유아교사의 컴퓨터 활용능력의 증진방안 모색, 예견되는 문제점의 대안책 마련 등 해결되어야 할 과제는 산적하여 있다.

이미 우리나라의 교육현장에서는 모든 초등학교에 초고속 인터넷 서비스가 제공되고 있으며, 공립 병설유치원에서는 교실 내에서 인터넷 사용이 가능한 실정이며, 활용도가 점점 높아지고 있다. 또한 유아관련 인터넷 사이트도 500여 개나 되고 상용화된 사이트도 점점 증가 추세에 있을 뿐 아니라 나름대로 유아교육현장에서 인터넷의 교육적 활용이 시도되고 있다.

유아교육기관에서의 인터넷 활용에 대한 연구로는 김종연(2002)이 전국 공·사립유치원과 어린이집 385개소를 대상으로 조사한 자료가 있다. 이 자료에 의하면, 연구대상의 85.7%가 인터넷 구축이 되어 있으며, 그중 68.6%가 전용선을 사용하고 있으며, 17.1%가 모뎀을 사용하는 것으로 나타났다. 그러나 수업의 활용을 살펴보면 연구대상의 40%만이 활용하고 있으며, 역시 지역별로 차이가 있는 것으로 보고 하였다. 또한 국·공립유치원(51.0%)이 가장 많이 활용하고, 어린이집(36.8%)과 사립유치원(35.5%)은 적게 활용하는 것으로 나타났다. 이 자료에 의하면, 인터넷 활용의 여건은 대체로 갖추어져 있으나 활용의 정도는 비교적 낮음을 알 수 있으며, 공립유치원에서의 활용이 타 기관보다 높은 것으로 나타났다. 이러한 보고는 컴퓨터 활용에 따른 격차의 해소방안에도 관심을 가져야 함을 시사하는 것으로 볼 수 있다.

또한 유아교사의 인터넷 교육 콘텐츠 활용실태 보고에 의하면(허미혜, 2004), 인터넷 교육 콘텐츠는 직접 인터넷 검색을 사용하는 경우가 70.2%였으며, 무료 콘텐츠 제공 사이트에 56.7%가 가입된 반면, 유료인 경우는 4.8%인 것으로 나타났으며, 자주 사용하는 콘텐츠는 언어교육이 45.8%, 미술 음악교육 등이 36.1%인 것으로 나타났다. 한편, 가장 많이 다운받는 자료는 멀티미디어 콘텐츠로 45.5%이고, 다음이 그림으로 25.9%였으며, 일과 중 이야기나누기시간에 활용이 41.8%, 자유선택활동시간에 활용이 18.4%인 것으로 보고하고 있다(김종미, 2005). 이는 CR-Rom과는 달리 유아보다는 교사에 의해 활용되고 있음을 볼 수 있으며, 다양한 영역의 학습에 활용되기보다는 이야기나누기나 동화활동에 국한되어 사용되고 있어 보다 폭넓은 활용 방안의 모색이 필요함을 시사하고 있다.

3) 가정에서의 컴퓨터 보유 및 활용 현황

일상생활에서 컴퓨터의 활용이 보편화되면서 가정에서도 컴퓨터를 보유하고 활용하는 정도도 지속적으로 증가하고, 심지어는 인터넷 활용은 세계에서 최고의 수준을 차지하고 있다. 한국인터넷진흥원(2006)의 2005년도 하반기 정보화실태조사의 보고에 의하면, 전체 가구의 컴퓨터 보유율은 78.9%이고, 프린터 보유율은 49.1%이였으며, 74.8%의 가구가 인터넷 접속이 가능한 것으로 나타났다. 이는 이미 많은 가정에서 컴퓨터를 보유·활용하고 있음을 시사하고 있다. 특히 유아와 관련된 인터넷 이용 현황보고에 따르면, 3~5세 유아의 인터넷 이용률은 47.9%(5세 64.3%, 4세 44.6%, 3세 33.5%)였으며, 인터넷 시작 연령이 평균 3.2세이고, 주 평균 이용시간이 4.8 시간인 것으로 나타났으며 자세한 내용은 〈표 2-3〉에 제시되어 있다. 이 보고서에 의하면, 유아들에게 이미 컴퓨터의 활용이 일상화되어 있음을 의미하는 것으로 교육적 측면에서도 이에 대한 대책이 시급하다고 하겠다.

〈표 2-3〉 3~4세 유아의 인터넷 이용 현황

(%)

인터넷 이용률	연령	3세	4세	5세	전체
	빈도	33.5	44.6	64.3	47.3

유치원 재원 유무		다님		안 다님	
	빈도	58.0		40.1	

인터넷 이용 시작 연령	연령	3세	4세	5세	전체
	평균연령	2.3세	2.9세	3.8세	3.2세

인터넷 주 평균 이용시간		1시간 미만	1~2시간	2~4시간	4~10시간	10시간 이상	주 평균
	비율	9.8	15.5	33.2	30.7	10.7	48

인터넷 활용목적		여가활동	교육/학습	자료/정보	이메일/채팅
	빈도(복수응답)	92.5	38.9	4.1	0.9

출처: 한국인터넷진흥원, 2006.

CHAPTER THREE

유아 컴퓨터 테크놀로지 교육에 대한 기준과 지침

학습개요

　이 장에서는 유아를 위한 컴퓨터 테크놀로지 교육의 기준과 지침을 중점적으로 살펴봄으로써 유아에게 적합한 기준 설정에 대한 이해를 돕고자 한다. 특히 기초능력으로서의 컴퓨터 문해능력에 대한 인식이 수용되는 입장으로 변화되고 있음을 제시한다. 그리고 교육 분야에서 컴퓨터 테크놀로지의 활용에 선두적 입장을 취하고 있는 미국의 여러 교육단체, 교육청 등에서 제시한 기준과 지침을 살펴보고, 우리나라 교육부의 초등 1~2학년을 위한 정보통신기술 활용능력 기준을 토대로 유치원에서의 정보통신기술 활용능력을 위한 교육과정 기준을 제시하고자 한다.

COMPUTER

EDUCATION

1. 기초능력으로서의 컴퓨터 문해능력

산업사회의 교육에서 가장 기초가 되는 능력으로서 중요하게 다루어 온 것은 3R's(읽기, 쓰기, 셈하기)였으며, 오랫동안 유아·초등교육에서 이를 위한 기초능력 획득에 중점을 두고 교육하여 왔다. 그러나 새로운 디지털 매체를 활용하게 되는 정보화 사회에서는 산업사회와는 달리 학습의 본질이 바뀌고 있다. 즉, 컴퓨터 테크놀로지는 새로운 형태의 정신적 도구(mind tool)를 제공하게 되어 유아가 생각하는 방식, 배우는 방식, 표상하는 방식, 상호작용하는 방식을 변화시키고 있다(Rothenleny, 1998). 또한 클레멘츠(Clements, 1999)도 컴퓨터 테크놀로지는 컴퓨터로부터 학습하는 것이 아니라 컴퓨터와 함께 학습하게 되는 학습의 본질에 커다란 변화를 가져올 수 있다고 지적한 바 있다. 이러한 사회적 변화로 인하여 기초능력에 대한 인식이 바뀌고 있다.

모든 아동들은 미래의 새로운 세계를 위해 준비되어야 할 것이며, 부모, 고용주, 지역사회, 국가가 요구하는 능력에 대해 ISTE(International Society for Technology in Education, 1998)는 학생을 위한 국가적 교육 테크놀로지 기준을 제시하고 있다. 이를테면 부모는 자녀가 교육과 훈련의 더 높은 수준을 성취하거나 직업을 얻을 수 있도록 준비된 기술을 갖고 졸업하기를 원한다. 고용주들은 정직하고 믿을 만하고 추론, 의사소통, 의사결정, 학습을 할 수 있는 사람을 원한다. 그리고 지역사회에서는 학교가 고도의 테크놀로지와 정보기반 사회에서 사회의 생산적 일원과 훌륭한 시민이 되기 위해 준비시키기를 원한다. 여러 선진 국가의 지도자들도 21세기 교육에서 테크놀로지의 기본적 역할을 새롭게 인식하고 있으며, 나아가 교육의 변화에 필수적 부분이 되어야 한다고 보고 있다.

이와 같이 컴퓨터 테크놀로지에 의한 정보화 사회에서는 사회적 요구뿐 아니라 학습 본질 자체에 대한 변화로 인해 일반시민으로서 갖추어야 할 기초능력에 대한 새로운 정립이 필요하다는 주장이 제기되고 있다. 특히 의사소통 테크놀로지가 일반화됨에 따라 이에 대한 활용은 유아의 일상생활의 사회적 맥락에 일부가 되고, 컴퓨터 중심 사회에서 생산적 일원이 되기 위해서는 컴퓨터 문해능력 또는 정보문해능력(electronic literacy, computer literacy, information literacy로 불림)은 기초능력으로서 그 중요성이 증가되고 있다(Haugland, 2000; Morrison, 1997). 이를테면 컴퓨터 테크놀로지의 발달과 보급으로 취학 전 유아는 생활의 일부로서 이미 많은 컴퓨터 관련 경험을 하고 있다는 것이다. 따라서 정보화 사회의 시민으로 효율적인 생활을 하기 위하여 필요로 하는 기초능력에 컴퓨터 문해능력을 포함시키고 있는 추세라 하겠다(Massachusetts Dept. of Education, 2001; New York State Education, 2002).

일반적으로 기술문해(technological literacy)와 정보문해(information literacy)는 흔히 혼용되고 있으나, 엄밀히 말하면 차이가 있다. 기술문해능력은 컴퓨터뿐 아니라 다른 테크놀로지를 사용할 수 있는 능력과 빠른 기술적 변화에 적응하고, 기술적 문제에 창의적이고 혁신적 대안을 생성하고, 기술적 지식에 의해 효율적 그리고 효과적으로 행동하는 것을 포함한다(Wonacott, 2001). 한편, 정보문해능력은 정보가 필요로 하는 때를 인식하고, 필요한 정보를 효과적으로 사용하고, 평가하고, 찾아낼 수 있는 능력을 의미한다(Plotnick, 1999).

더욱이 기초능력으로서의 컴퓨터 문해능력의 중요성뿐만 아니라 테크놀로지 활용 수준에 대해서도 관심이 증가되고 있다. 이를테면 컴퓨터 활용 수준을 특정 테크놀로지를 조작하거나 사용할 줄 아는 수준, 어떻게 작동되는지를 이해하는 수준, 테크놀로지를 개인적, 사회적, 생태적 목적을 위해 비판적으로 사용하는 수준의 3 수준으로 구분하고 있다(Miller, 2001). 컴퓨터의 활용적 측면에서 볼 때 21세기를 위한 컴퓨터 문해력은 단지 수동적 소비자로서 대응하기보다는 테크놀로지의 미래를 주도하는 능동적 참여뿐 아니라 도덕적 책임을 공유할 수 있도록 하는 활용적 수준에 초점을 두어야 함을 의미한다고 하겠다.

즉, 무한한 정보자원 중 자기가 필요하거나 원하는 정보를 검색하고 선택하는 능동적 탐색 및 활용기술과, 소리, 색, 동작 등의 다양한 매체를 사용하여 자신의 아이디어를 창의적으로 표현하는 기술과, 다른 사람과의 아이디어를 공유하여 사회적 맥락에서의 지식 통합 및 증진의 기술 등이 앞으로의 사회에서 새로이 요구되는 컴퓨터 문해능력인 것이다.

이러한 맥락에서 하렐(Harel, 2000)은 종전과 달리 디지털 매체를 사용하는 새로운 학습기초기술을 제시하였다. 새로운 학습기술로 아이디어를 탐색하고(exploring) 표현하고(expressing) 교환하는(exchanging) 것인 3X's가 필요하다고 보았으며, 기초능력으로서의 컴퓨터 문해능력뿐 아니라 학습의 매체로서 인터넷을 최상의 도구로 보았다. 이와 같이 인터넷 활용능력도 앞으로 사회에서 요구되는 필수적인 기초능력으로 인식되는 추세라 하겠다.

이러한 사회적 요구와 학습환경의 변화에 대처하기 위한 시도로 전문가 단체들은 컴퓨터 테크놀로지 교육에 대한 기준과 지침을 마련하여 제시하였으며, 이러한 지침에 따라 미국에서는 각 주나 지역단위의 학교 수준에서 교육과정에 어떻게 적용할지에 관한 구체적인 내용을 마련하고 있다. 이에 대해 대표적 기관이나 단체를 중심으로 관련 기준을 살펴보고자 한다.

2. 미국 국제교육테크놀로지학회의 학생을 위한 교육 테크놀로지의 기준(Prek-2)

미국의 교육부(U.S. Department of Education), NASA, Apple사 등의 지원으로 국제교육테크놀로지학회(ISTE: International Society for Technology in Education, 2000)는 『NETS: 교육과정과 테크놀로지를 연결하기』라는 책자

〈표 3-1〉 Prek-2를 위한 테크놀로지 문해의 기준(2000)

- 컴퓨터, VCR, 카세트, 전화, 기타 다른 테크놀로지를 성공적으로 조작하기 위해 입력기제(마우스, 키보드, 리모컨 등)와 출력기제(모니터, 프린터 등)를 사용하기
- 안내된 그리고 개별적 학습활동을 위해 다양한 매체와 테크놀로지 자원을 사용하기
- 발달적으로 적합하고 정확한 테크놀로지 사용하여 의사소통하기
- 학습을 지원하기 위하여 발달적으로 적합한 다중매체 자원(상호작용책, 교육용 소프트웨어, 초급 다중매체 사전 등)을 사용하기
- 교실에서 테크놀로지를 사용할 때 또래, 가족, 다른 사람과 협력적이고 협동적으로 사용하기
- 테크놀로지를 사용할 때 긍정적인 윤리적 행동을 취하기
- 테크놀로지 체계와 소프트웨어를 책임 있게 사용하는 것을 연습하기
- 교사, 가족, 파트너로부터 지원을 받아 발달적으로 적합한 다중매체 결과물을 산출하기
- 문제해결, 의사소통, 사고, 아이디어, 이야기의 예시를 위해 테크놀로지 자원(퍼즐, 논리적 사고 프로그램, 쓰기도구, 디지털카메라, 그리기 도구 등)을 사용하기
- 교사, 가족, 파트너로부터 지원을 받아 텔레커뮤니케이션을 사용하여 정보를 모으고 다른 사람과 의사소통하기

에서 각 학년단위의 수준을 제시하였으며, prek-2학년까지 컴퓨터 문해 능력에 기대되는 수행 기준은 〈표 3-1〉과 같다.

국제교육테크놀로지학회(ISTE)는 유아부터 저학년 수준의 아동까지 필요한 정보를 찾고, 자신의 생각과 느낌을 표현하기 위해 컴퓨터를 조작하고 활용할 수 있는 수준을 기대하고 있음을 볼 수 있다.

3. 미국 학교도서관협회와 테크놀로지협회의 정보문해 기준

미국 학교도서관협회(AASI)와 교육적 의사소통과 테크놀로지협회 (AECT)는 1998년에 'Information Literacy Standards for Student Learning' 의 기준을 발표하였다. AASI와 AECT는 컴퓨터 테크놀로지뿐 아니라 보편적인 모든 정보까지 포함하여 포괄적으로 정보를 다루고 생성하는 능력과 관련된 기준과 지표를 제시하고 있다는 점에서 의미가 있다.

〈표 3-2〉 학생을 위한 정보문해 기준

1) 정보문해 기준

기준 1: 정보에 효율적이고 효과적으로 접근
  지표 1-정보에 대한 필요성을 인식
  지표 2-정확하고 포괄적인 정보가 지적인 의사결정의 기초가 됨을 인식
  지표 3-정보 필요성에 기초하여 질문을 명확히 함
  지표 4-정보의 다양한 잠재적 자원을 인식
  지표 5-정보를 찾기 위해 성공적 전략을 개발하고 사용함

기준 2: 정보를 비판적으로 능숙하게 평가
  지표 1-정확성, 타당성, 포괄성을 판정
  지표 2-사실, 관점, 견해를 구분
  지표 3-부정확하고 그릇된 정보를 인식
  지표 4-즉각적으로 문제나 질문에 적합한 정보를 선택

기준 3: 정보를 정확하고 창의적으로 사용
  지표 1-실제적 적용을 위해 정보를 조직
  지표 2-새로운 정보를 자신의 지식에 통합
  지표 3-비판적 사고와 문제해결에 정보를 적용
  지표 4-적절한 형태로 정보와 아이디어를 산출하고 의사소통

2) 독자적 학습 기준

기준 4: 정보문해력을 가지고 개인적 흥미에 관련된 정보를 추구
　지표 1–개인적 안녕(직업에 대한 관심, 지역사회 참여, 건강사, 여가 추구)의
　　　　　다양한 영역과 관련된 정보를 찾음
　지표 2–개인적 흥미와 관련된 정보 결과물과 해결책을 계획, 개발, 평가

기준 5: 문학과 정보의 다른 창의적 표현을 감상
　지표 1–능숙하고 자기동기화된 독자
　지표 2–다양한 형태로 창의적으로 표현된 정보로부터 의미를 유도
　지표 3–다양한 형태로 창의적 결과물을 개발

기준 6: 정보를 탐색하고 지식을 생성하는 데 우수함을 위해 추구
　지표 1–개인적 정보 탐색의 과정과 결과물의 질을 평가
　지표 2–자기생성 지식을 개정하고 증진시키고 갱신하기 위한 전략을 고안

3) 사회 책임감 기준

기준 7: 민주사회에 대한 정보의 중요성을 인식
　지표 1–다양한 자원, 맥락, 영역, 문화로부터 정보를 탐색
　지표 2–정보에 대한 동등한 접근의 원리를 존중

기준 8: 정보와 정보 테크놀로지에 따른 윤리적 문제를 연습
　지표 1–지적 자유의 원리를 존중
　지표 2–지적 재산권을 존중
　지표 3–책임감 있게 정보 테크놀로지를 사용

기준 9: 정보를 생성하고 추구하기 위해 집단에 효과적으로 참여
　지표 1–다른 사람과 지식과 정보를 공유
　지표 2–다른 사람의 아이디어, 배경을 인식하고 그들의 기여를 인정
　지표 3–정보의 문제점을 인식하고 해결책을 찾기 위해 사람과 테크놀로지를
　　　　　통해 다른 사람과 협력
　지표 4–정보의 결과물과 해결책을 계획, 개발, 평가하기 위하여 사람과 테크
　　　　　놀로지를 통해 다른 사람과 협력

4. 미국 국제읽기협회의 문해와 테크놀로지의 통합지침

앞에서 살펴본 단체들의 지침이나 기준은 교육 전반에 대한 테크놀로지 활용에 대한 입장을 표명하는 것이었다. 이러한 단체들의 움직임에 영향을 받아 2002년도에 읽기교육 전문단체인 미국 국제읽기협회(IRA: International Reading Association)에서는 문해와 컴퓨터 테크놀로지와의 통합적 적용을 위한 지침을 발표하였으며, 문해를 워드 프로세서, 웹 편집자, 발표 소프트웨어, 이메일 등을 포함하는 문해의 본질로 새롭게 정의하고 있다. 앞으로의 사회에서는 ICT(정보통신기술)의 새로운 문해에 능숙해야 하며, 다음과 같은 권고사항을 제시하고 있다.

〈표 3-3〉 문해와 컴퓨터 테크놀로지와의 통합적 적용을 위한 지침

1) 교사를 위한 권고
• 인터넷과 같은 테크놀로지로 전문가 개발 기회의 이점을 충분히 가져야 한다.
• 인터넷과 다른 ICT를 기존 문해교육과정에 사려깊은 방법에 의해 체계적으로 통합하여야 한다. 특히 효과적 정보 사용의 기본이 되는 비판적 문해능력을 발달시켜야 한다.
• 인터넷에서 다른 교사에 의해 개발된 교수전략과 자원을 탐색하여야 한다.
• 교실에 있는 모든 학생에게 동등한 접근을 제공하여야 한다.
• 교실의 인터넷 사용에서 안전성을 확보하여야 한다.
• 학생의 문해학습을 증진시키기 위해 테크놀로지 활용에 대한 실제적 아이디어와 연구에 관한 최신 온라인 저널과 전문서적을 정기적으로 읽어야 한다.
• 효과적인 교수전략에 대한 통찰력을 상호교환하기 위한 전문가의 전자 메일 목록에 가입한다.

2) 부모를 위한 권고
• 자신의 학교가 ICT를 언어교육과정에 어떻게 통합하는지 조사하여야 한다.

- ICT의 효과적 사용에 최근의 테크놀로지 자원과 교직원 개발 기회를 제공하려는 지역교육청의 주도성을 지원해야 한다.
- 가정에서 인터넷 사용을 관리 감독한다.
- 가정에서 연령에 적합한 인터넷 사이트와 소프트웨어에 대해 알아야 한다.

5. MA, Quincy 공립학교의 교수적 테크놀로지 기준(PreK-4)

교육관련 전문단체에서 교육에 테크놀로지 적용과 이에 대한 지침을 기초로 각 주단위 교육당국에서 마련하는 각종 교육지침에 반영되고 있으며, 한 예로 메사추세츠 주는 학년들을 위한 지침을 통해 구체적인 교육 적용의 방향을 제시하고 있다. 미국 메사추세츠 주 한 도시의 Instructional Technology Standards for Grades PreK-4에서 제시한 기준을 살펴보면〈표 3-4〉와 같다. 이들 기준은 유치원부터 초등학교 4학년까지를 포함하고 있으므로 유아만을 위한 기준이라 볼 수 없지만 테크놀로지의 활용 시 참고할 수 있는 기준이며, 구체적으로 무엇을 어떻게 적용할 것을 기대하는지에 대한 개략적 이해를 도울 수 있을 것이다.

〈표 3-4〉 ▸ PreK-4학년을 위한 교수적 테크놀로지 기준

기준 1: 하드웨어와 소프트웨어의 관계성에 관한 이해뿐 아니라 컴퓨터의 사용과 적용에 능숙함을 나타내기
〈탐색 개념과 기술〉
- 하드웨어의 적용에 대한 기본 기술 익히기
- 컴퓨터 체계의 기본 요소에 대한 용어의 사용
- 키보드 사용기술을 탐색하고 익히기
- 워드 프로세서의 기본 포맷팅에 대해 탐색하기
- 데이터베이스의 기본 목적과 기능을 탐색하기
- 스프레드 시트의 기본 목적과 기능을 탐색하기

- 교사가 선정한 웹 사이트를 사용하기 위해 동료와 협동하기
- 이메일을 보내기 위해 교사와 친구 간에 협동하기
- 교실의 프로젝트를 하기 위해 그리고 칠하는 것을 탐색하기

기준 2: 테크놀로지 사용의 책임감과 윤리와 안전성을 이해하기
〈탐색 개념과 기술〉
- 컴퓨터의 책임 있는 사용을 위해 규칙 따르기
- 안전하고 윤리적 인터넷 사용을 위한 규칙을 이해하기
- 웹 사이트 평가를 위한 연습을 탐색하기
- 컴퓨터가 학습을 위한 도구임을 이해하기
- 컴퓨터 사용에서 인간공학과 안전성의 문제를 탐색하기

기준 3: 연구과제, 문제해결, 의사소통을 위해 테크놀로지를 사용할 수 있는 능력을 나타내기
〈탐색 개념과 기술〉
- 친구, 전문가, 다른 사람들과 협력하고 상호작용하기 위해 텔레커뮤니케이션과 미디어 사용하기
- 교사가 선정한 웹 사이트, CR-Rom 백과 등을 포함한 다양한 전자자원으로부터 정보를 어떻게 수집하는지를 탐색하고 익히기
- 정보를 차트, 표, 다이어그램 등으로 조직하기 위하여 적용할 프로그램의 사용을 탐색하기
- 교육과정 내용의 이해를 증진시키기 위해 특정 도구의 사용을 탐색하기
- 다른 사람과 학습을 의사소통하기 위해 멀티미디어 프레젠테이션에 교사 및 동료와 협력하기
- 다른 사람과 이메일을 교환하기 위해 교사와 동료와 협력하기

6. NAEYC의 컴퓨터 테크놀로지 활용에 대한 기본 입장(3~8세)

앞에서 다룬 지침과 기준은 교육 전문단체나 교육당국의 테크놀로지의 활용에 대한 내용으로 유아뿐 아니라 모든 학생을 포함하는 것이었다. 이러한 주요 단체나 당국의 움직임은 유아교육에도 영향을 주어 유아교육전문단체인 전미유아교육협회(NAEYC)도 테크놀로지 활용에 대한 입장과 지

침을 표명하게 되었다. 전미유아교육협회(NAEYC)는 유아 컴퓨터교육이 나아가야 할 방향에 대하여 '과학기술과 유아: 3~8세-NAEYC Position Statement: Technology and Young Children-Ages Three through Eight(1996)'의 지침을 제시하였다. 특히 유아 수준에서 컴퓨터 테크놀로지의 교육적 적용에 대한 방향과 지침을 설정하고 제시하고 있어 실제 적용적 측면에서 중요한 참고자료가 될 것이므로 이를 요약하여 살펴보면 다음과 같다(여기서 제시한 내용은 주로 컴퓨터 테크놀로지를 중심으로 다루고 있지만, 컴퓨터 테크놀로지와 통합하여 사용되는 텔레커뮤니케이션과 멀티미디어에까지 확장될 수 있음을 밝히고 있다).

컴퓨터 테크놀로지가 일상생활에 중요한 역할을 차지하고 있으며, 앞으로 그 역할은 증대될 추세다. 또한 컴퓨터 테크놀로지의 활용은 유아의 학습과 발달을 위한 잠재적 이점을 가져올 수 있다는 인식의 변화와 함께, 테크놀로지의 사용이 쉬워지고 소프트웨어도 다양하여 활용이 확산되고 있다. 이러한 변화에 유아교사들은 유아의 테크놀로지 사용에 대한 영향을 비판적으로 검증할 책임이 있으며, 유아에게 유익한 활용에 대해 준비하여야 한다는 입장이다.

그러나 비록 테크놀로지의 활용에 대한 긍정적 효과를 보고되고 있지만 컴퓨터가 미술, 적목, 모래, 물, 책, 극놀이 등과 같은 매우 가치 있는 기존의 활동과 자료를 대치하여서는 안 된다는 것을 강조하고 있다.

1) NAEYC의 컴퓨터 테크놀로지 활용에 대한 지침(1996)

(1) 테크놀로지 사용의 적합성

특정 테크놀로지 사용의 적합성을 평가하는 데 있어서 NAEYC는 발달적으로 적합한 실제(1987)와 발달적으로 적합한 교육과정과 평가(1992)를 적용한다. 즉, 컴퓨터 사용이 유아의 연령과 개별 특성에 문화적으로 적합하고 적절한지를 결정하는 데 있어 교사의 전문적 판단이 요구되며, 기존의 발달적으로 적합한 실제(DAP)의 지침을 따라 통합적으로 적용되어야 함을 지적하고 있다.

교사는 발달과 학습원리의 관점에서 소프트웨어의 평가와 선택을 고려하고 학습의 기회와 문제를 파악하기 위하여 유아가 사용하는 것을 관찰하고 적절히 적용하여야 한다. 소프트웨어의 선택도 이야기책의 선택처럼 연령에 적합한지, 개별적으로 적합한지, 문화적으로 적합한지를 지속적으로 판단하여야 한다.

(2) 테크놀로지 활용의 효과

컴퓨터 관련 테크놀로지의 적절한 사용을 통해 유아발달과 학습을 증진할 수 있다. 컴퓨터의 음향효과와 그래픽은 유아의 주의집중을 유도하고 유아들이 컴퓨터하기를 좋아하게 이끈다. 발달적으로 적절한 소프트웨어는 유아들이 창의적 놀이, 완전학습, 문제해결, 대화에 몰입하게 할 수 있다. 컴퓨터가 적절하게 활용된다면 컴퓨터는 다양한 방법으로 유아교육기관에서 전통적으로 사용되어 온 기존 교육활동을 지원하고 확장할 수 있다. 소프트웨어의 적절한 시각적, 언어적 길잡이(prompt)는 놀이의 주제와 기회를 확장시킨다. 이미 여러 연구들도 컴퓨터를 적절하게 활용한다면 컴퓨터는 유아의 인지와 사회의 학습과 발달에 긍정적 효과가 있음을 보고하고 있다.

특히 컴퓨터의 활용을 통해 실제로 유아의 능력을 발달시킬 수 있을 뿐 아니라 유아의 사고와 학습에 대한 평가 기회도 제공할 수 있다. 이를테면, 컴퓨터 활동을 하는 유아를 관찰하는 것은 교사에게 유아의 사고과정을 볼 수 있는 사고의 창을 제공하는 것이다. 또한 컴퓨터 활동에서 유아는 혼자보다는 1~2명의 유아와 작업하기를 좋아하고, 교사보다는 동료에게 도움을 청하기를 좋아한다. 이러한 활동과정에서 더 높은 수준의 의사소통과 협력을 가능케 하기도 하며, 전통적인 놀이에서보다 더 자주 그리고 다른 상호작용을 주도하기도 한다. 또한 유아들은 이 과정에서 차례 지키기,

협력적 놀이활동, 더 높은 수준의 언어 사용을 보인다.

더욱이 인터넷을 통하여 교실환경을 벗어나 다른 교실, 도시, 나라에 있는 유아들과의 의사소통 및 사회적 상호작용을 할 수 있으며, 전자견학 (electronic field trip)을 통해 다른 나라의 문화와 환경적 경험을 공유할 수 있다.

(3) 테크놀로지의 통합적 적용

컴퓨터의 적절한 사용은 전통적인 유아교육기관의 기존 학습환경과 통합되어야 하며, 유아학습을 지원하는 많은 활동 중의 하나로 사용되는 것이어야 한다. 교사는 전반적인 학습 운영 계획의 일환으로서 컴퓨터를 고려하며, 기존 활동의 대체가 아닌 기존 교육의 방향을 지원하는 방법으로 사용하여야 한다. 따라서 컴퓨터 활동은 유아교육의 실제 적용에 물리적으로, 기능적으로 그리고 철학적으로 통합되어야 한다.

예를 들어, 극화놀이 영역에서 음식점을 나타내기 위해 간판을 컴퓨터로 만들거나, 컴퓨터로 설계도를 만들고, 이를 토대로 적목 영역에서 쌓아 보는 것 등의 활동은 기존의 교육과정과 통합적으로 적용하는 것이 될 수 있다. 컴퓨터를 기존의 교육과정에 용이하게 통합하기 위한 배려에 대해 살펴보면 다음과 같다.

〈표 3-5〉 컴퓨터를 통합하기 위한 5가지 방법

- 컴퓨터를 별도의 컴퓨터실에 두지 말고 교실에 두고, 영역으로 설치한다.
- 컴퓨터 활동을 유아교육기관의 일과활동에 통합하여 제공한다.
- 교육과정 내용, 기타 활동 또는 개념을 강화할 수 있는 소프트웨어를 선택한다.
- 교과 영역에 걸쳐 통합을 이루어야 한다.
- 새로운 방법과 관점을 제공하는 소프트웨어를 갖고 교육과정을 확장하도록 한다.

(4) 테크놀로지 활용의 동등한 기회

유아교육자는 컴퓨터교육의 기회가 모든 유아와 그들의 가족에게 공정하게 주어질 수 있고, 모든 유아가 컴퓨터에 접근할 수 있는 공평한 기회를 갖도록 배려해야 한다.

컴퓨터의 이용 실태에 관한 내용을 〈표 3-6〉에서 살펴보면 유아들 간의 불평등이 보고되고 있다. 이러한 결과는 불평등의 추세가 가속될 것이라는 추측을 뒷받침해 준다. 유아교육자는 현재의 불평등한 추세를 완화하면서 컴퓨터를 학습에 통합할 수 있는 방법을 찾아내는 작업을 해야 한다.

교사가 컴퓨터 테크놀로지에 대한 동등한 관심을 유지할 수 있는 방법으로는 첫째, 교실에서 사용할 소프트웨어를 선택하고 평가할 때 여아의 흥미와 상호작용의 유형을 고려하고, 둘째, 학습과 생산도구로서 컴퓨터 사용의 모델이 되고 작업 중 여아를 관찰하여 돕기를 청하고, 셋째, 여아만이 컴퓨터를 사용할 수 있도록 특정 시간을 할애하여 동등성을 증진시킬 수 있다. 더욱이 저소득층의 유아들은 컴퓨터를 접할 기회가 적기 때문에 보다 쉽게 사용할 수 있는 기회를 늘리고 의미 있는 경험이 되도록 지원해야 한다.

또한 오늘날 유아들은 유아기를 가정, 놀이방, 유아원, 유치원 등 다양한 곳에서 시간을 보낸다. 이는 컴퓨터 사용 기회에 대한 형평성의 문제를 더

〈표 3-6〉 컴퓨터의 교육적 이용에 관한 실태

- 여아들은 교육기관 안에서든 밖에서든 남아보다 컴퓨터를 덜 사용한다.
- 흑인 학생들은 백인 학생들보다 컴퓨터를 덜 사용한다.
- 컴퓨터가 학교에 있다고 해서 유아들이 사용할 수 있도록 개방된 것은 아니다.
- 교사들은 기대되는 행동을 잘 수행하는 유아에게 보상으로 컴퓨터 활동을 더 할애한다.
- 재정상태가 좋은 교육기관이 비싼 장비를 보다 많이 구입한다.

복잡하게 한다. 일부 기관에서는 이러한 기회를 많이 제공하는 반면 다른 곳은 기본적인 시설조차도 갖추지 못하고 있다. 유아교육자는 유아에게 컴퓨터의 긍정적 영향을 미칠 수 있도록 컴퓨터의 공평한 이용에 대해 더 많은 책임감을 가져야 할 것이다.

특히 신체적 장애 등의 특별한 요구를 가진 유아들에게는 테크놀로지가 강력한 보충적 도구가 될 수 있다. 다양한 보조적 테크놀로지가 장애유아 들의 독립성을 증가시키고 일반아동과의 통합을 지원할 수 있게 돕는다. 그리고 교사들은 테크놀로지가 각 개인의 특별한 요구, 학습유형, 개인의 선호성에 부합되는지를 고려해야 한다.

(5) 소프트웨어의 선택

소프트웨어가 담고 있는 특정 계층이나 집단에 대한 고정관념과 폭력성 의 문제에 주의를 기울여야 한다.

첫째, 컴퓨터는 유아의 다양성을 반영할 수 있어야 한다. 유아교육자는 학급에서 사용되는 소프트웨어가 유아와 가족의 다양한 문화, 언어, 생활 방식을 존중하고 있는지 점검하여야 한다. 특정한 문화, 인종, 국가, 성, 생 활방식에 대한 고정관념을 형성시킬 수 있는 소프트웨어의 도입을 방지해 야 한다. 모든 교육자료와 마찬가지로 소프트웨어는 유아가 살고 있는 세 계를 반영하고, 다양한 가족 형태와 경험을 묘사하는 것이어야 한다 (Haugland & Shade, 1994).

둘째, 교사는 긍정적인 사회적 가치를 반영하는 소프트웨어를 선택해야 한다. 오늘날 TV나 영화처럼 유아용 소프트웨어도 때때로 폭력과 잔인한 장면을 포함되고 있다. 어떤 형태로든 소프트웨어에 담긴 폭력은 유아의 발달에 위협이 된다. 일부 소프트웨어는 실수를 정정하는 방법으로 지우 거나 재시도하도록 하는 대신 '때려서 날려버리게(blowing up)' 하며, 이때 음향효과가 함께 이루어진다. 그러나 문제해결에 있어 실수한 것에 대해 취소하는 것을 '때려서 날려버리게' 식으로 나타내는 것은 문제가 있다.

왜냐하면 유아가 화면에서 일어나는 일을 바라보는 것은 수동적 입장이 아니라 적극적인 의사결정자가 되어 소프트웨어를 통제하고 컴퓨터의 모니터 화면에 나타날 결과를 결정하게 되기 때문이다. 따라서 유아로 하여금 자신의 행동이 야기할 실제 결과를 생각하지 않고 마음껏 폭력을 행사하거나 파괴하도록 하면 폭력적 결과를 개인의 책임과 연결짓지 못하는 성향을 조장할 수 있다는 것이다.

그러므로 폭력성이 담긴 소프트웨어 사용을 방지하는 것은 유아교사가 당면하고 있는 중요한 문제다. 이와는 반대로 긍정적인 사회적 행동을 조장하는 소프트웨어를 찾아서 도입하는 것도 중요하다. 유아 자신과 다른 문화에서의 풍부함을 탐색할 수 있는 소프트웨어를 제공함으로써 문화와 인종의 다양성에 대한 긍정적 태도를 갖도록 도울 수 있다.

(6) 테크놀로지 활용을 위한 부모 협력

교사는 부모와 협력하여 모든 유아를 위한 보다 적절한 컴퓨터의 사용에 대해 옹호해야 한다. 컴퓨터 사용이 유아에게 적절하고 유익한 경험이 되도록 하는 것은 궁극적으로 부모와의 협력하에 교사가 책임져야 할 일이다. 부모와 교사는 소비자로서 보다 나은 선택을 함께 할 필요가 있으며, 소프트웨어가 마음에 들지 않을 경우 개발업체에 보다 적극적으로 알려야 할 것이다. 부모와 교사가 협력하면 소프트웨어의 개발과 보급에 큰 영향을 미치는 소비자 압력집단이 될 수 있다.

보다 구체적인 연계 프로그램으로는 허그랜드와 라이트(Haugland & Wright, 1997)가 유아들의 가정과 연계하는 접근방법에 대해 다음과 같이 구체적으로 제안하고 있다.

첫째, 가족 구성원들이 가정에서의 쓰기와 읽기 활동들을 확장시킴으로써 유아들의 학습을 지지하는 방법을 학습하고, 그들 자신의 기초기술을 향상시키기 위해 컴퓨터 사용의 기회를 제공한다.

둘째, 성인의 고용 트레이닝과 관련된 주간, 야간 학급반을 개설한다.

⟨표 3-7⟩ ▶ **컴퓨터의 활용을 적절히 옹호하기 위한 유아교사와 부모의 협력방안**

- 부모에게 적절한 소프트웨어의 장점과 단점에 대한 정보를 제공한다.
- 새로운 기술이 등장하게 될 경우, 쉽게 업그레이드될 수 있는 컴퓨터 하드웨어를 권한다.
- 소프트웨어업체로 하여금 부모와 교사가 쉽게 미리 해 볼 수 있는 소프트웨어를 만들어 제공하도록 권한다.
- 교육자들에 의한 소프트웨어 평가체제의 수립을 주창한다.
- 다양한 능력 수준에 적합하고 학습자의 요구에 부응하는 소프트웨어와 컴퓨터 기술의 개발을 조장한다.
- 성, 문화, 능력의 다양성을 긍정적으로 반영하는 소프트웨어를 요구한다.
- 소프트웨어 개발업자들에게 학습자들 사이의 경쟁보다는 협동을 조장하는 프로그램을 개발하도록 권한다.
- 소프트웨어 개발업자들에게 적절하고 비폭력적인 방법으로 문제를 해결하고, 잘못을 수정하는 내용이 반영된 프로그램을 개발하도록 권한다.
- 모든 유아 및 그 가족에게 평등한 컴퓨터 접근 기회를 제공하도록 재정지원을 해 주는 정책을 촉구한다.

셋째, 부모와 조부모의 자발적인 참여를 격려한다.

넷째, 모든 유아들이 동등하게 접근할 수 있는 계획과 전략들을 수립하기 위해 교육자들과 지역 기업체 및 자치단체장과 부모로 구성된 옹호단체에 참여한다.

다섯째, 다양한 종류의 소프트웨어 소개와 부모가 학교나 집에서 유아가 학습할 수 있도록 지원하는 역할에 초점을 맞춘 워크숍을 개최한다.

(7) 테크놀로지 활용을 통한 전문성 신장

컴퓨터를 적절히 사용함으로써 유아교육 분야의 전문성 발달에 많이 기여할 수 있다. 특히 교사 자신을 위한 컴퓨터의 활용 문제 역시 중요한 요인이라 하겠다. 즉, 유아교사가 과학기술세계의 능동적인 참여자가 되어야 컴퓨터 사용과 관련하여 적절한 결정을 할 수 있는 준비가 되었다고 볼 수 있다. 따라서 교사에게 학습환경 속에서 효과적으로 컴퓨터 활용을 도 울 수 있는 전문적인 훈련과 지속적인 지원이 필요하다.

테크놀로지 활용의 긍정적 이점을 갖기 위해서는 기본적인 정보와 인식 에 대한 직전과 현직교육이 제공되어야 한다. 교사교육을 담당하는 대학 에서는 이를 위해 다음과 같은 책임을 가져야 한다.

첫째, 교육자에게 유아교육의 원리를 반영하고 어떻게 테크놀로지가 이 들 원리를 지원하고 확장하는지를 반영하는 경험들과 통합한다.

둘째, 교사가 어떻게 가장 잘 사용하는지에 초점을 두고 교육현장에서 사용에 대한 계획과 적용에 집중할 시간을 할애한다.

셋째, 하드웨어와 소프트웨어의 조작과 유형에 친숙하고 편안하게 되는 것을 돕기 위해 적합한 소프트웨어로 직접 경험하는 훈련을 제공한다.

넷째, 테크놀로지를 효과적으로 교육과정과 평가과정에 통합하는 것에 대한 온 사이트(on-site)와 학교 중심의 훈련을 제공한다.

한편, 교사가 교실에서 충분히 테크놀로지를 사용할 수 있는 교수기술 사용하기, 테크놀로지를 활용하여 부모참여를 격려하기, 교육과정 간/문 화 간 적용사례를 찾아보기, 유아 간 협동적인 상호작용을 촉진하기, 개인 적 효능을 증진하기 위해 테크놀로지 사용하기 등을 포함하는 교직원의 발달적 경험이 필요하다. 다시 말하면 교사가 테크놀로지에 친숙하고 자 신감을 가질 때 교사들은 이를 사용하여 새로운 수준에 도전하고 자극을 받게 된다.

또한 유아교사는 컴퓨터를 유아 교수매체로뿐만 아니라 유아교육 전문 가 간의 의사소통과 협력의 도구로 사용해야 한다. 즉, 컴퓨터는 전문성 발 달을 위한 유력한 도구로 활용될 수 있다. 이를테면 소프트웨어는 학급 운 영 및 계획, 자료 제작을 위한 정보와 도구로서 사용될 수 있다. 원거리 통 신과 인터넷으로 인해 교사는 세계 각지로부터 정보와 새로운 아이디어를 얻을 수 있으며, 외국의 전문가 및 동료와 상호작용할 수 있다. 유아교사들 은 서로가 새로운 기술을 습득하도록 하기 위해 협동학습의 원리를 적용하여 교육과정에 대한 참신한 생각, 자료, 유익한 활동 함께 알기, 상호조 언해 주기, 학습과 전문성 발달 프로젝트에 대해 협력하기 등을 도울 수 있 다. 교사들이 개인적, 전문적 성장을 위해 테크놀로지의 능숙한 사용자가 될 때 유아에게 적절한 사용의 모델이 될 수 있을 것이다.

2) NAEYC의 인터넷 활용에 대한 지침(1998)

앞에서 살펴본 NAEYC가 제시한 유아교육에서의 테크놀로지 교육에 관 한 지침은 컴퓨터 활용의 일반적인 방향을 제시한 것이라 볼 수 있다. 그러 나 1990년대 중반 이후 급속히 보급된 인터넷의 활용에 대한 보완적인 안 전에 대한 지침도 추가로 제시하였다. 비록 잠재적 위험성의 논란이 있으 나, 인터넷을 안전하고 즐겁고 친숙하게 사용할 수 있기 위한 조언을 다음 과 같이 제시하고 있다.

첫째, 호기심 많고 의심하지 않는 유아들의 특성을 고려할 때 인터넷을 탐색하며 그것이 주는 경험에 때때로 불안해지기도 한다. 그러나 길을 건 너거나 다른 생존기술을 가르치는 것과 마찬가지로 어른의 감독과 상식적 인 충고가 안전을 위해 필수적이다. 유아가 컴퓨터에서 무엇을 하는지 모 니터링하는 것이 사이버 세계로의 여행이 건강하게 활용하도록 하는 최선 의 방법이다.

둘째, 흔히 유아는 자신의 주소, 전화번호, 이름 등을 말할 수 있는 것에 자랑스러워한다. 유아를 돌보는 교사나 어른은 유아에게 부모나 교사의 허락 없이 결코 인터넷에 자신의 정보를 노출시켜서는 안 된다고 가르쳐 야 한다.

셋째, 온라인 접속하는 날, 시간, 방문할 사이트에 대한 규칙을 유아와 함께 토의하여 정한다.

넷째, 유아가 불쾌감이나 부적절한 메시지를 받는다면 즉시 말하도록 한 다. 부모나 관계자에게 보고하고 도움을 받아야 한다.

다섯째, 추가적인 보완을 위해 부적절한 사이트의 접속을 차단할 수 있는 소프트웨어를 깔거나 이를 제공하는 온라인 서비스를 활용한다.

여섯째, 유아가 컴퓨터를 사용할 때 같이 있도록 하거나 다른 가족이 항상 있을 수 있는 곳에 컴퓨터를 설치하여 둔다. 컴퓨터를 사용하는 동안에 가정에서 유아와 다른 사람과의 상호작용과 의사교환을 증진시킬 수 있다.

일곱째, 인터넷과 친숙해지려고 노력하여야 한다. 유아에게 어떻게 접속하고 어느 사이트가 좋은지를 묻는 등 함께하는 시간을 가짐으로써 컴퓨터 문해기술을 증진시킬 수 있고, 유아가 이해한 것을 다시 생각하도록 돕는다.

여덟째, 온라인에서 읽은 모든 것이 진실이 아닐지도 모른다는 것을 가르치고, 이들의 모임에 가고, 집을 방문하는 것에 조심하도록 해야 한다.

아홉째, 어른들은 유아들의 친구를 아는 것처럼 가상의 친구에 대해서도 알아야 한다.

이들 지침은 유아들이 일상생활에서 컴퓨터를 접하는 기회가 늘어나고 일상에 중요한 부분을 차지하게 됨에 따라 안전한 컴퓨터 사용에 대한 주의를 환기시켜 주는 내용이라 하겠다. 또한 이 지침은 유아교육에서 과학기술의 활용에 대한 교사의 역할과 책임감을 명시하고 있으며, 유아교사의 전문성 발달을 위한 과학기술의 활용 가능성을 제시하면서 이를 위한 직전교육과 현직교육의 필요성을 강조하고 있다.

한편, 미국의 전국전문직교수기준위원회(National Board for Professional Teaching Standards, 1996)와 ISTE(International Society for Technology in Education, 1998)에서도 유아교사 자격을 위한 추천 기준을 제시하고 있다. 이 기준에서도 교사자격을 갖추기 위해서는 유아와 함께 작업하기 위한 도구로서 CD-Rom, 비디오 카메라, 음성합성기 등의 과학기술 활용에 대한 중요성을 인식하고 있을 뿐 아니라 다양한 교수매체를 사용할 수 있어야 함을 지적하고 있다.

이러한 추세에 따라 우리나라에서도 유아 컴퓨터교육에서 교사교육의

관심이 증가되어 유치원 교사의 직전교육에 컴퓨터교육이 1990년대 후반
기부터 포함되기 시작하고 있으며(이경우 외, 1998), 학회나 협회 중심으로
교사재교육을 위한 컴퓨터교육이 활발히 다루어지기 시작하였다. 그러나
교사의 컴퓨터교육에 대한 전문가, 교사, 관련 행정가들의 의견수렴이나
합의된 지침도 마련되지 않은 채 다루어지고 있기 때문에 이에 대한 대책
과 교사의 컴퓨터 활용을 위한 기초지원책, 컴퓨터 활용방법 및 후속적 지
원체제 등의 구체적인 방안이 모색되어야 한다.

7. 교육부의 정보통신기술 활용능력 기준(초등 1~2학년)

교육부는 초·중등학교 정보통신기술교육 운영에 대한 지침에서 학생
의 ICT 활용능력 기준을 제시하고 있다. 비록 유치원에서의 정보통신기술
활용능력에 대한 기준을 포함하고 있지는 않지만, 초보적 수준에서의 기준
은 유아교육에서의 정보통신기술 활용능력을 위한 기준에 참고가 될 수
있을 것이다. 특히 초등 1~2학년의 기준을 살펴보면 〈표 3-8〉과 같다. 초
등 1학년의 경우 정보수집의 영역에서 원하는 정보에 접근하여 열람할 수
있어야 한다는 기준을 제시하고 있다. 따라서 CD-Rom이나 디스켓을 넣
어 원하는 정보나 파일을 열어 볼 수 있어야 한다. 정보 분석·가공의 영역
에서는 워드 프로세서를 사용하여 작성하고 편집을 하여야 한다고 기준을
제시하고 있다. 자판의 문자 배치를 익히고, 기능키를 사용하여 입력할 수
있어 간단한 문서를 만들 수 있어야 한다. 정보윤리와 보안의 영역에서는
정보의 활용에 대한 편리함과 올바른 관리를 제시하고 있다.

⟨표 3-8⟩ 초등학교 1-2학년 ICT 교육과정 기준 및 내용

학년	유목 I	유목 II	세부 기준	학습내용
1	정보수집	위치 파악·접근·열람	보조기억장치 정보에 접근·열람할 수 있다.	• 보조기억장치의 종류 알기 • 플로피 디스크의 사용방법 알기 • 플로피 디스크의 정보 열람하기
	정보분석·가공	워드 프로세서 자료 작성·편집	자판의 문자배치를 익혀 글자를 구성할 수 있다.	• 자판의 기본 자리 익히기 • 자판의 이중모음, 자음 익히기 • 자판의 기호, 숫자 익히기 • 자판을 이용하여 짧은 문장 입력하기
			기능키를 활용하여 숫자 문서와 각종 기호를 입력할 수 있다.	• 자판을 이용하여 숫자, 기호 입력하기 • 자판을 이용하여 간단한 글 입력하기
	정보전달·교류	제시·전달	소프트웨어를 실행할 수 있다.	• 소프트웨어 실행하기
	정보윤리·보안	지식정보 사회 이해	정보가 우리에게 미치는 영향을 안다.	• 주변의 정보기기의 종류 알기 • 정보기기 활용의 편리함 알기 • 정보가 얻어지는 과정 알기 • 정보기기 활용의 올바른 자세 • 정보기기의 올바른 관리
			정보통신기술 활용시 바른 자세를 유지하여 건강을 관리할 수 있다.	
2	정보수집	위치 파악·접근·열람	보조기억장치의 정보에 접근·열람할 수 있다.	• CD-Rom의 사용방법 알기 • CD-Rom 타이틀에 접근하여 정보열람하기
	정보분석·가공	멀티미디어 자료제작·편집	그림자료를 수정·편집·가공할 수 있다.	• 그림판으로 간단한 그림자료 만들고 수정하기
	정보윤리·보안	지식정보 사회 이해	정보통신기술 활용시 바른 자세를 유지하여 건강을 관리할 수 있다	• 정보기기의 활용과 건강한 생활 알기 • 정보기기 활용의 올바른 규칙 정하기 • 정보가 우리의 생활에 미치는 영향 알기 • 정보기기 다루기

출처: 교육부, 2000, 초·중등학교 정보통신기술교육 운영지침.

8. 유아의 정보통신기술 활용능력 기준

앞에서 살펴본 바와 같이 미국은 NAEYC(1996)를 비롯한 여러 단체에서 이미 유아를 포함한 학생들의 테크놀로지 활용에 대한 기준과 지침을 마련하였음을 알 수 있다. 그러나 우리나라에서는 1991년 이화여대 동서교육연구소가 주최한 '유아를 위한 컴퓨터 활동의 통합적 접근'의 특강을 계기로 유아 컴퓨터 활용에 대한 관심과 논의가 활발히 다루어진 바가 있었으나, 교육부와 관련 전문학회 수준에서 유아를 위한 컴퓨터 활용에 대한 구체적인 지침이나 준거를 제시하고 있지는 않다. 다만 유아의 정보능력을 측정하는 연구(홍혜경, 정용은, 2005)가 보고되었다.

컴퓨터 테크놀로지의 활용은 시대의 흐름이며, 무엇보다도 컴퓨터 보유 현황과 활용 현황을 볼 때 이미 컴퓨터 테크놀로지는 유아들의 실생활에 일부로 활용되고 있다. 이에 국가 차원에서의 유아 컴퓨터 테크놀로지 활용에 대한 구체적인 지침이나 준거 마련은 해결해야 될 시급한 과제라고 할 수 있다.

이 책에서는 컴퓨터 테크놀로지 관련 단체와 교육부의 초등학교 ICT 교육과정 기준과 내용과 연계된 유아의 발달 수준에 적합한 유치원 ICT 교육과정 기준 및 내용을 〈표 3-9〉와 같이 제시하고자 한다.

일반적으로 테크놀로지 교육에 대한 기준과 지침이 갖는 공통점은 컴퓨터 문해력이 단지 수동적 소비자로서 대응하기보다는 테크놀로지의 미래를 주도하는 능동적 참여뿐 아니라 도덕적 책임을 공유할 수 있도록 하는 데 초점을 두고 있다고 볼 수 있다. 즉, 컴퓨터 테크놀로지가 문제해결과 의사결정, 다른 사람과 협력하고 의사소통의 도구로 사용되며, 비판적 문해능력을 발달시키고, 사회적 · 윤리적으로 책임 있게 사용되기를 요구하고 있다.

현재 교육부의 정보통신기술 활용능력 기준이 마련되어 있기는 하나, 컴

〈표 3-9〉 유치원 ICT 교육과정 및 내용

유목 I	유목 II	세부 기준	학습내용
정보기기 조작	정보기기 조작방법 알기	• 컴퓨터와 주변기기 이름과 기능을 말할 수 있다. • 컴퓨터 켜고 끌 수 있다. • 마우스나 키보드의 간단한 조작기능을 사용할 수 있다. • 간단한 프로그램을 실행할 수 있다. • 프린터로 인쇄할 수 있다.	• 모니터, 본체, 키보드, 프린터, 디스켓, CD-Rom, 스피커 이름 및 기능 알아보기 • 컴퓨터 켜기/끄기 순서대로 실행해 보기 • 마우스 조작방법(클릭, 더블클릭, 드래그 등) 사용해 보기 • 키보드의 조작방법(글자, 숫자 자판, 화살표, 엔터키 등) 사용해 보기 • CD-Rom, 디스켓 사용해 보기 • 유아대상 교육용 소프트웨어, 그림판, 게임 등을 실행해 보기 • 프린트로 인쇄해 보기
정보분석 ·가공	정보를 표상하고 저장하기	• 자신의 생각을 글이나 그림으로 나타낼 수 있다. • 자신의 결과물을 저장할 수 있다.	• 그리기 소프트웨어를 사용해 보기 • 유아용 워드 소프트웨어 사용해 보기 • 파일로 저장해 보기
정보수집	정보를 탐색하기	• 컴퓨터의 도움을 받아 정보를 찾을 수 있다.	• 컴퓨터의 쓰임 알아보기 • 원하는 정보를 단어나 문장으로 말하거나 도움을 받아 검색 창에 입력해 보기 • 원하는 정보인지 판단하기
정보윤리 ·보안	정보 사용의 예절과 책임 알기	• 컴퓨터 사용 규칙과 예절에 대해 알 수 있다. • 개인정보를 관리할 수 있다.	• 컴퓨터 사용에 따른 좋은 점과 나쁜 점 알아보기 • 컴퓨터를 소중하게 다루기 • 컴퓨터 사용 시간과 차례 지키기 • 자신의 정보를 다른 사람에게 알리지 않기 • 다른 사람의 정보나 자료를 존중하기

퓨터 사용의 도구적 · 기능적인 측면에 초점을 두고 있음을 볼 수 있다. 모
든 교육적 적용을 고려할 때 지적 측면의 교육에 치중하기보다는 인성적
측면도 함께 고려되어야 하듯이, 컴퓨터 테크놀로지를 활용함에 있어서도
활용의 부정적 측면을 최소화하기 위해 사회적 · 윤리적 · 인간적 이슈나
기준들을 포함시켜 활용의 기준을 제시하는 것이 바람직할 것이다.

CHAPTER FOUR

유아교육에서 컴퓨터 테크놀로지 활용에 대한 이론적 입장[1]

학습개요

　이 장에서는 유아의 발달이론적 관점에서 컴퓨터 활용에 대한 입장에 초점을 두어 다루고자 한다. 먼저 유아의 발달적 특성과 컴퓨터 테크놀로지의 매체적 특성과의 관련성을 제시하고, 컴퓨터 테크놀로지의 활용을 결정할 때 고려하여야 할 요인을 다루고자 한다. 또한 성숙주의이론, 행동주의이론, 인지발달이론, 사회문화이론, 다중지능이론의 입장에서 컴퓨터 테크놀로지의 활용에 대한 시사점을 살펴보고자 한다.

COMPUTER

1) 유아교육학논집, 6(2), 93-113에 게재된 '유아교수매체로서의 인터넷 활용에 관한 이론적 탐색'을 보완한 내용임.

EDUCATION

1. 유아의 발달적 특성과 컴퓨터 테크놀로지

컴퓨터의 교육적 적용이 점차 수용되는 추세와 함께, 1990년 중반부터 인터넷이 보급되면서 학습하는 것과 아는 것을 표상하기 위한 매체로서 인터넷의 활용에 대한 논의가 나타나게 되었다. 학습을 위한 도구로서의 컴퓨터 CD-Rom뿐만 아니라 인터넷 활용이 증가되고 있으며, 인터넷을 통해 학습하는 것이 아니라 인터넷과 함께 학습하게 되는 것으로 학습의 본질을 변화시킬 수 있다는 인식이 대두되었다. 특히 구성주의 관점이 폭넓게 수용되면서 컴퓨터 테크놀로지는 지식의 소비가 아닌 지식구성, 일방적이 아닌 쌍방적, 반복적이 아닌 연결, 경쟁이 아닌 협동적 학습에 참여하여 의미 있는 학습을 가능하게 할 수 있으므로 그 활용적 가치가 인정되고 있다(Jonassen, Peck, & Wilson, 1999).

최근에는 컴퓨터 CD-Rom의 사용은 줄어드는 경향을 보이는 반면, 인터넷은 시간적, 공간적 한계를 벗어나 다양한 정보와 학습관련자의 참여가 용이하다는 이점으로 교육적 활용에 관심이 증가되고 있다. 그리고 인터넷만이 갖는 교수매체로서의 또 다른 특성 때문에 교육적 활용에 대한 이론적 근거를 고찰하는 것은 필요한 작업이다. 따라서 이 절에서는 컴퓨터 테크놀로지의 교육적 활용에 대한 근거로서 유아의 발달적 특성과 발달이론적 입장에서의 관련 이슈를 살펴보고자 한다.

TV, 비디오 또는 컴퓨터 등 기존의 교육매체들이 교육현장에 수용되기까지 오랫동안 유아의 발달적 영향에 대한 지지적 입장과 반대입장의 논쟁을 거쳤으나, 최근 인터넷의 활용에 대한 논의는 비교적 미흡한 편이며, 오히려 컴퓨터와 유사한 특성으로 체계적 검토 없이 수용되고 있다고 볼 수 있다. 특히 CD-Rom과 다른 매체적 특성을 가진 인터넷에 대한 활용 및 유아의 발달적 특성과 관련지어 살펴보면 다음과 같다(황해익 외, 2001; Janassen, Peck, & Wilson, 1999).

첫째, 정보의 무한성을 들 수 있다. 한정된 정보만 선택 저장하는 CD-Rom과는 달리 인터넷은 활용 가능한 정보의 양이 무한하다는 특징이 있다. 따라서 필요할 때 원하는 정보를 언제든지 활용할 수 있으며, 다양하고 즉각적인 유아의 관심이나 흥미에 적합한 정보와 자료를 손쉽게 제공받을 수 있다는 편리성이 있다. 그러나 유아에게 방대한 정보는 때론 다양하고 새로운 관점을 접할 기회를 제공할 수도 있지만, 유용한 정보를 선별하거나 많은 정보를 처리해야 하는 어려움을 갖는다는 문제가 있을 수 있다.

둘째, 최신의 자료나 정보를 접할 수 있다. 한 번 제작되면 수정이 힘든 CD-Rom에 비해 웹상의 정보는 자주 수정, 보완할 수 있으므로 정보의 신속성을 들 수 있다. 그러나 정보의 신속성은 때로는 신뢰로운 정보 여부에 대한 검증과정을 거치지 않고 제공될 수 있다는 문제가 있을 수 있다. 더욱이 유아는 정보의 신뢰성을 판단하거나 검증할 수 있는 능력이 아직 미흡하다는 점 때문에 정보의 신뢰성과 안전성의 문제가 제기될 수 있다.

셋째, 다양한 대상과 수준의 상호작용이 가능하다. 일대일 이메일이나 채팅 형태, 일 대 다수의 강의형태, 다수 대 다수의 집단토의나 회의 등의 의사소통 유형이 다양할 뿐 아니라 상호작용의 가능성을 들 수 있다. 비록 유아에게는 문자를 사용한 적극적 의사소통은 어려우나, 즉각적 반응이나 피드백을 받을 수 있다는 특성 때문에 보다 즉각적 교사의 지원이나 언급이 제공된다면 개별화 교육의 일환으로의 사용도 용이하다고 볼 수 있다.

넷째, 문자정보, 소리정보, 비디오 영상 등의 멀티미디어가 지원되는 정보를 활용할 수 있다. 특히 유아에게는 문자나 소리의 상징적 표상보다는 동영상, 그래픽, 3D 이미지 등의 영상적 표상으로 나타낼 경우 이해가 쉽다. 더욱이 동영상의 다양한 개방성, 유아 주도성, 도전성, 텍스트, 그래픽, 소리 등의 매체의 특성을 포함하는 발달적으로 적합한 웹 사이트는 유아의 문제해결, 비판적 사고, 창의성, 언어지식과 기술, 연구기술, 정보통합 능력, 사회기술 등의 다양한 학습기회를 제공할 수 있다(Haugland, 2000).

앞에서 살펴본 바와 같이 이러한 컴퓨터 테크놀로지의 매체적 특성은 유아에게 활용할 경우 적합한 요인일 수도 있으나, 또한 부적합한 요인들에 대한 검토도 필요하다고 보아야 할 것이다. 특히 인터넷 활용에 있어서는 유아의 발달적 특성을 고려한 신중한 검토와 활용 방안이 요구된다고 하겠다.

유아의 발달과 관련하여 컴퓨터 테크놀로지 활용의 또 다른 측면으로 어느 시기부터 사용하는 것이 바람직한가 하는 문제가 제기될 수 있을 것이다. 컴퓨터 활용이 유아의 발달에 유익한지를 판단할 때 다음 요인에 의해 결정되어야 함을 제안하고 있다(NECT, 2003).

첫째, 모니터에 나타난 이미지와 상황이 유아에게 의미 있는 실제 경험을 적절히 표상하고 있는가?

둘째, 유아가 모니터에 나타나는 것과 실제 세계를 연결할 수 있는가?

셋째, 컴퓨터를 누가 조정하는지에 대해 유아가 이해하는가?

일반적으로 3세 이하의 유아들은 이들 질문에 아니다라는 답을 하게 되므로 어린 유아에게는 컴퓨터 활동이 부적절하다고 볼 수 있다. 어린 유아들은 컴퓨터에 나타난 이미지를 통해서 물체를 이해하기보다 물체를 직접 보고 만져 보는 구체적 경험이 우선되어야 한다. 뿐만 아니라 이들 유아들에게는 성인과 관계를 맺고, 밀착된 관계를 유지하고, 함께 상호작용적인 놀이에 참여하고, 같이 책을 보는 등의 기회가 더 필요하다. 따라서 컴퓨터 활용을 결정할 때 매체가 갖는 효율성뿐 아니라 유아의 발달적 특성이 함께 고려되어야 할 요인이다.

2. 컴퓨터 테크놀로지 활용에 대한 발달이론적 입장

교육환경 또는 교수매체로서 컴퓨터 테크놀로지 활용에 대한 이론적 근거를 모색하는 작업의 일환으로 발달이론적 관점에서 비교 고찰하여 보는 노력이 필요하다. 이 절에서는 주요 발달이론 중 성숙주의이론, 행동주의

 〈표 4-1〉 발달적 쟁점과 테크놀로지 활용에 대한 시사점

이론	유아	발달	학습	테크놀로지 활용의 시사점
정신분석 적이론	적응적: 수동적인 측면도 있다고 보나 주로 능동적인 개체로 봄.	비연속성: 심리성적 발달과 심리사회적 발달의 단계들이 강조됨.	선천적인 충동들이 양육경험을 통해 조정됨. 발달과업의 해결을 통한 학습	활용의 부수적 효과 수용
성숙주의 이론	능동적: 환경과의 능동적 관계를 통해 성장함.	연속성: 유전적 요인이 점진적 발전으로 변화됨.	학습과 연습의 효과보다는 성숙이 발달을 주도함. 학습의 준비도를 강조	반응적 활용
행동주의/ 학습이론	수동적: 발달은 자극과 반응 간의 연결 형성의 산물임.	연속성: 학습된 행동들은 연령에 따라 양적으로 증가됨.	환경을 강조: 조건화 원리와 모델링을 통한 학습이 발달을 가져옴. 학습과 발달을 동일	도구적 활용
인지발달 이론	능동적: 아동은 능동적으로 지식을 구조화시킴.	비연속성: 인지발달의 단계들이 강조됨.	환경과의 상호작용을 통해 선천적인 지적 활동 추구를 강조함. 학습과 발달은 분리	구성적 활용
사회문화 적 이론	능동적: 아동은 행동의 지침이 되는 심리적인 구조를 형성함으로써 사회적인 관계에서 필요한 요소들을 내면화시킴.	연속적: 아동과 사회구성원들과의 상호작용은 사고와 행동의 점진적인 변화를 가져옴.	성숙과 더불어 사회구성원들과의 상호작용 기회가 발달에 영향을 미침. 학습이 발달을 주도함.	공유/ 협동적 활용
다중지능 이론	개별적: 각자 독특한 지적 능력을 가지는 능동적 개체임.	각기 다른 능력으로 독특한 지식과 지능을 발달시키고 지적 발달은 일정한 문제해결 기술을 수반함.	다양한 감각과 표상 형태를 통해 학습하며, 각자 독특한 능력에 부합된 학습을 강조함.	감각적/ 표상적 활용

이론, 인지발달이론, 사회문화이론, 다중지능이론을 중심으로 유아, 발달, 학습에 관한 입장을 요약하고, 이들의 입장에서 컴퓨터 테크놀로지의 활용적 관점을 비교 제시한다.

1) 성숙주의적 입장: 반응적 활용

성숙주의에 의하면, 유아는 천성적으로 주변세계에 호기심을 가지고 탐색하는 것을 즐기며, 자신의 흥미나 성향에 따른 조작적 경험이나 놀이가 제공될 때에 학습이 효과적으로 이루어진다고 보고 있다. 유아 자신의 자연적 발달과정에 맞추어 유아가 보이는 흥미나 관심에 적합한 놀이나 활동을 제공하는 것이 바람직하다는 것이다. 이 입장에서는 성장패턴을 결정하는 성숙이 학습을 이해하고 즐기는 결정요인이 되며, 준비되기 전에 지식체계를 습득하도록 요구하는 것은 그들의 잠재능력을 손상시키는 것이라는 것이다(Bowman, 1998). 그러므로 성숙주의를 수용하는 교육자들은 기본적으로 학문적 학습을 위해 컴퓨터 테크놀로지의 체계적 사용을 반대한다.

이들 입장의 옹호자들은 컴퓨터는 분석적, 추상적 사고를 강조하는 데 초점을 두므로 컴퓨터 테크놀로지 활용은 유아기에 구체적이고 직접적 경험과 놀이의 기회를 제한하게 되고, 결국 유아기의 상실을 우려하며, 심지어는 비만, 정적인 생활패턴에 의한 신체적 건강과 반복적 스트레스 긴장 등의 정서적, 사회적 발달에 대한 부정적 위험을 꾸준히 제기하고 있다(Millen, 2001: Subrahmanyam, Kraut, Greenfield, & Gross, 2000).

성숙주의의 이러한 입장은 오랫동안 유아교육현장에서 지지를 받아 오고 있으며, 초창기에 컴퓨터 활용에 대해 발달적으로 부적합함을 우려하여 이에 대한 수용을 반대해 왔다. 또한 최근에 'Fool's Gold: A Critical Look at Computers in Childhood'(2001)의 발표를 계기로, 유아 · 아동기의 컴퓨터 활용은 이들 삶을 증진시킬 수 없기 때문에 컴퓨터 테크놀로지의 활용을 자제하여야 한다고 주장이 다시 대두되고 있다.

그러나 이미 유아는 생활환경의 일부로서 컴퓨터 테크놀로지가 활용되는 사회문화적 맥락에서 생활하고 있다. 유아가 컴퓨터 테크놀로지에 대해 관심과 흥미를 보이고, 유아 스스로 자발적 탐색과 조작적 활동을 가능하게 한다면 컴퓨터 테크놀로지를 활용하여 관련된 경험을 제공하는 것도 성숙주의의 입장일 것이다. 그러나 유아에게 컴퓨터의 자발적 탐색과 조작을 허용할지라도 계획되고 의도된 학습경험의 형태로 제공되는 것은 반대하므로 컴퓨터 테크놀로지 관련 경험을 제공한다고 하더라도 우연적, 개별적 학습의 제한적이고 반응적인 활용에 국한될 수밖에 없을 것으로 보인다. 따라서 성숙주의적 입장에서 컴퓨터 테크놀로지를 활용할 경우 이에 대한 활용은 극히 제한적인 적용에 머무를 수밖에 없을 것이다.

2) 행동주의적 입장: 도구적 활용

행동주의에 의하면, 지식은 직접적 교수에 의해 전수될 수 있다고 보고 있을 뿐 아니라, 유아기의 기초기술이나 지식은 추후학습의 기초가 되므로 보다 체계적이고 위계적인 학습을 제시하여 효과적인 학습에 의해 획득될 수 있다고 보았다. 따라서 성숙주의 입장과는 달리 전통적으로 효과적인 교수를 위하여 매체의 활용에 적극적인 입장을 견지하고 있으며, 교수기계(teaching machine)의 사용을 시작으로 테크놀로지 활용의 개척자적인 기여를 하였다고 할 수 있다. 이러한 교수매체로서의 컴퓨터 테크놀로지의 적극적 수용 입장에 따라 초기 컴퓨터 테크놀로지의 활용은 이러한 행동주의에 의한 교수이론을 반영한 반복-연습 또는 강화의 교수전략을 적용하는 형태로 개발되었다. 이를테면 유아는 교사가 가르치는 것과 같이 컴퓨터 테크놀로지로부터 직접 배울 수 있다는 입장으로 개념적 사고의 발달보다는 반복적이고 체계적으로 학습될 수 있는 기술 획득에 효과적이라고 보고되었다(Clements & Sarama, 2002). 더욱이 컴퓨터 테크놀로지는 반복적 학습을 위한 적절한 시기에 효과적인 보상의 제공이 용이하기 때문에 학습의 효과적 매체로 활용이 부각되었다. 또한 문제해결의 효율성을 위해서도 개념의 이해만으로는 부족하며, 절차적으로나 도구적 해결방법에 익숙해야 하므로, 이를 위해서는 반복적인 연습이 필요하다는 것이다.

따라서 자식의 전수주의적 입장을 따르는 이 이론에서는 컴퓨터 테크놀로지의 활용을 통해 지식을 습득하고, 지식이나 정보의 거대한 저장고에서 필요하거나 흥미 있는 정보를 검색하여 효과적으로 사용하는 것에 관심을 두고 있다. 이러한 입장은 수동적 소비자로서의 활용과 기술의 획득이나 기술의 사용을 위한 도구적 활용에 초점을 두고 있다. 특히 컴퓨터 테크놀로지에서 지원하는 피드백, 반응의 신속성은 강화자로서의 효과적인 역할을 할 수 있을 뿐 아니라, 다양한 음향효과나 색채 등의 시 · 청각적 자극은 학습에 있어 외적인 동기부여를 손쉽게 하여 유아에게 활용이 용이하다고 할 수 있다.

3) 인지발달이론적 입장: 구성적 활용

피아제의 인지발달이론에 의하면, 유아는 주변세계를 능동적으로 탐색하며 환경의 동화와 조절의 조화를 통해 학습하는 것으로 보았다. 따라서 만약 컴퓨터 환경이 유아의 능동적 탐색을 허용하고, 시행착오를 통한 관계성의 발견을 경험하도록 한다면 의미 있는 학습환경으로 활용될 수 있다는 입장이다. 이러한 컴퓨터 환경을 패퍼트는 마이크로 세계 (microworld)로 명명하였으며, 컴퓨터 환경은 아동중심적이고 개방적이며 아동에 의한 조절이 가능하고, 의미 있는 탐색을 통해 특정 개념을 조작하는 경험을 함으로써 아동이 지식을 구성하는 데 적극적으로 활용할 수 있다고 보았다.

특히 컴퓨터에 의한 활동은 구체적이고 조작적인 경험을 제공할 수 없다는 지적에 대해 구체적 조작이란 구체물을 만지는 것만을 의미하는 것이 아니며, 관계성을 구체적으로 조작해 볼 수 있는 상황을 제공하는 것을 의미하는 것이어야 한다는 입장이다. 이러한 관점에서 볼 때, 비록 직접적이고 구체적인 환경을 제공한다 하더라도 유아들은 움직임이 빠르거나 과정적 변화에 대한 감각적 지각이나 구체적 경험이 어려울 수 있다. 그러나 컴퓨터를 활용할 경우 오히려 원인과 결과에 대한 구체적 관계의 탐색을 허용하는 시뮬레이션과 반복적 적용 등이 가능하여 보다 관계를 구체적으로 조작할 수 있다. 따라서 컴퓨터는 이러한 관계의 구체적 탐색을 통해 개념 형성에 참여하도록 지원할 수 있을 뿐 아니라 정신적으로 구체적 조작을 허용할 수 있다는 이점을 들고 있다. 또한 다양한 방법으로 정보나 개념을 적용하고 이해하며, 상호작용할 수 있다는 점을 들어 컴퓨터 테크놀로지가 지식의 구성을 위한 활동을 제공할 수 있다는 입장이다(Shade, 1985). 더욱이 인지적 능력에 제한을 가진 유아들에게도 조작을 통한 사고의 구체적 과정(object-to-think-with)에 참여하게 하므로 컴퓨터를 통한 조작적 경험은 추상적 사고를 위한 과도기적 물체(transitional object)로서 기능할 수 있다고 하였다.

이러한 인지발달이론에 기초한 구성주의적 입장에서의 컴퓨터 테크놀로지의 활용적 역할을 살펴보면(Jonassen, Peck, & Wilson, 1999) 첫째, 지식을 구성하는 데 지원하는 도구로서의 활용을 들 수 있다. 컴퓨터는 학습자의 생각, 이해, 신념을 표상하고 학습자에 의해 조직화된 지식을 산출하는 데 용이하다는 것이다. 둘째, 지식구성을 위한 학습을 지원하기 위해 탐색할 정보를 제공하는 매체로서 활용될 수 있다. 새로운 지식을 구성하기 위해 필요한 정보에 접근하고, 이들 정보를 토대로 새로운 관계성을 찾고, 관점이나 견해와 비교하기 위해 매체를 활용하는 것이다. 특히 정보화 사회는 많은 단순 정보 자체를 아는 것보다 이들 단순 정보를 활용하여 새로운 고급정보로 재구성함으로써 고부가가치를 창조하는 것이 필요한 것이다. 이러한 관점에서 볼 때 컴퓨터 테크놀로지의 활용이 정보소비자가 아닌 정보창출자에 초점을 두어야 한다는 입장이다. 셋째, 행하면서 학습하는 것(learning by doing)을 지원하는 맥락으로 활용될 수 있다. 이를테면, 의미 있는 실제 문제, 상황이나 맥락을 표상하고 시뮬레이션할 뿐 아니라 사고를 위한 조절 가능한 문제공간을 제시할 수 있다. 예를 들면, 너무 빠르거나, 손으로 조작하기 어려운 상황 등은 컴퓨터 시뮬레이션을 활용할 때 오히려 보다 구체적으로 조작해 볼 수 있는 기회를 제공할 수 있다는 것이다. 또한 제한된 인지능력이나 협응능력으로 인해 조작적 활동이 어려웠던 유아의 경우도 컴퓨터가 이러한 제한점을 보완해 줄 수 있다는 점을 지적하고 있다. 따라서 이들의 입장은 컴퓨터 테크놀로지 활동을 통해 유아가 필요로 하는 지식이나 정보를 찾아보고 비교하며, 새로운 정보나 표현으로 재구성하고 창출하는 적극적 지식의 구성자가 되도록 지원하는 활용이 가능하다는 것이다.

또한 컴퓨터 테크놀로지에 구성주의적 교수설계 원리를 적용한다면 다음의 사항이 반영되어야 한다. 컴퓨터 활동이 유아가 능동적으로 참여하고 조작할 수 있는 활동이어야 하며, 유아에게 중요하고 의미 있는 과제여야 하며, 또한 유아가 컴퓨터 활동과정에 통제권을 가질 수 있어야 하며, 다양한 대안이나 시도가 허용되어야 하며, 자신의 표상이나 해결방안을 다른 유아와 공유할 수 있도록 고안되어야 한다(강숙희, 2000).

4) 사회문화이론적 입장: 공유/협동적 활용

일반적으로 발달이론은 개인의 발달에 직접적으로 관여하는 요인과의 관계에 관심을 가졌었다. 따라서 유아 자신, 가족, 또래들의 요인과 발달의 관계를 규명하는 데 초점을 두어 왔다. 그러나 비고츠키는 유아의 발달과 사회, 문화와의 관련성을 밝히고자 하였다. 그는 유아 자신이 속해 있는 사회·문화적 맥락에서 정보나 기술이 어떻게 습득되고, 어떠한 사회적 참여나 지원을 받게 되며, 정보나 지식, 아이디어가 어떠한 맥락에서 의사소통되는지 등의 영향을 중시하였다. 이 입장은 유아 자신에 의한 지식의 구성뿐 아니라 사회구성원에 의한 지식 전수에도 관심을 가지고 있다고 볼 수 있다.

이러한 사회문화이론적 입장에서의 컴퓨터 테크놀로지의 활용적 역할을 살펴보면 유아 자신이 속해 있는 사회가 컴퓨터 활용에 어떠한 가치를 두고 있으며, 일상생활에서 어떻게 활용되고 있는지 등의 사회환경적 맥락은 컴퓨터 테크놀로지의 활용 및 교수에 있어 의미 있는 상황이나 경험을 제공하는 데 기여하게 된다고 본다. 예를 들어, 이미 미국은 1990년대 이후 컴퓨터 테크놀로지가 아동의 생활에 중요한 일부가 되었으며, 컴퓨터 테크놀로지에 의한 디지털 미디어 문화(digital media culture)로 이동하고 있음을 보고하고 있다(Montgomery, 2000). 이는 컴퓨터 환경은 이미 유아의 구체적이고 직접적 환경의 일부가 되고 있음을 의미한다. 또한 유아들의 사회 구성원들과의 상호작용적 기회와 경험은 학습에 영향을 크게 미친다고 보았다. 이러한 입장에서 볼 때 컴퓨터 테크놀로지에 의한 이메일, 채팅, 정보 공유, 파일전송의 다양한 의사소통 유형은 지리적, 시간적, 공간적 제한을 넘어 사회적 상호작용의 폭과 범위를 확장시키고 있다는 것이다. 이를테면 컴퓨터 테크놀로지를 통해 유아는 자신이 읽은 동화의 작가나 친구들과 자신의 생각, 느낌 등을 공유할 수 있다. 따라서 컴퓨터 네트워크를 통해 협동적이고 공유적인 작업으로의 활용이 가능하며, 이 과정에서 서로 의견교환, 서로 다른 입장에 대해 논쟁하고, 합의점을 찾고, 서로 지원하는 비계설정의 역할이 용이하다는 것이다. 그러므로 컴퓨터 테크놀로지의 활용은 유아에게도 사회인의 일환으로 사회문화를 공유하고 참여하여 생각이나 정보를 의사소통하는 공유적, 협동적 활용이 가능하다는 입장이다.

5) 다중지능이론적 입장: 감각적/표상적 활용

가드너의 다중지능이론은 지능에 대해 기존의 하나의 통합된 능력이라고 보는 관점과는 달리, 지능을 포괄적이고 다양한 능력을 포함하는 것으로 보는 새로운 관점을 제시하였다. 기존의 지능을 학문적 지능(academic intelligence)이라고 한다면 가드너(Gardner)의 지능은 실천적 지능(practical intelligence)이라 불리고 있다. 전자가 학교나 기존 지능검사에서의 직면하는 과제에 대한 수행능력을 의미한다면 후자는 자연적, 일상적, 학교외적 상황에서의 성공적 수행능력을 반영한다고 하겠다(DeHart, Sroufe, & Cooper, 2000). 가드너는 인간능력과 기능에 기초하여 8가지 지능영역인 언어적 지능, 논리-수학적 지능, 음악지능, 공간지능, 신체-운동지능, 개인내지능, 대인지능, 자연탐구지능을 제시하였다. 또한 지능에 대한 새로운 정의는 개인화를 존중해 주고 다양한 잠재능력을 개발해 주는 개별화된 교육을 강조하는 유아교육적 접근과 일치하여 교육적 접근에 시사하는 바가 크다고 하겠다(이기숙, 장영희, 정미라, 엄정애, 2002).

이러한 다중지능이론적 입장에서 컴퓨터 테크놀로지의 활용적 역할을 살펴보면, 기존의 교수매체가 문자정보에 주로 의존하고 있는 반면 컴퓨터를 활용할 경우 문자정보뿐 아니라 소리정보, 그림정보, 동영상 등의 다양한 형태로 표상이 가능하므로 유아 각자의 강점을 반영하는 교수매체로의 활용이 용이하다고 볼 수 있다. 즉, 유아의 각자 독특한 능력에 부합된 형태의 학습을 위해 컴퓨터 테크놀로지의 다양한 감각적, 표상적 형태로 활용될 수 있다. 특히 문자적 표상을 통한 학습에 제한적인 유아의 학습에 청각적, 시각적, 운동적 표상매체의 활용가능성은 유아의 발달적 특성에 적합함을 시사하고 있다고 하겠다. 뿐만 아니라 지능의 다양한 영역의 활용이라는 측면에서 컴퓨터 테크놀로지를 사용한 의사소통의 용이성 및 다양한 표상의 활용적 가치가 크다고 보고 있다.

이와 같이 각 발달이론적 배경을 기초로 하여 컴퓨터 테크놀로지 활용에 대한 기본 입장을 정리하여 보았다. 이들 이론은 컴퓨터 테크놀로지를 교육현장에 어떻게 적용할지에 대한 이론적 근거와 방향을 제시해 주고 있다.

CHAPTER FIVE

컴퓨터 테크놀로지 활용과
유아발달

학습개요

    이 장에서는 컴퓨터 테크놀로지 활용에 따른 유아발달의 긍정적, 부정적 견해 및 관련 연구들을 살펴보고자 한다. 특히 컴퓨터 테크놀로지의 활용과 신체발달, 사회 및 정서발달, 창의성발달, 언어발달, 놀이활동, 수학과 추론능력, 과학능력과의 관계를 집중적으로 조명하여 유아발달적 측면에 미치는 영향에 대한 폭넓은 이해를 돕고자 한다. 나아가 컴퓨터 활용의 옹호자나 비판자가 동의하는 활용지침과 연령에 따른 컴퓨터 활용능력의 제시는 발달에 적합한 컴퓨터 활용에 기준으로 기여할 것이다.

교육을 위한 매체로서 컴퓨터 활용에 대한 논쟁은 초창기부터 지금까지 이어져 오고 있으며, 논쟁의 핵심은 유아발달에 미치는 영향에 관한 우려가 주요 쟁점이 되어 오고 있다. 특히 초창기 유아교육에서의 컴퓨터 활용에 대한 논쟁은 유아의 발달에 부적합하다는 인식 때문에 부정적인 입장이 대부분을 차지하고 있었다. 물론 그 당시의 컴퓨터 처리속도나 용량이 미흡하고 명령어를 쳐서 입력해야 되는 등 유아가 사용하는 데는 많은 제한점을 갖고 있어 사용 자체에 대한 관심도 미미하였다. 그러나 1990년대 이후 컴퓨터의 급격한 발달로 맥킨토시와 윈도우가 출시되고, CD-Rom에 의한 저장이 가능한 다양한 소프트웨어가 개발되면서 이에 따른 활용을 새롭게 고려하게 되었고 사회적 인식도 바뀌게 되었다. 이러한 컴퓨터 테크놀로지 환경 변화와 함께 유아발달에 미치는 영향을 검증하려는 연구들(박선희, 김선영, 1998)의 축적으로 컴퓨터의 효과적 활용이 점차 수용되고 확산되기 시작하였다. 그러나 이러한 움직임에 대해 2001년에 아동기를 존중하고 아동의 삶을 증진시키기 위해 아동전문가들이 모인 포럼인 'Alliance for Childhood'(http://www.allianceforchildhood.or.uk)에서 아동기에 컴퓨터 사용에 대해 부정적 입장을 다시 표명하면서 새롭게 컴퓨터 활용에 대한 논쟁이 이어지고 있다. 이들 입장을 대비하여 살펴봄으로써 유아의 발달과 컴퓨터 테크놀로지 활용의 관계를 보다 분명히 이해하는 데 도움이 될 것이다.

1. 컴퓨터 활용과 유아의 발달

1) 신체발달

(1) 부정적 견해

유아의 신체발달적 측면에서 고려할 때 유아들은 가만히 고정된 자리에 앉아 작업을 하기보다는 감각과 대소근육을 사용하여 직접 조작하고 움직이는 활동이나 놀이가 더 적합하다. 그러나 컴퓨터는 구체적인 물체를 탐색하기 위하여 감각을 활용하거나, 다양한 근육을 사용하고 조절하기보다는 컴퓨터 모니터에 앉아 마우스만 조작하게 되므로 눈과 손의 협응만이 요구되어 신체적 발달을 저해할 수 있다는 것이다. 심지어는 과도한 사용으로 인하여 근육골격 상해, 시력의 문제, 비만, 전자파 방사 등의 신체적 위해까지 제기하고 있으며, 이를 살펴보면 다음과 같다(Alliance for Childhood, 2001).

첫째, 오랫동안 반복적인 손, 손목, 목, 팔 등의 집중적인 사용은 성장기 아동에게 근육골격 상해의 위험이 있을 수 있다. 미국 직업안전과 건강을 위한 기구(USNIOSH, 1997)의 보고서에 의하면, 불편한 자세로 매우 반복적인 동작을 하는 직업에 종사하는 경우 근육골격의 상해와 관련이 있다고 하였다. 특히 유아들은 근육, 골격, 조직 등이 성장과정에 있기 때문에 상해의 위험 가능성이 더욱 크다고 지적하고 있다. 또한 11개의 초등학교 대상으로 한 연구에 의하면, 키보드와 모니터가 높게 설치되어 40%의 아동에게 상해의 위험이 있었다고 보고하였다(Oates, Evans, & Hedge, 1998). 미국 직업치료협회에서는 만약 컴퓨터를 오래 사용하여야 한다면 매 1시간당 10분의 휴식을 권장하고 있다(AOTA, 2000).

둘째, 컴퓨터를 조작할 경우 눈의 긴장을 초래하며, 책을 보는 것보다 컴퓨터 모니터를 볼 경우 더 시각적 긴장을 초래하고 깜빡이는 횟수도 더 많아진다. 또한 유아에게는 실제 구체물을 포함하는 3차원에서의 눈과 손의 협응, 형태의 시각화하는 경험이 필요하다. 그러나 컴퓨터는 2차원적 표상을 수동적으로 보는 데 할애하게 되므로 시 · 공간능력의 발달에 대한 우려를 제기하고 있다. 따라서 시각전문가는 시각적 피로를 줄이기 위해 모니터와 60cm의 거리를 유지하고, 20도 정도 내려볼 수 있도록 설치하는 것이 좋다고 권고하고 있다(AOA, 1997).

셋째, TV나 비디오 시청, 비디오 게임, 컴퓨터 활동 등은 덜 능동적 놀이

로서 운동부족을 초래하게 되어 비만의 문제가 제기될 수 있다. 이들 매체
들의 보급으로 유아가 실외에서 운동이나 놀이에 참여하는 시간이 많이
줄고 실내에서 앉아 있는 시간이 늘어남에 따라 1994년 이후 비만이 증가
하고 있음도 이와 관련이 있다는 지적이다. 물론 컴퓨터뿐 아니라 열량이
많은 외식산업의 대중화와도 관련이 있다고 볼 수 있으나, 전반적으로 운
동의 기회와 운동량이 줄어든 것도 무관하다고 할 수는 없다.

넷째, 전자파의 방출로 인한 피해에 대한 우려다. 그러나 이에 대한 장단
기의 연구결과는 아직 미흡하며, 비록 전자파의 유해에 대해 해롭지 않다
는 결론을 내리고 있으나, 여러 컴퓨터가 설치된 실내환경에서 장기간 노
출될 경우의 위험을 경고하고 있다. 또한 고압전선이 지나는 지역에서의
암 발생 관련성을 제기하는 것과도 무관하지 않다(NIEHS, 1999).

아마도 컴퓨터의 사용으로 인한 부정적 영향을 밝히는 연구 중 가장 적
게 연구되어 온 분야는 신체발달에 관련된 것이라 하겠다. 앞에서 제시된
우려들에 대해 유아를 대상으로 체계적으로 검증한 연구들은 매우 미흡한
수준이며, 이들 연구들도 주로 성인이나 컴퓨터를 장기간 사용하는 작업자
를 대상으로 한 연구들이라는 한계가 있다. 따라서 유아들을 대상으로 하
고 유치원이나 가정에서 하루 일과 중 한정된 시간만을 활용할 경우에도
이러한 부정적 영향이 있는지를 밝히는 작업이 필요하다.

컴퓨터 활용에 있어서 신체발달에 대한 부정적인 입장은 주로 컴퓨터 사
용의 정적인 활동으로 인해 대근육의 사용이나 운동량의 부족을 지적하고
있다. 비록 컴퓨터 활용으로 인한 유아의 신체적 발달의 저해를 입증한 근
거자료의 미흡으로 인하여 이들 전문가들이 지적한 우려와 컴퓨터의 활용
이 신체발달에 미치는 부정적 영향을 그대로 수용할 수는 없지만, 이들이
제기한 유아의 신체발달에 있어 부정적 영향의 잠재적 가능성은 신중하게
고려하고 그 대책이 마련되어야 할 문제라 할 수 있다.

(2) 긍정적 견해

최근 미국 가정에서의 컴퓨터 사용시간을 조사한 결과에 의하면, 2~5세 유아의 경우 27분/하루, 6~11세인 경우 49분/하루, 12~17세인 경우 63분/하루인 것으로 보고되고 있다(Shields & Behrman, 2000 재인용). 이 조사결과에 의하면, 대체로 성인이나 청소년과는 달리 유아들은 가정에서 지나치게 컴퓨터를 많이 사용하지 않는다고 볼 수 있다. 또한 유아기관에서도 유아들에게 컴퓨터가 소개된 후 처음 몇 주 동안은 컴퓨터 활동영역을 많이 선호하였지만, 그 후에는 다른 영역과 비슷한 비율로 선택하며 유아들이 컴퓨터 영역에서만 활동하지 않고 다양한 선택영역에 골고루 참여하고 있음을 보고하기도 하였다(Lipinski, 1984).

이러한 컴퓨터 사용에 대한 부정적 영향의 가능성은 컴퓨터 사용시간과 밀접한 관련이 있다. 그러나 컴퓨터 활동은 주로 자유선택활동시간에 이루어지고 있으며, 이 시간은 대부분 40~50분 정도이지만 한 유아가 내내 컴퓨터 활동만 하지 않으므로 실제로는 한정된 시간 동안 순서대로 컴퓨터 활동을 하도록 운영되고 있다. 그러므로 유치원에서의 컴퓨터 활용으로 인한 대근육 사용이나 운동량 부족에 대한 우려는 그리 문제가 되지 않을 수 있다. 이를테면 책읽기활동이나 퍼즐 맞추기 등의 조작적 놀이활동도 컴퓨터 활동과 같이 대근육이나 운동량이 많지 않은 활동이지만(Dividson, 1989) 유아들이 즐기고 가치 있는 활동이 되고 있다.

한편, 컴퓨터 사용의 긍정적 영향에 대한 입장에서는 컴퓨터를 경험한 유아는 오히려 소근육운동과 시각적 지각에서 우수하였으며(권희경, 1993), 눈과 손의 협응을 강화시켜 주고, 근육과 동작의 조절을 요하므로 정교한 조작적 기술의 발달에 도움이 될 수 있음을 보고하였다(Dividson & Wright, 1994). 초기의 자판 사용의 부적합에 대한 지적도 컴퓨터 테크놀로지의 발달로 마우스나 아이콘을 사용하여 선택할 수 있으므로 유아에게 조작적 어려움은 없어졌다는 것이다.

무엇보다도 컴퓨터 테크놀로지의 의미 있는 활용에 대해 공통적으로 수용하는 것은 신체적으로 장애를 가진 유아들에게는 보조적인 도구로서 효과적으로 활용될 수 있다는 것이다. 장애로 인해 다양한 정보를 손쉽게 접하지 못하고 의견을 손쉽게 표현할 수 없었으나, 컴퓨터는 오히려 이러한 제한에서 해방시켜 줄 수 있다는 것이다. 이들 유아에게 컴퓨터 테크놀로지는 정상아와 마찬가지로 인지발달, 운동발달, 사회성발달, 자아존중감의 발달을 지원하는 도구로 활용될 수 있다는 것이다. 이를테면 연필을 잡을 수 없는 유아가 터치 윈도우(Touch Window)를 사용하여 그림을 그리고 자신이 원하는 글을 쓸 수 있는 것처럼 보조적 장치를 활용하여 주변 환경과의 상호작용을 할 수 있는 기회를 증가시키고 자율적 행동을 격려하도록 도울 수 있다(Johanson, 1998). 또한 복합장애를 가진 아동의 컴퓨터 테크놀로지 사용에 따른 장기간 효과에 의한 연구에서도 자아감, 사회적 상호작용, 협력, 탐색놀이 등을 포함하는 사회정서적 행동에 긍정적 효과를 보고하고 있다(Hutinger & Johanson, 2000).

이와 같이 컴퓨터 테크놀로지의 활용이 유아의 신체적 발달에 미치는 부정적, 긍정적 영향에 따른 문제점을 정리하여 보았다. 그러나 앞에서 지적한 유아의 컴퓨터 사용과 건강에 관련된 위해 가능성의 문제는 사용하는 대상, 시간, 상황 등을 보다 세분화하여 그 효과를 실증적으로 밝히는 연구작업이 필요하다. 특히 부정적 영향을 우려하여 제기한 문제점은 충분히 가능성과 타당성이 있으므로 유아에게 컴퓨터 테크놀로지를 활용할 때 간과해서는 안 될 중요한 문제이기도 하다. 따라서 유아에게 컴퓨터 테크놀로지를 활용할 경우 앞에서 지적한 문제점에 대한 해결책이나 대안적 방안도 고려해야 한다.

2) 사회·정서발달

(1) 부정적 견해

전통적인 유아교육의 관점을 수용하는 전문가들은 기계인 컴퓨터를 접하는 것에 상당한 거부감을 가지고 있다. 이들은 비록 상호작용적 컴퓨터 프로그램을 사용한다고 할지라도 진정한 상호작용을 제공하기보다는 기계적 반응만을 제공하며, 비인간적 문화에 대한 영향으로 정서발달을 저해하고, 심지어는 이들이 느끼고 누려야 할 중요한 사회·정서적 경험을 하게 되는 아동기를 빼앗기게 될 수 있다고 우려하고 있다. 또한 부모나 성인이 유아에게 줄 수 있는 가장 큰 선물은 지적 발달을 지원하는 놀잇감이 아닌 유아와 함께 하는 시간이어야 한다고 주장하고 있다. 전통적인 유아교육 관점을 가진 옹호자들이 우려하는 점을 살펴보면 다음 몇 가지로 요약된다.

첫째, 컴퓨터 활동이 사회적 고립이나 격리를 초래하게 만들 수 있다. 이미 30년 전과 비교하여 부모는 자녀와의 시간을 40%나 적게 갖는다고 보고하고 있으며(Benoit, 1997), 2~18세 아동들이 학교 밖에서 TV를 포함하여 각종 전자매체에 시간을 보내는 것이 하루에 평균 4시간 45분인 것으로 나타났다(Kelly, 1999). 또한 하이테크 교실에서는 교사와 학생의 직접적인 상호작용이 적어짐을 우려하기도 한다. 더욱이 인터넷의 보급이 확산되면서 인터넷을 통한 사회적 접촉이 증가하는 것으로 나타났다. 비록 십대와 성인을 대상으로 한 연구이지만 여아들은 새 사람을 만나고, 친구와 의사소통하고, 집단채팅에 참여를 즐기는 등 사회적 목적을 위해 인터넷을 사용하고 있다. 비록 유아들은 청소년, 성인과는 달리 인터넷을 활용한 사회적 접촉을 할 수 없지만 컴퓨터 활동을 함으로써 또래와 함께하는 놀이나 사회적 상호작용의 기회가 줄어들 수 있음을 우려하고 있다.

그러나 인터넷 접속 1년 동안에는 사회적 활동의 참여보다는 고립적 활동이 증가하지만 그 후에는 지속적인 효과는 없는 것으로 나타났으며, 여전히 가족이나 친구와의 일대일 대면이나 전화 등의 접촉을 병행하고 있으며, 대인관계를 컴퓨터 활동으로 완전히 대치하지는 않는 것으로 나타났다(Subrahmanyam, Kraut, Greenfield, & Gross, 2000).

둘째, 컴퓨터 활동이 정서발달에 부정적 영향을 미칠 수 있다. 컴퓨터 활동의 대부분은 게임이며, 거의 많은 게임이 폭력적이고 선정적인 요인을 포함하고 있다는 것이다. 남아는 교육적 소프트웨어보다는 폭력적 게임에 더 관심을 가지며, 7, 8학년 학생들이 선호하는 게임의 반 이상이 폭력적이고, 대체로 컴퓨터 게임의 80%가 공격적, 폭력적이므로 이러한 게임에 오랫동안 지속적으로 노출되었을 경우 공격성이 증가되고 친사회적 행동이 적게 나타날 뿐 아니라 전이효과도 보였으나 장기간 영향은 아직 밝혀지지 않는 것으로 나타났다(AAUW, 2000; Subrahmanyam, Kraut, Greenfield, & Gross, 2000). 그러나 어느 정도의 컴퓨터 활동이 구체적인 폭력적 행동으로 나타나게 하는지, 그 효과는 어느 정도 지속되는지 등을 입증할 자료는 아직 미흡하다.

셋째, 인터넷의 보급으로 상업광고나 부적절한 정보에 쉽게 접근하는 등 아동기가 상업화되며, 성인문화에 일찍 노출될 수 있다. 심지어 아동용 인터넷 사이트에서도 높은 지방과 당분을 함유하는 음료나 식품의 상업광고가 많으며, 상업적 목적에서 컴퓨터교육 활동을 지원하는 경우가 많아 이에 대한 부정적 영향의 가능성을 제기하고 있다. 비록 교육적 활동을 위해 스폰서로 참여하는 경우도 회사의 이미지나 선호도에 영향을 주어 비판적 구매자가 되기 어렵게 만들 수 있다는 지적이다. 특히 무분별한 성적 광고나 스팸 메일 등으로부터의 안전한 보호장치 마련은 부모와 교육자들의 당면 과제가 되고 있다.

이들이 제기한 사회·정서적 측면에서의 부정적 영향을 명확히 입증하고 있지는 못하지만, 그 가능성은 간과할 수 없는 문제라 하겠으며, 이에 대한 대안책도 고려되어야 할 것이다. 또한 컴퓨터를 통해 참여하게 되는 활동종류와 내용, 참여 기간과 정도, 연령과 성별 등의 관련 변인을 세분화하여 그 구체적 효과를 밝히는 연구들은 추후 컴퓨터의 활용과 사회 · 정서발달과의 관계를 명료화하는 데 도움을 줄 것이다.

(2) 긍정적 견해

유아의 컴퓨터 활용과 사회성발달에 관한 연구들은 비교적 많이 이루어져 왔으며, 앞에서 지적한 우려들에 대한 상당한 정보를 제공해 주고 있다. 유아들은 컴퓨터 활동을 할 때 더 긍정적 정서와 흥미를 보이고, 혼자보다는 또래와 사용하기를 선호한다(Shade, 1994). 컴퓨터 활동을 한 유아가 또래와의 상호작용, 내적 통제, 호기심, 안정감에 효과적이었으며, 남아와 여아 간에는 차이가 없었으나 단지 컴퓨터 기술 습득에서 남아가 우수한 것으로 나타났다(박경숙, 2004; 정현재, 2000). 또한 컴퓨터 작업이 또래와의 새로운 관계와 협동의 형태를 촉진하게 하며, 서로 가르쳐 주기, 다른 생각을 수용하여 적용해 보기, 도와주기, 의논하기 등의 사회적 관계를 촉진하게 할 뿐 아니라 유아 간 서로 가르쳐 주기, 자신의 이해를 재구성하기 등 또래를 통한 학습이 더 빈번하다고 보고하였다(Clements & Nastasi, 1992). 실험연구에서도 일치된 결과를 보고하고 있으며, 협력적 컴퓨터 활동을 한 경우가 개별 컴퓨터 활동을 한 경우보다 사회적 참여에 효과적이었으며, 연합과 협동놀이가 더 많은 것으로 나타났다(도규철, 2002; 박향, 2000).

한편, 또래와의 협력적 놀이도 쌓기놀이와 비슷한 비율로 이루어지고 있을 뿐 아니라 컴퓨터 활동은 다른 놀이에 전이될 수 있는 상호작용을 주도하고 유지할 수 있는 맥락을 제공한다고 하였다(Anderson, 2000). 관찰연구들도 이를 지지하고 있으며, 유아들은 자신의 컴퓨터 활동에 대해 적극적으로 또래와 공유하려는 시도가 빈번하다고 보고하고 있다. 자신이 만든 결과물이나 자신이 시도한 조작의 결과를 다른 유아들에게 보여 주고 자랑하는 것을 좋아한다는 것이다. 심지어 4세 유아도 언어적 교수와 시범을 통해 또래 친구를 도울 수 있으며, 이 경우 자신이 관찰한 교사의 행동을 모방하며(Doran & Kalinowski, 1991), 3~5세 장애유아인 경우도 컴퓨터 작업으로 인해 컴퓨터를 사용하지 않은 장애 유아보다 사회·정서발달이 1.93개월 정도 앞선 것으로 보고하고 있다(Hutinger & Johanson, 2000).

이러한 사회·정서발달의 긍정적 결과는 사용되는 소프트웨어의 유형에 따라 차이가 나는 것으로 보고되고 있다. 이를테면 개방적 프로그램인 경우 목표 설정, 계획하기, 협상, 갈등 해소 등의 협동을 촉진하고 자기효능감이 증가하나, 반복연습적 프로그램인 경우 경쟁심을 야기하며, 폭력이 포함된 게임에서는 공격에 대한 관찰학습이 일어남을 지적하고 있다 (Clements & Sarama, 2003). 또한 개방적 소프트웨어는 사회적 상호작용의 기회를 줄 뿐 아니라 대화는 작업과 관련된 대화가 95%이므로 다른 어떤 활동보다 친사회적 활동과 상위사고 행동을 조장하여 사회와 인지의 상호작용에 의한 시너지 효과의 가치를 지적하기도 한다(Clements & Nastasi, 1992). 이들 연구들에 의하면, 유아들은 청소년과는 달리 컴퓨터 활동이 사회 상호작용과 협동, 우정의 형성, 긍정적 집단 상호작용을 유발하는 매체로 활용되고 있음을 공통적으로 보고하고 있다. 따라서 컴퓨터 활동 자체보다는 어떠한 컴퓨터 활동에 참여하는지가 더욱 중요함을 시사하고 있다. 더욱이 상호작용을 요하도록 구성된 컴퓨터 활동은 한정된 공간에서 공유해야 하는 활동이므로 서로 말하는 계기가 될 수 있어 놀이치료에도 사용되기도 한다는 것이다(Kokish, 1994).

컴퓨터 활동과정에 대한 관찰연구에 의하면, 유아들의 행동을 세 유형으로 분류하고 있다. 이를테면 적극적으로 활용하고 문제를 해결하려는 능동적 항해자(active navigator), 옆에서 충고하며 참여하는 대리적 항해자 (vicarious navigator), 컴퓨터에 관심을 보이지만 참여는 거의 미미하고 바라보기만 하는 방관자(spectator)로 구분할 수 있다. 컴퓨터 활동은 함께 작업하는 동안 자발적으로 또래와 공유하는 문제공간을 효과적으로 창출하고, 동료학습을 중재하는 컴퓨터 전문가가 등장하는 등 지원적이고 비계적인 상호작용을 격려함을 보고하고 있다(Freeman & Somerindyke, 2001).

이와 같이 컴퓨터 테크놀로지의 활용이 유아의 사회 · 정서적 발달에 미치는 부정적, 긍정적 영향에 따른 문제점을 정리하여 보았다. 앞에서 지적한 바와 같이 사회 · 정서적 발달을 지원하는 소프트웨어와 사회적 환경, 적용방법들이 결국 유아의 사회정서적 발달에 결정적인 영향을 줄 수 있음을 시사하고 있다.

3) 창의성발달

(1) 부정적 견해

창의성과 상상력은 인지적 통찰과 문제해결의 결정적 요인이 되며, 특히 아이디어를 생성하는 즐거움과 독창성 및 집중력 등은 유아에게 길러 주어야 할 중요한 인지적 요인이다. 그러나 미리 고안된 컴퓨터 프로그램, 게임, 장난감, 인터넷 등의 즉각적이고 지속적인 이미지 제공과 어른에 의해 만들어진 이미지에 과다하게 노출되는 것은 이를 수동적으로 수용하게 되어 오히려 상상력을 저해할 수 있다. 다시 말하면 컴퓨터 테크놀로지가 제공하는 과다한 시각적, 청각적 정보는 유아들에게 유추하고 상상할 여지를 남겨놓지 않아 창의적 사고의 기회를 가질 수 없게 만든다는 것이다.

유아에게 읽기 학습용 소프트웨어를 사용한 경우 창의성 검사의 점수가 낮아짐을 보고하였으며(Haugland, 1992), 일반적으로 학습을 위해 고안된 소프트웨어는 반복과 연습 위주의 프로그램으로 되어 있어 창의성을 저해하는 것으로 보고하고 있다. 특히 초기에 시판되었던 많은 연습 위주의 학습용 소프트웨어 사용으로 인한 부정적 영향이 일관되게 보고되고 있다.

나아가 컴퓨터 테크놀로지는 유아가 주변을 탐색하면서 갖게 되는 나무, 풀, 돌, 벌레 등의 자연세계에 대한 경이감과 심미감을 경험하는 것을 제한하기 때문에 역시 창의적 사고발달을 저해할 수 있다는 것이다. 따라서 유아에게 필요하며 아무리 잘 고안된 컴퓨터 프로그램일지라도 이러한 경이감과 심미감을 경험할 수 있는 것과 대치할 수는 것은 없다는 것이다.

(2) 긍정적 견해

초창기의 반복과 연습 위주의 소프트웨어는 목적을 성취하기 위하여 여러 가지 답의 가능성을 탐색해 보는 기회가 폐쇄적(closed-end)으로 고안된 프로그램이므로 유아의 창의성 신장에 저해요인이 된다는 보고와 주장은 일면 타당한 측면이 있다. 그러나 만약 개방적 소프트웨어를 사용하고, 유아의 발달에 적합하게 사용된다면 유아의 창의성 발달과 상상적 표현을 지원할 수 있다는 보고도 있다(Clements, 1995; Scardamalia & Bereiter, 1992).

유아용 워드프로세서, 그리기, 의사소통의 소프트웨어를 사용하는 경우 유아들은 손으로 그리거나 쓴 것보다 더 정교한 표현이 가능하고, 자신의 사고를 쉽게 수정하고 새로운 아이디어로의 전환 등이 용이하여 창의성에 긍정적 영향을 보고하고 있다. 예를 들면, 워드프로세서를 사용할 경우 손으로 쓸 때보다 더 묘사적이고, 더 나은 클라이맥스를 갖는 구성과 성격을 묘사하는 것으로 나타났다(Wright, 1994).

또한 발달적으로 적합한 소프트웨어를 사용한 경우 4~5세 유아는 창의성에서 저하되지 않았으며, 지능, 비언어적 기술, 구조화된 지식, 장기기억, 복잡한 조작적 기인성에 의미 있는 증진을 보고하고 있다(Haugland, 1992). 의미 있는 차이는 비록 미미하지만, 창의성 요인 중 독창성에 대한 긍정적 영향을 여러 연구에서 지속적으로 보고하고 있다(Clements & Sarama, 2003).

이와 같이 컴퓨터 테크놀로지의 활용이 유아의 창의성 발달에 미치는 부정적, 긍정적 영향에 관련된 요인을 살펴보았다. 실제적으로 유아들이 글자를 읽을 수 없고 상징적 매체를 다루기에는 적합하지 않다고 하여 유아의 생활과 학습에서 글자를 포함한 동화책을 배제시키지는 않는다. 다시 말하면 이야기책이나 컴퓨터 자체가 창의성을 저해하거나 증진시키는 것이 아니라 이를 어떻게 활용하는가에 따라 창의성을 증진시킬 수도 있고 저해시킬 수 있음을 시사하고 있다.

4) 언어발달

(1) 부정적 견해

유아들은 언어적으로 성숙한 사용자와 지원적인 상호작용을 통해 더 능력 있는 사용자로 발달해 간다. 또한 의미 있는 상황에서 의사소통하는 기회는 유아의 언어발달에 필수적이다. 그러나 컴퓨터는 유아나 교사가 직접적으로 일대일 마주 보며 의사소통할 기회를 제공하지 못하므로 유아들의 언어적 표현능력에 대한 부정적 영향을 지적하고 있다. 비록 컴퓨터가 언어를 사용하여 즉각적 피드백을 주며, 격려와 보상을 주는 컴퓨터 프로그램일지라도 의사소통에 있어 경험하게 되는 언어적, 비언어적인 역동적 교류가 불가능하기 때문에 언어발달에 지장을 줄 수 있다는 것이다.

또한 유아들은 또래와 어른과의 대화를 통해 그리고 스스로 되새겨볼 시간을 가질 수 있는 것으로부터 기인되는 스스로에게 말하는 내적 언어도 제한을 받을 수 있다(Alliance for Childhood, 2000). 특히 내적 언어는 학문적 발달뿐 아니라 주의집중에 중요하기 때문에 이에 대한 결여는 중대한 문제를 야기할 수 있다는 것이다. 그리고 워드프로세서 사용에 대한 부정적인 결과를 보고한 연구에 의하면, 스펠링은 손으로 쓰는 경우가 타이핑을 사용하는 경우보다 낫다고 하였다(Cunningham & Stanovich, 1990). 그러나 이 연구결과에 대하여 워드 프로세서를 1년 정도 사용한 후에야 진정한 결과를 판정할 수 있을 것이라는 지적도 있다.

(2) 긍정적 견해

유아의 언어발달과 컴퓨터 사용에 관련된 연구보고들 중에는 유아가 컴퓨터 활동을 할 때 쌓기놀이, 미술, 게임 등의 활동에서보다 1분당 2배나 많은 말을 사용하고 사회적 상호작용도 증가한 것으로 보고한 연구가 있다(Muhlstein & Croft, 1986). 또한 컴퓨터를 이용하여 협력적인 쓰기활동을 한 경우 서로 계획하고 수정하며, 글 스타일의 변경 등을 토의하기도 하며

(Dickinson, 1986), 3~4세 유아는 손으로 그린 그림보다 컴퓨터로 그린 그림에 더 많은 언어적 표현을 하는 것으로 보고하였으며(Hutinger et al., 1998). 컴퓨터 활동을 하는 동안 큰 유아는 어린 유아의 작업을 도와주거나 가르치기도 하는 것으로 보고하고 있다(Yost, 1998). 이러한 연구결과들은 컴퓨터 활동이 대화를 위한 촉매제로서의 역할을 할 수 있음을 의미한다.

또한 컴퓨터 활동은 유아의 읽기 전 그리고 읽기기술에 대한 발달을 지원하며(Hutinger et al., 1998), 특히 음운적 인식에 효과적이다(Foster et al., 1994). 컴퓨터 동화책의 활용은 가정에서 읽기를 많이 하는 아이와 그렇지 않는 아이의 차이를 의미 있게 줄일 수 있으며(Tally et al., 1997), 문해출현 기술과 지식에 긍정적 영향을 준다는 보고도 있다(Hunting et al., 1998). 손으로 쓸 때보다 분절 등 쓰기에 대한 메타 인지적 인식의 특성을 보이며, 스스로 모니터링하는 행동도 증가하였고, 3세 유아에게 컴퓨터를 선택활동으로 제공한 경우 창안글자를 포함한 쓰기가 증가하였다고 보고하였다(Schrader, 1990). 또한 인터넷 동화를 활용한 집단이 그림동화를 활용한 집단보다 언어이해력과 표현력에서 긍정적 효과를 보고하고 있다(김현, 김만, 차현화, 홍혜경, 2006). 그러나 인터넷 동화보다 그림책동화를 활용한 경우 인지적 요구가 높은 상호작용을 한 반면 주의환기는 더 많았다(홍혜경, 2006). 이는 교사가 매체특성에 따라 다르게 상호작용함을 시사하는 것으로 볼 수 있다.

특히 컴퓨터의 자판을 치면 그 글자를 소리로 들려주는 소프트웨어일 경우 유아들은 자음과 모음의 합성과 이에 따른 결과를 즉각적으로 소리로 연결지을 수 있어, 글자와 음의 관계를 파악하고 음운적 관계의 이해에 유용하게 사용될 수 있기 때문에 문해발달 초기의 유아들이나 낮은 읽기능력을 가진 유아에게 더욱 효과적이다.

위에서 살펴본 일련의 연구들은 언어의 특정 요인의 효과만을 긍정적으로 제시하고 있다. 그러나 컴퓨터 활용에 따른 언어발달의 영향을 고려할 때 언어 자체만이 아닌 언어 사용을 통해 얻게 되는 교류나 공유로 인한 정서적 만족감, 이완감 등도 고려하여야 하여 보다 폭넓은 관점에서 다루는 것도 필요하다.

5) 놀이활동

(1) 부정적 견해

유아교육자들이 컴퓨터 사용에 대해 가장 우려하는 점은 무엇보다도 유아에게 가치 있는 놀이활동을 위축시킬 수 있다는 것이다. 더욱이 지나치게 일찍 컴퓨터를 활용한 학습을 강요하게 될 때 유아들은 컴퓨터 조작에 매달려 중요한 놀이활동이 축소되어 유아기를 상실할 수 있을 것이라는 지적이다(Alliance for Childhood, 2000). 특히 유아들의 발달특성상 직접 탐색하고 조작하는 경험을 제공하는 물·모래놀이, 쌓기놀이, 실외놀이, 역할놀이 등 놀이의 가치에 대한 교사들의 신념은 절대적이다. 샌드버그(Sandberg, 2002)에 의하면, 스웨덴 유아교사들은 컴퓨터가 유아의 발달을 증진시키기 위한 도구로서 잠재력을 가지고 있다고 믿고 있지만, 놀이가 유아의 학습에서 가장 중요하고 우선되어야 하는 것으로 인식하고 있다고 보고하고 있다.

따라서 많은 유아교육 전문가들이 유아의 발달과 학습에 가장 중요하다고 보는 놀이가 컴퓨터나 다른 활동으로 위축되는 것을 수용하지 않을 것이라는 점은 분명하다. 물론 컴퓨터 활용에 대한 옹호자들도 유아들의 놀이의 가치나 역할에 대한 입장은 다르지 않으며, 이들의 활동과 대치할 것을 주장하는 것은 아니다. 그러나 이러한 우려는 제기될 수 있는 것이지만 실증적인 연구에 의한 것은 아니라는 점을 지적하고 있다.

(2) 긍정적 견해

유아에게 컴퓨터가 제공되었을 때 실제로 유아들은 컴퓨터 주변에 모여들며 대부분이 이를 사용하기를 원하는 것으로 나타났다. 그러나 한 연구에 의하면, 컴퓨터가 소개되었을 때 이러한 유아들의 반응은 다른 새롭고 익숙하지 않은 활동자료를 제공할 경우에도 마찬가지 반응을 보이고 있으며, 1개월이 지나고 나서는 컴퓨터 활동도 탐색과 놀이를 위한 여러 다른 놀이활동 중의 하나로 인식하는 것으로 나타났다(Lipinski et al., 1986).

또한 컴퓨터가 가정에 보급된 이래로 2~17세 아동이 자신들이 하던 다른 활동에 영향을 주는지에 관한 연구에서도 주 평균 1시간 37분을 사용하며, 텔레비전 시청이나 실외놀이 활동에 영향을 주지 않는 것으로 나타났다(Kraut, Greenfield, & Gross, 2000). 2000년도에 실시한 미국에서의 전국조사에 의하면, 2~5세 유아는 하루에 27분, 6~11세 아동은 49분, 12~17세는 63분의 컴퓨터 사용을 보고하고 있으며, 우리나라의 경우 만 3~5세 유아 47.9%가 인터넷을 활용하고 있으며, 이들 대부분(26%) 하루에 30분 미만으로 인터넷을 이용하고 있는 것으로 보고하고 있는데(한국인터넷진흥원, 2006), 하루 30분 미만의 사용은 지나치게 많이 사용하는 것으로 볼 수 없다.

그러나 컴퓨터 활동시간은 많지 않으나 지속적으로 어떠한 컴퓨터 활동에 참여하는지가 중요한 문제다. 주로 컴퓨터 게임을 하며, 80% 정도가 폭력적 게임이기 때문에 공격적 행동을 유도할 수 있는 점은 우려해야 될 부분이다. 컴퓨터의 사용이 많지 않은 컴퓨터 사용자일 경우 친구나 가족관계에 별 영향이 없으며, 과학과 기술 분야에 요구되고 유용할 수 있는 시각적 지능을 증가시킨다는 보고도 있다(Subrahmanyam et al., 2000). 따라서 컴퓨터 활동이 다른 놀이활동을 저해하지는 않지만, 컴퓨터의 활용을 고려할 때 유아가 하루 일과 중 컴퓨터 사용의 총 시간을 제한하고 어떠한 활동에 참여하는지를 교사나 학부모가 모니터링하는 노력이 필요함을 시사하고 있다.

6) 수학과 추론능력

(1) 부정적 견해

유아교육자들에 의하면, 유아들은 직접적인 구체물의 조작을 통해 수학적 관계를 탐색하고 구성해 나가야 한다는 입장이다. 그러나 컴퓨터 활동에 의한 수학학습은 유아에게 구체물의 조작이 아닌 추상적이고 상징적인 학습경험만을 제공하기 때문에 전조작기 유아의 발달특성상 부적절하다. 컴퓨터 활용을 통한 수학학습으로 비록 연습과 반복 위주의 소프트웨어를 사용할지라도 유아의 계산력은 향상시킬 수 있다는 보고가 있다(Clements & Nastasi, 1993). 즉각적 피드백과 보상이 주어지는 컴퓨터 활동을 통해 유아들은 지루한 반복과 연습을 재미있게 할 수 있으며, 결과적으로 계산능력도 향상시킬 수는 있다. 그러나 유아 수학교육의 궁극적인 목표는 계산력 향상이 아니라 수학적 상황에 대한 문제해결능력과 수학적 관계를 추론하는 능력을 길러 주는 것이다. 따라서 컴퓨터 사용은 유아에게 다양한 해결을 탐색하는 수학적 문제해결력과 추론능력을 길러 주는 데는 부정적 영향을 초래하게 된다는 것이다.

(2) 긍정적 견해

유아에게 반복과 연습 위주의 소프트웨어를 사용한 경우 수세기와 분류 기술의 향상을 보였으며(Clements & Nastasi, 1993), 매일 10분 사용한 경우 의미 있는 향상을 보였으며, 20분을 사용한 경우 더 우수한 것으로 보고하고 있다. 그러나 비록 특정 기술에는 효과적이었지만, 반복적 학습에 의한 내적 동기화를 저해하고 창의성에도 부정적 영향을 미친다는 지속적 연구들은 많은 시간 컴퓨터를 지속적으로 사용하는 것은 부적합함을 시사하는 것으로 볼 수 있다.

한편, 컴퓨터의 사용이 구체적 조작경험을 제공할 수 없다는 지적에 대해 조작적 컴퓨터 프로그램인 경우 대칭, 패턴, 공간, 도형 등에서 수학적 변환의 활용이 용이하기 때문에 오히려 융통성 있고 조작 가능한 구체적 경험을 제공할 수 있다고 하였다. 컴퓨터를 사용하여 숫자와 물체의 양을 짝짓게 하였을 경우 낱개의 10개가 묶어진 막대가 제시될 때마다 둘째자리의 숫자가 바뀌고, 낱개 1개가 제시될 때마다 첫째자리의 숫자가 바뀌는 조작적 경험을 하게 되면 구체물을 사용한 경우보다 오히려 더 쉽게 자릿값에 대한 이해가 용이할 것이며, 구체물과 상징적 표상 간의 연결을 도울 수 있을 것이다.

더욱이 구체물을 활용할 경우보다 컴퓨터그래픽을 활용할 경우 도형의 회전, 이동, 합하고 나누고 하는 조작, 저장, 인출이 용이하여 공간과 기하 학습에 보다 효과적이라는 보고도 있다(Wright, 1994). 이들 연구들은 한결같이 활용되는 소프트웨어에 따라 효과에 차이가 있음을 보고하고 있다. 그러나 컴퓨터만 사용한 경우보다는 컴퓨터와 구체적 활동을 함께 사용한 경우가 더욱 효과적이라는 보고가 있으므로(Clements & Sarama, 1998) 컴퓨터 활용이 구체물을 조작하는 활동과 대치되어서는 안 됨을 시사하고, 컴퓨터 활용에 대한 신중한 고려가 요구된다고 하겠다.

특히 반복과 연습 위주가 아닌 조작적인 행동중심적 활동을 제공하는 Logo program 같은 소프트웨어를 사용할 경우 상위사고의 문제해결, 원인과 결과의 이해, 집중시간의 연장 등의 긍정적 효과를 나타낼 수 있다고 보고하였다(Clements & Sarama, 2003). 따라서 유아 자신이 전략이나 조건을 선택하고 그 결과를 탐색할 수 있는 개방적인 컴퓨터 활동인가 또는 단지 문제에 대한 정답을 찾아야 하는 소프트웨어인가에 따라 수학능력에 미치는 영향이 달라질 수 있다. 또한 컴퓨터 활용 시 동반자로 참여하여 개입하는 교사가 지도 관리하는 교사보다 수학능력과 태도에 긍정적임을 보고(김정은, 홍혜경, 2005)하고 있으며, 컴퓨터 활동 시 교사의 적극적 개입이 필요함을 시사하고 있다.

7) 과학능력

(1) 부정적 견해

유아들은 주변의 자연세계를 탐색하는 직접적 탐색과 관찰의 경험이 필요하다. 더욱이 주변 자연환경이나 현상은 구체적 상황의 관찰과 탐색을 수반하므로 유아의 과학적 지식 구성에 필수적이다. 따라서 과학적 관찰과 실험을 컴퓨터 시뮬레이션으로 대치하는 것에 심각한 우려를 제기하고 있다. 특히 유아에게는 오감각을 사용하여 주변의 자연물을 탐색하는 기회가 주어져야 한다는 것이다. 물론 이러한 입장에 이의를 제기하는 사람은 아무도 없을 것이다. 그러나 직접적 경험이 교육적인 경험이 되기 위해서는 그 경험에 대한 반성적 사고의 기회가 있어야 한다는 점 또한 시사하는 바가 크다.

(2) 긍정적 견해

유아에게 직접적이고 구체적인 경험은 물리적 지식의 획득에 필수적이다. 또한 유아들이 구체적이고 조작적인 경험 없이 의미 있는 지식 구성이 어렵다는 것은 누구나 인정하는 점이다. 그러나 컴퓨터 활동이 과학교육의 대치가 아닌 추가적으로 활용하는 경우 많은 이점을 제공할 수 있다는 입장이다. 이를테면 Lego-Logo 같은 소프트웨어를 사용한 경우 수학 및 과학의 상위사고능력과 성취도에 긍정적 영향을 나타냈으며, 의사결정능력과 원인과 결과의 이해에서도 유익한 결과를 보고하고 있다(Huntinger & Johanson, 2000).

또한 클레멘츠와 사라마(Clements & Sarama, 2003)는 컴퓨터 활동은 자연적 경험을 정교화할 수 있도록 도울 수 있으며, 자발적 지식과 과학적 지식의 종합화를 위한 촉매로서의 역할을 할 수 있다고 주장하고 있다. 특히 컴퓨터는 자연적 상황과는 달리 여러 관련 상황과 조건의 조절을 허용하므로 실제보다도 오히려 조작과 그 결과에 대한 직접적이고 구체적인 경험을 제공받을 수 있다는 것이다. 예를 들면, 알의 부화나 진자의 움직임, 자동차의 속도와 거리 등의 학습에서 실제 상황에서는 오히려 구체적으로 관찰할 수 없거나 조작할 수 없는 상황을 시뮬레이션 실험을 통해 보다 구체적인 조작의 경험이 가능할 수 있다는 것이다.

또한 거리상, 안전상 구체적인 경험을 제공할 수 없는 경우에도 유아에게 가상적 체험을 제공할 수 있다는 점에서 활용적 가치를 제기하기도 한다. 예를 들면, 세계 각국의 어린이 박물관이나 동물원 사이트에는 유아를 위한 다양한 정보와 활동 등을 제공하고 있으므로 과학학습을 위해 유용하게 활용할 수 있다. 따라서 과학관련 활동에 컴퓨터 활동을 보완 또는 추가적으로 활용할 수 있음을 시사하고 있다.

2. 연령에 따른 컴퓨터 활용능력과 지침

1) 유아의 연령에 따른 컴퓨터 활용능력

유아교육에서 컴퓨터 테크놀로지의 활용을 고려할 때 제일 먼저 고려하는 점은 유아의 발달적 수준이다. 유아의 연령별 컴퓨터 활용능력에 대한 발달단계와 특징을 살펴보면 〈표 5-1〉과 같다. 비록 영유아가 컴퓨터에 관심을 보이고 모니터에 나타나는 것에 반응을 보인다고 할지라도 3세 이하의 영아에게 컴퓨터 활동을 제공하는 것에는 회의적인 입장이 지배적이며, 영유아의 발달적 수준과 교육적 가치를 고려할 때 효율적 활용은 3세 이상 유아에게 적합하다고 볼 수 있다.

〈표 5-1〉 **영유아의 연령에 따른 컴퓨터 활용능력**

1단계 (0~18개월)	**엄마, 아빠가 사용하는 물건으로 컴퓨터를 인식하는 시기**
	유아는 컴퓨터를 엄마, 아빠가 사용하는 물건 중의 하나인 '크고, 무엇인가 바삐 일어나는 상자'로 인식하며, 부모가 컴퓨터 작업을 할 때 키보드를 두드리거나 마우스로 장난을 치거나 하여 부모가 일하는 것을 방해하는 것을 즐기는 것처럼 보이는 행동을 자주 보인다. 이러한 행동은 감각경험과 운동활동을 통한 상호작용으로 세계를 인식해 나가는 감각운동기의 자연스러운 행동특성을 나타내는 것이다. 유아가 모니터에 나타나는 다양한 색, 스피커에서 나오는 소리를 들으며, 여러 가지 애니메이션을 보고, 마우스를 연결하는 코드를 입으로 깨물어 보고, 키보드를 두드리고 만져 보는 것 등은 컴퓨터를 탐색하는 유아의 자연스러운 행동이다. 유아에게 마우스를 움직이면서 변화되는 것을 관찰하도록 하는 것을 기대하는 것은 무리다. 대신 사용하지 않는 컴퓨터가 있으면 전선을 뺀 상태에서 키보드를 두드려 보거나 만져 보면서 탐색할 수 있도록 해 주는 것이 적합하다.
2단계 (19~30개월)	**'나도 한번 해 보고 싶어요' 시기**
	유아는 컴퓨터를 '대단히 바쁜 상자'라고 여기며, 모니터에 물체가 뜨는 것을 인식하게 된다. 그리고 컴퓨터를 사용하는 어른들처럼 흉내내어 보고 싶어 한다. 소개하기 적합한 것으로는 걸음마 시기의 유아들이 쉽게 노래를 듣고, 그림을 볼 수 있는 애니메이션 종류다.
3단계 (31~36개월)	**'나는 할 수 있어요' 시기**
	유아는 소근육이 발달하여 마우스를 혼자서 조절할 수 있으며, 컴퓨터 앞에 앉아 시간을 보낼 수 있어 컴퓨터 활동을 즐기게 된다. 그러나 유아마다 마우스를 사용하는 기술은 컴퓨터 사용경험 및 발달의 차이에 따라 다르게 나타나며, 아직은 성인의 무릎에 앉아 함께 활동하는 것을 즐긴다.
4단계 (37~60개월)	**'나는 컴퓨터를 사랑해요' 시기**
	유아는 마우스를 자유롭게 조작할 뿐 아니라 프로그램에서 원하는 다양한 활동을 불러 조작할 수 있어, 독립적으로 컴퓨터를 사용하게 되며, 다른 친구와 재미있는 컴퓨터 활동을 하는 것을 즐긴다. 이 시기의 유아를 위해서는 내용을 이해하여 스스로 조작방법을 터득할 수 있는 단순한 자극의 프로그램이 좋으며, 특히 자신이 만든 작업을 인쇄해 내는 창의적 활동이 필요하다.

	'컴퓨터는 무엇이든 할 수 있군요' 시기
5단계 (61~90개월)	컴퓨터 프로그램을 메뉴에서 불러와 사용할 수 있으며, 어느 정도 도움을 받아 흥미 있는 주제를 찾는 인터넷으로 들어갈 수도 있다. 이 시기에는 자판과 글자가 어디 있는지 알게 되고, 글자를 찾거나, 자기 이름을 찍을 수 있다. 그러나 타자 치는 것은 아직 기대하지 말아야 한다.

출처: 한국정보문화진흥원, 2007.

2) 유아의 컴퓨터 활용에 대한 지침

클레멘츠와 사라마(Clements & Sarama, 2003)는 컴퓨터 사용의 옹호자나 비판자 모두가 동의하는 부분을 요약 제시하였는데, 이는 컴퓨터 활용을 고려할 때 시사하는 바가 크다고 하겠다.

첫째, 컴퓨터의 활용은 유아를 위해 의미 있고 총체적인 발달과 학습을 지원하는 데 활용되어야 한다.

둘째, 컴퓨터의 활용이 장애를 가진 유아에게는 효과적으로 활용될 수 있다.

셋째, 컴퓨터의 활용은 발달에 기여할 수 있을 때만 사용해야 한다.

넷째, 폭력적 게임, 반복과 연습 위주의 프로그램, 질 낮은 소프트웨어의 사용은 부적절하다.

다섯째, 컴퓨터 사용의 총 시간을 제한하여 2~7세 유아는 하루 1~2시간 이상이어서는 안 된다. 엄격한 시간제한보다는 유아 중심의 조절이 가능하도록 하여야 한다.

여섯째, 컴퓨터 관련 비용이 비효과적으로 사용된다. 컴퓨터 구입을 고려할 때 교육적 우선순위를 반영하여 비용이 지불되어야 한다.

일곱째, 컴퓨터의 활용에 인간적 보살핌이 필요하다.

위에 제시한 사항은 유아의 컴퓨터 사용을 결정할 때 고려해야 할 중요한 지침이 될 수 있을 것이다.

이 장에서는 컴퓨터의 사용에 따른 유아의 발달적 영향을 중점적으로 살펴보았다. 유아교육에 있어 컴퓨터 활용의 수용 입장은 이에 따른 효과를 밝힌 실증적 연구를 기초로 하여 결정하여야 할 것이며, 이를 뒷받침할 수 있는 양적인 연구뿐 아니라 질적인 연구들이 이어져야 한다. 그러나 비록 실증적 자료는 없다고 하더라도 비판자가 우려하는 부분에 대해 상당부분 타당성이 있으므로 유아에게 미칠 부정적 요소의 최소화하는 노력이 병행되어야 할 것이다.

CHAPTER SIX

유아를 위한
컴퓨터 테크놀로지 활용 유형

학습개요

이 장에서는 유아교육에서 컴퓨터 테크놀로지를 활용하는 방법을 유형별로 구분하여 각 유형이 갖는 특징과 역할에 대해 살펴보고자 한다. 특히 컴퓨터 테크놀로지가 기능별, 학습활동 유형별에 따라 어떻게 활용되는가에 대한 이해를 돕고자 한다. 또한 이러한 컴퓨터 활용 유형에 따른 학습 가치의 차이를 제시하여 효과적인 활용에 기여하며, 컴퓨터 테크놀로지의 활용에 따른 교사의 역할을 살펴보고 그 중요성에 대한 이해를 높이고자 한다.

COMPUTER
EDUCATION

1. 지식 창출의 매체로서 컴퓨터 테크놀로지 활용

최근 구성주의적 접근이 유아교육 및 교수공학에 수용되면서 컴퓨터 테크놀로지를 활용한 교육은 교수-학습의 매체로 보는 관점에서 보다 적극적으로 새로운 지식 구성을 위한 매체로의 활용에까지 확장하여 고려하는 추세다. 펠리그리노와 알트만(Pellegrino & Altman, 1997)은 지식 형성과 매체 간의 관계를 [그림 6-1]과 같이 제시하였다.

이들은 컴퓨터나 첨단매체가 교수-학습의 보조수단에서부터 교과목 내

첨단매체는 교수를 증진시키는 보조자로서 기여	교과목에 따른 첨단매체의 변화 →			첨단매체의 사용이 교과목 내용의 중심임
지식생산자로서의 학생	실험중심 사례연구 (b)			학생이 생성한 프로그램 (c)
			기하교수에서의 조사: 멀티미디어 사례	
		학급운영 프로그램		
지식소비자로서의 학생	학급보조 프로그램 (a)			공과교육과정을 '첨단매체화'

지식형성에 대한 생성적 접근이 증가

[그림 6-1] 교과목 변화와 사고 변화

출처: Pellegrino, J. W., & Altman, J. E. (1997). Information Technology and Teacher Preparation: Some critical issues and Illustrative solutions. *Peabody Journal of Education, 72*(1), 89-121.

용을 구성하기 위한 수단으로 보는 관점의 측면과 유아가 단지 지식을 전수받거나 획득하는 수동자에서부터 새로운 지식을 창조하는 능동적 생산자로 변화될 수 있는 관점의 측면 두 축을 중심으로 적용 유형을 제시하고 있다.

예를 들면, 반복적 연습을 위주로 한 전자학습지의 형태는 [그림 6-1]에서 (a)의 형태로서 교수-학습의 보조수단이 되며, 지식의 소비자, 획득자로서 수동적 역할을 한다고 볼 수 있다. 또한 기존 소프트웨어를 활용하여 자신이 생각한 새로운 자료를 만들거나 작업을 하였다면 이는 자신의 아이디어를 반영하기 위해 소프트웨어를 활용하는 (b)의 형태라 할 수 있다. 한편, 보다 적극적이고 창의적 활용 형태로서 개방된 소프트웨어나 인터넷을 활용하여 원하는 학습내용을 검색·선정하고, 새로운 지식을 창출하기 위해 활용하였다면 (c)의 형태라 할 수 있다. 다시 말하면 최근의 구성주의 관점에서 컴퓨터 테크놀로지의 활용을 모색할 경우 (c)의 형태로 활용되어야 할 것이며, 각 활용 유형에 따라 우려되는 부정적 영향이 배제되는 노력도 이어져야 한다.

2. 교수매체로서 컴퓨터 테크놀로지 활용

컴퓨터 테크놀로지가 교수매체로 활용될 경우의 교육적 효과는 나름대로 많이 보고되고 있지만 긍정적인 교육적 효과를 위해서는 무엇보다 교사의 역할이 중요하다. 교사가 컴퓨터 테크놀로지를 어떻게 인식하고 있느냐에 따라 컴퓨터 테크놀로지의 활용 유형에는 차이가 있다. 여러 학자들이 컴퓨터 테크놀로지의 활용 유형에 대해 나름대로 구분하여 제시하고 있으며, 이를 요약하면 〈표 6-1〉과 같다.

〈표 6-1〉　교수매체로서의 컴퓨터 테크놀로지 활용 유형

학자	유형
테일러(Taylor, 1980)	• 교수자(tutor) • 도구(tool) • 학습자(tutee)
클레멘츠(Clements, 1985)	• 교수-학습 관점 • 교수자(tutor) • 교과목(subject) • 도구(tool) ━━━━━━━━━ • 교수-활용의 관점 • 필기도구(pencil) • 모래(sand castle) • 블록 쌓기(building block)
비티와 터커(Beaty & Tucker, 1987)	• 물감붓(paintbrush) • 놀이친구(playmate) • 알파벳 책(alphabet book) • 주판(abacus) • 크레용(crayon) • 대화방(chatterbox)
데이빗슨(Davidson, 1989)	• 교수자(tutor) • 도구(tool) • 학습자(tutee) • 사고유발자(thought-provoker) • 교과목(subject)

1) 기능별 컴퓨터 테크놀로지 활용 유형

컴퓨터 테크놀로지의 활용 유형을 포괄적으로 제시하고 있는 데이빗슨 (Davidson, 1989)의 분류를 중심으로 기능별 활용을 살펴보면 다음과 같다.

(1) 교수자로서의 컴퓨터(as a tutor)

컴퓨터가 사용자에게 정보를 제공할 뿐 아니라 개념을 학습할 수 있도록 도와주는 교수자의 역할을 하는 유형이다. 흔히 연습과 반복의 형태나 게임 형태로 글자 인식, 숫자, 공간관계, 수개념 등의 개념학습에 활용되고 있으며, 체계적인 수준의 제시와 피드백을 주거나 애니메이션을 사용하는 등 다양한 형태의 학습을 유도하는 것을 포함하고 있다. 흔히 CAI(Computer Assisted Instruction)는 이러한 교수자의 유형이라 할 수 있다. 교수자로서의 컴퓨터 활용은 창의적 문제해결력이 아닌 계산력의 획득이나 개념학습을 위해 반복적 연습이 필요하기도 하므로 이러한 목적을 위해 활용될 수 있는 유형이다.

대체로 초기에 생산된 유아용 소프트웨어들은 여기에 속한다고 볼 수 있으며, 많은 소프트웨어가 단답형의 학습지 형태로 구성되어 있어 유아교육 전문가들에 의해 권장되고 있지 않다. 그러나 폐쇄적인 문제 형태뿐 아니라 개방적 형태의 문제를 포함하는 학습용 소프트웨어도 소개되고 있다. 예를 들면, '밀리의 수 가게놀이'(Millie's Math House, Edmark 사)는 단답형의 수학관련 문제를 다루는 유형과 자신이 선택하거나 자유롭게 구성하는 문제를 다루는 유형으로 구성되어 있다. 따라서 컴퓨터를 교수자로 활용할 경우 학습할 내용과 소프트웨어의 특성을 잘 고려하여 선택하여야 한다.

(2) 도구로서의 컴퓨터(as a tool)

컴퓨터가 어떤 목적을 위해 사용되는 도구로서의 역할을 하는 유형이다. 흔히 워드프로세서, 그리기, 다양한 악기를 사용하여 리듬 만들기 등의 소프트웨어를 사용할 경우 여기에 속하며, 교육과정의 다른 영역에서 놀이와 학습을 지원하기 위해 사용되는 유형이다. 예를 들면, 미술활동을 위한 '키드픽스'(Broderbund 사), '꼬마 크레용'(웅진미디어), 음악활동을 위한 '씽킹씽즈'(Edmark 사), 글쓰기 활동을 위한 '어린이 훈민정음'(삼성) 등을 들 수 있다. 유아가 자신의 생각, 아이디어를 표현하기 위한 도구로 컴퓨터를 활용할 경우 손과 눈의 협응능력의 제한으로 자신의 생각대로 되지 않아 경험하게 되는 좌절을 줄일 수 있어 유아들에게 성취감을 갖게 할 수 있다.

(3) 학습자로서의 컴퓨터(as a tutee)

유아가 교수자이고 컴퓨터가 학습자가 되는 형태로 컴퓨터에게 원하는 것을 하게 하거나 가르치는 형태의 유형이다. 이를 위해 유아는 컴퓨터 명령어를 사용하여 컴퓨터와 상호작용하여야 하는 일종의 컴퓨터 프로그래밍을 하는 형태다. 따라서 유아는 컴퓨터가 어떻게 작동하는지와 자신의 생각을 컴퓨터에 어떻게 지시하여야 하는지를 배워야 하므로 어린 유아가 활용하기는 어렵다고 볼 수 있다. 그러나 이러한 유형의 활용은 유아 자신이 아는 것에 대하여 반성해 보는 기회를 제공하여 더 깊이 있는 사고로 이끌 뿐 아니라, 주도적인 지식 구성의 주체가 되는 기회를 제공할 수 있어 가치 있는 활동 유형이라 할 수 있다. 아마도 유아가 활용할 수 있다면 가장 적극적인 지식 구성을 위한 도구로 활용될 수 있을 것이다. 예를 들면, Logo의 '거북기하'(Turtle Geometry) 활동이 여기에 속한다고 할 수 있다.

(4) 사고유발자로서의 컴퓨터(as a thought-provoker)

유아가 컴퓨터를 사용하여 실험하고, 상호작용을 통해 개념을 구성하고 수정하도록 유도하는 형태의 유형이다. 이를테면 컴퓨터와의 상호작용이 새로운 사고를 야기하고, 새로운 방법으로 아이디어를 조합시키도록 격려하는 형태다. 예를 들어, '올리의 그림동화 만들기'(Broderbund 사)는 이야기를 만들어 가는 과정에 유아의 생각을 반영할 수 있도록 고안되어 있으며, 좋은 생각이 떠오르지 않으면 아이디어 창고를 제공하여 이야기를 전개하도록 돕고, 때로는 손쉽게 수정이나 대체가 용이하여 창의적인 생각을 표현할 수 있도록 지원하고 있다.

(5) 학습 교과로서의 컴퓨터(as a subject)

컴퓨터를 이용한 활동과는 달리 컴퓨터에 관하여 배우는 것으로 컴퓨터의 원리, 프로그래밍 언어, 프로그램 개발 등을 위한 교육을 의미한다. 이를테면 컴퓨터 관련 자격증의 획득을 위해 학습하는 것이 이러한 유형에 속한다. 따라서 교육매체로서의 컴퓨터 활용에서는 제외된다고 할 수 있다.

이러한 활용 형태들은 각각 나름대로 유아교육현장에서 활용적 가치가 있으며, 이들 활용 유형이 유아교육에 어떻게 적용될 수 있는지를 정리해 보면 다음과 같다.

첫째, 교수자로 활용될 경우 컴퓨터 활동이 학습지 형태로 구성된 것을 사용함에 있어 신중한 고려가 요구된다. 그러나 반복적 연습을 포함하는 컴퓨터 활동이라도 유아의 경험과 발달의 맥락에서 유아에게 의미 있게 사용되고, 탐색을 허용하며, 유아 스스로 선택할 수 있는 상황으로 제공된다면 이러한 컴퓨터 활용도 효과적으로 사용할 수 있다. 특히 계산력의 향상이나 개념을 확고히 하기 위해서는 연습이 필요하다. 그리고 지루한 반복적 작업을 다양한 보상으로 흥미를 갖고 지속하게 해 줄 수 있으므로 때때로 필요시 효과적으로 활용할 수 있다.

둘째, 도구로서 활용할 경우 컴퓨터의 활동이 유아교육 프로그램에 가장 쉽게 통합될 수 있으며, 컴퓨터 자체만의 활동이 아닌 다른 영역과의 통합적 적용으로 효과적인 활용방법이라 할 수 있다. 이를테면 유아의 음악적 창조활동을 가능케 하고 녹음할 수 있는 음악프로그램은 신체표현이나 동극활동에 통합적으로 활용될 수 있으며, 다양한 영상적 표현이 가능한 그래픽 프로그램은 그림이야기책 만들기나 극놀이 소품의 제작에도 활용할 수 있다. 글자 조합에 따라 발음을 가능케 하는 음성합성을 포함하는 유아용 워드 프로세서는 눈과 손의 협응과 소근육 발달의 미숙으로 쓰기활동이 어려운 유아들에게 자신이 원하는 글자나 단어를 쉽게 만들어 볼 수 있을 뿐 아니라 유아 간의 언어 상호작용을 위한 수단으로 활용될 수 있다.

아마도 유아교육현장에의 통합적 적용을 위해 가장 다양하게 활용될 수 있는 유형이라 볼 수 있을 것이다.

셋째, 학습자로서 활용할 경우 컴퓨터 언어를 알고 이를 활용하여야 하므로 어린 유아들이 독립적으로 사용하기는 어려우나 아동들에게는 문제해결, 사회적 상호작용, 능동적 지식구성자의 기회를 제공하므로 최상의 교육적 가치를 가지고 있다고 할 수 있다. 그러나 Logo를 유아가 사용하기도 하지만 역시 교사의 시간이 요구되며, 독립적 사용이 용이하지 않은 제한점이 있다.

넷째, 사고유발자로서 활용할 경우 유아에게 조작과 실험, 탐색을 허용하고 유도하는 소프트웨어라면 유아에게 새로운 개념의 획득에 활용될 수 있어 적절하다고 할 수 있다. 예를 들면, '새미의 과학집'(Edmark 사)에서는 호수에서 다양한 동물들의 생태를 계절에 따라 탐색할 수 있도록 구성되어 있어 유아가 계절과 동물을 선택하여 그 생태의 변화를 탐색할 수 있으며, 그 동물에 대해 좀 더 상세한 정보를 찾기 위한 사전도 제공하고 있다. 이러한 소프트웨어는 유아의 선택과 탐색 및 실험을 허용하며, 이 과정에서 새로운 개념을 획득할 수 있도록 하고 있어 교육적 활용의 가치가 크다.

위에서 살펴본 컴퓨터 활용 유형의 선택은 교사가 원하는 교육목적, 교육내용에 따라 결정될 수 있으며, 또한 소프트웨어의 종류에 따라 활용 유형이 달라질 수 있다. 결국 컴퓨터를 어떻게 활용할지는 교사의 전문적 판단에 의해 결정되며, 그 성과도 달라질 것이다. 따라서 교사는 유아의 발달적 특성, 교육과정, 컴퓨터의 활용방법, 적절한 소프트웨어 등에 대해 충분한 전문적인 지식과 판단능력을 가지고 있을 경우에만 컴퓨터의 효과적인 활용이 가능하다. 따라서 교사를 위한 직전교육, 연수교육 등에 컴퓨터 활용과 방법에 대한 구체적 경험이 제공되어야 할 것이다.

2) 학습활동별 컴퓨터 테크놀로지 활용 유형

(1) 정보탐색활동에 의한 학습

컴퓨터 테크놀로지를 활용한 활동 중 가장 쉽게 접근할 수 있는 것이 정보의 탐색활동이다. 사전류의 CD-Rom뿐 아니라 인터넷을 활용하여 풍부하고 다양한 정보를 쉽게 찾아볼 수 있다. 유아들은 자신이 알고 싶어 하는 것의 단어 목록을 작성한 후, 교사 또는 또래와 함께 찾아보고, 자신이 원하는 내용인지 확인하고, 필요한 부분은 선택하여 인쇄하는 활동을 할 수 있다. 이 과정은 가르치는(teaching) 상황을 배우는(learning) 상황으로 바꿀 수 있으며, 자신이 무엇을 알고자 하고 그것을 위한 어떠한 과정이 필요한지를 판단하는 상위 사고과정을 포함한다. 더욱이 자신이 원하는 정보를 찾는 것은 유아에게 의미 있는 맥락을 제공하므로 유아의 능동적 참여와 활동에 지속적인 집중이 보다 용이할 수 있다.

(2) 의사소통활동에 의한 학습

컴퓨터 테크놀로지를 다루는 것은 유아에게 새롭고 색다른 경험을 제공하게 된다. 이러한 상황은 자연스럽게 또래에게 자신이 새로 알게 된 것, 자신이 만든 결과물을 보여 주고, 재미있는 경험들을 이야기하게 하고, 친구에게 자연스럽게 적용한 과정과 방법을 알려 주게 된다. 이러한 유아들 간의 의사소통에 의한 사회적 상호작용이 일어날 수 있는 상황은 자연스럽게 함께 작업할 수 있는 분위기를 제공한다. 따라서 유아가 함께 협동할 수 있는 주제만 적절히 주어진다면 컴퓨터 테크놀로지를 통해 자연스럽게 생각을 나누고, 협동작업에 의한 학습이 이루어질 수 있다. 나아가 이메일을 사용한 의사소통은 교사나 성인의 도움을 받아 수업에 다양하게 활용될 수 있다. 이러한 활동의 예로 교사의 도움을 받아 동화작가에게 동화에 대한 유아들의 의견과 궁금한 부분을 서로 이야기 나눈 사례가 보고되기도 하였다(이경우 외, 1998).

(3) 표상활동에 의한 학습

컴퓨터 테크놀로지는 그래픽, 음향 등을 활용하므로 정보를 청각, 시각, 동작적 형태로 제공받을 수 있다. 또한 그래픽, 음향, 문서 등을 손쉽게 조작할 수 있도록 허용하기 때문에 종전에 유아들이 경험하지 못한 표상활동이 가능하다. 예를 들면, CD-Rom 타이틀인 '올리의 그림동화'를 사용한다면 유아 자신이 원하는 배경을 선택하여 자신의 그림을 그려 자신의 이야기를 만들 수 있다.

이러한 컴퓨터 테크놀로지의 활용으로 유아가 표상할 수 있는 매체가 다양해졌을 뿐 아니라 유아의 제한된 눈과 손의 협응능력으로 인하여 할 수 없었던 영역까지 가능해졌다. 또한 그리기 소프트웨어 중에는 움직이는 그림까지 표현이 가능하므로 평면에 고정적 형태의 표상과는 다른 표상의 기회를 경험할 수 있으며, '씽킹 씽즈' 같은 소프트웨어는 손쉽게 작곡도 할 수 있어 유아에게 기존 매체보다 다양하고 확장된 표상을 할 수 있다.

(4) 가상적 체험활동에 의한 학습

컴퓨터 테크놀로지는 실제 학습에서 안전성, 조작성, 시간의 제약, 비가시적 요인 등의 이유로 직접적인 경험을 제공할 수 없는 상황을 보다 구체적으로 과정을 시각화하여 제시할 수 있다. 예를 들면, 현실에서는 쌓아놓은 구성물은 회전시킬 수 없으나, 컴퓨터 테크놀로지로는 가능하며, 관점에 따른 차이도 쉽게 비교할 수 있을 것이다. 특히 가상 박물관, 미술관, 동물원 등은 유아에게 가상적 체험을 제공하고 즐길 수 있는 기회를 줄 수 있으며, 시뮬레이션 역시 유아들이 직접 조작적 경험을 할 수 없는 것에 대해 조작해 보는 경험을 제공할 수 있다.

이와 같이 컴퓨터 활용의 형태에 따라 기존 유아교육과정에서 경험하는 것과는 다른 유아의 사고와 표상 경험을 다양하게 변화시킬 수 있다. 결국 컴퓨터 테크놀로지가 어떻게 활용될 수 있는지는 교사에 의해 결정된다고 볼 수 있다. 그러므로 교사가 컴퓨터의 활용을 고려할 때는 유아의 사전경

험, 지식, 발달 수준, 학습내용 등을 기초로 적합한 활용 형태를 고려하여
선정해야 한다.

3. 컴퓨터 테크놀로지 활용 유형과 학습 가치

최근 유아교육현장에서도 CD-Rom보다는 인터넷의 활용빈도가 높아지
고 있으므로 인터넷의 활용 유형과 학습가치를 살펴볼 필요가 있다. 인터
넷은 발표, 의사소통, 상호작용의 세 가지 측면에서 활용적 가치가 크며,
멀티미디어를 활용한 발표의 효율성, 다자간 의사소통의 용이성, 투입
(input)과 피드백이 용이하다는 측면에서 교육적 활용 가치가 크다
(Doherty, 1998). 아마도 가장 흔한 인터넷 활동은 특정 주제(예: 동물)에 대
한 정보를 찾기 위해 여러 사이트를 검색하는 활동이라 할 수 있다. 이러한
활동은 지적 노력이 가장 적게 요구되는 활동으로 학습가치는 그리 크지
않다. [그림 6-2]에서 제시하는 바와 같이 유아의 작업을 웹 사이트에 올리
는 활동, 자료나 자신의 의견을 교환하는 활동, 함께 하는 협력활동, 공동
의 협동활동 등의 순으로 활용하는 빈도가 적어지지만 오히려 학습에 대
한 가치는 커지고 학습효과도 증대되므로 인터넷의 활용빈도와 학습 가치
는 반비례함을 볼 수 있다. 여기서 협력적(cooperative) 활동과 협동적
(collaborate) 활동의 의미를 명확히 할 필요가 있다. 협력적 활동은 각 참여
자가 서로 보충적인 작업을 하는 반면, 협동적 활동은 참여자 모두에게 정
신적 조작이 필요한 통찰과 이해를 요구하는 일종의 지식협상을 포함하는
것이다. 따라서 협동적 활동에서는 혼자서 해낼 수 없고 각자의 아이디어
를 창출하고 공유하여 새로운 방안을 찾아가는 보다 능동적 참여를 필요
로 하게 된다. 이러한 측면에서 볼 때 정보검색이나 자료찾기 같은 활동은
사용이 용이하고, 빈번하게 사용되고, 때로는 교사의 도움으로 유아들도
활용이 가능한 활동이나, 학습의 가치는 비교적 낮다. 그러나 학습의 가치

가 높은 경우는 단지 정보를 소비하는 접근보다는 정보를 새롭게 창출하
고 지식을 구성하는 데 적극적으로 활용하는 접근이라 하겠다.

　그러나 인터넷이 학습자 중심, 실제 상황의 시뮬레이션, 구체적 상황, 시
간절약의 긍정적 영향을 갖고 있지만, 또 다른 한편으로는 정보의 탐색에
너무 많은 시간을 허비하고, 부적절하고 신뢰할 수 없는 정보의 과다 노출,
지식 구성보다는 기존의 지식에 의존하게 되는 부정적 영향도 함께 고려
해야 한다는 지적이 있다(Ali & Franklin, 2001). 더욱이 카우프만(Kaufman,
1998)이 지적한 바와 같이 인터넷은 다양한 활용적 가치가 있지만 최고, 최
적의 교수매체는 아니며, 보완적, 보충적으로 사용되어야 한다. 따라서 교
수매체로서 인터넷 활용을 고려할 때 학습의 교육적 가치를 극대화하는
방향과 발달적으로 적합한 수준인지의 여부가 조화롭게 균형을 이루어야
가장 효율적일 수 있다.

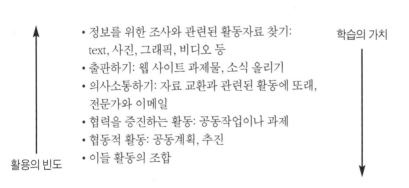

• 정보를 위한 조사와 관련된 활동자료 찾기:
　text, 사진, 그래픽, 비디오 등
• 출판하기: 웹 사이트 과제물, 소식 올리기
• 의사소통하기: 자료 교환과 관련된 활동에 또래,
　전문가와 이메일
• 협력을 증진하는 활동: 공동작업이나 과제
• 협동적 활동: 공동계획, 추진
• 이들 활동의 조합

학습의 가치

활용의 빈도

[그림 6-2] 인터넷 활용빈도와 교육적 가치

4. 컴퓨터 테크놀로지 활용에 따른 교사의 역할

　컴퓨터 테크놀로지의 교수매체로서의 활용을 교사의 역할에 대비하여
제시한 것을 살펴보면 다음과 같다(Davis & Shade, 1994).

첫째, 교수자(instructor)의 역할로서 교사는 유아가 컴퓨터에 친숙하도록 돕고, 유아에게 컴퓨터를 통해 학습하는 데 능동적인 역할을 하는 것이다. 따라서 교사는 학습목적을 위해 소프트웨어를 적합한 것으로 선택하고 학습하도록 안내하고, 점검하며 탐색을 격려하는 등의 역할을 하게 된다.

둘째, 코치(coach)의 역할로서 교사는 유아가 어느 정도 컴퓨터에 대한 경험이 있는 경우 유아가 독립적으로 과제를 수행할 수 있도록 허용하고 필요할 때 돕는 것이다. 대개 컴퓨터에 능숙한 또래들이 교수자의 역할을 수행하게 되고, 교사는 코치로서 필요할 때 지원하게 되며, 주로 자유선택 활동시간에 유아들이 선택하여 활용하는 경우라 하겠다.

셋째, 모델(model)의 역할로서 교사가 컴퓨터를 활용하여 교재교구의 제작에 활용하거나, 부모와 의사소통하고, 관련 정보를 찾아보는 상황 등을 유아들에게 관찰하게 함으로써 컴퓨터의 활용적 가치와 범위를 알도록 하는 것이다.

넷째, 비판자(critic)의 역할로서 교사는 유아에게 풍부하고 도전적이고 적절한 학습환경을 제공하는 데 있어 적극적인 검토의 노력을 하는 것이다. 소프트웨어의 선택, 컴퓨터 사용의 기회, 사용방법 등이 유아의 발달과 학습에 긍정적인 역할을 하는지를 지속적으로 점검하고 검토하는 작업을 하는 것이다.

다섯째, 비계설정자(scaffold)의 역할로서 교사는 유아가 도움을 청할 경우 이에 대한 여러 해결방안을 찾아보도록 격려하거나 약간의 도움이나 시범을 보이므로 유아가 손쉽게 해결할 수 있도록 지원하는 경우라 하겠다.

여섯째, 관찰자의 역할로서 교사는 유아가 필요로 하는 도움과 지원을 적절히 주기 위해 유아의 작업상황과 과정을 관찰하는 것이다. 교사는 비록 유아가 컴퓨터를 능숙하게 조작할 수 있다고 하여 컴퓨터 활동을 전적으로 유아에게 맡겨서는 안 되며, 컴퓨터 사용에 익숙하지 않은 유아들에게는 가까이서 유아의 조작적 행동, 사용기술, 태도 등을 관찰하고 필요할 때 적절한 도움을 주는 것이 필요하다(유연옥, 2005). 따라서 교사는 항상 유아가 컴퓨터를 사용하여 어떠한 활동을 하고 있으며, 이에 대한 유아의 반응은 어떠한지에 민감해야 한다. 결국 컴퓨터는 교사의 대치가 아닌 또 하나의 교수매체로서 활용되어야 하는 것이다.

이와 같이 교사는 컴퓨터 활용에 있어 유아의 컴퓨터 친숙 정도, 유아의 발달이나 학습 정도, 교육목적, 내용, 방법 등을 고려하여 각기 다양한 역할을 수행할 수 있다. 따라서 교사가 컴퓨터 테크놀로지를 잘 활용하기 위해서는 테크놀로지의 탐색자(technology explorer)뿐 아니라 놀이자(player)가 되어야 하며, 테크놀로지 활용에 대해 잘 알고 익숙해야 한다(Bergen, 2000).

CHAPTER SEVEN

유아발달에 적합한
컴퓨터 및 소프트웨어 선정

학습개요

　이 장에서는 유아의 발달에 적합한 컴퓨터 활용을 위해 컴퓨터와 관련 기자재 구입에
필요한 정보와 점검할 내용을 제시하여 보다 적합하게 선택하도록 돕고자 한다. 또한 컴
퓨터의 설치에 따른 영역 설정, 작업대, 배치에 따른 점검사항 등을 제시한다. 그리고 소
프트웨어의 구입 시 필요한 소프트웨어의 유형과 개수, 구입단계의 점검사항을 살펴보
고, 무엇보다 소프트웨어의 질적 수준을 판정하기 위한 소프트웨어 평가준거와 웹 사이
트의 평가준거를 살펴보고자 한다.

COMPUTER
EDUCATION

1. 컴퓨터 기종의 선택

유아교육에 컴퓨터를 활용하려고 할 때 어떠한 컴퓨터를 선택하여야 하는지, 교실에 몇 대의 컴퓨터가 있어야 하는지, 어느 곳에 설치하여야 하는지 등이 가장 많이 제기되는 질문이다. 먼저 교실에 몇 대의 컴퓨터를 설치할 것인가에 대한 문제를 살펴보기로 하자. 클레멘츠(Clements, 2001)는 유아 대 컴퓨터가 10 : 1 정도이면 사회적 상호작용에 적합한 비율이라고 하였다. 현재 유치원당 평균 3.4대를 보유하고 있으며, 학급당 평균 1.3대 그리고 컴퓨터 1대당 원아 수는 19.3명인 것으로 나타났다(교육정보화백서, 2004). 따라서 이 기준에 의하면, 교실당 컴퓨터가 부족한 수준임을 알 수 있다. 일반적으로 교실당 유아 20~30명을 고려할 때 2~3대 정도 비치하는 것이 적당하다. 만약 5개의 유아반으로 구성되어 있다면 10~15대가 필요하다. 이럴 경우 현장에서는 독립된 컴퓨터 교실에 컴퓨터를 모두 배치하고 유아들이 할당된 시간에 그곳에 가서 일정시간 사용하고 오는 형식으로 배치하기도 한다. 그러나 이러한 배치는 교실에서의 교육과정에 통합하여 적용할 수 없기 때문에 바람직한 배치라 할 수 없다.

컴퓨터 기종의 선택은 컴퓨터를 구입하는 경우 항상 제기되는 문제로서 가격과 성능, 활용 정도 등을 고려하여 결정되어야 한다. 흔히 컴퓨터 구입 시 컴퓨터를 파는 사람에게 적절한 컴퓨터에 대한 자문을 받는 경우가 많으나, 그들은 판매자이므로 오히려 적합한 자문을 받기가 어렵다. 소베넬과 비위크(Thouvenelle & Bewick, 2003)는 유아교육 현장에서 컴퓨터를 사용하고 경험이 많은 동료교사가 보다 필요한 정보를 제공할 수 있으므로 동료교사에게 조언을 구할 것을 권고하고 있다.

컴퓨터 사양에 대해 황해익 외(2001)는 팬티엄 III 800-900MHZ, 메모리 128~256MB, 하드 디스크의 용량은 20~40GB 정도면 충분하다고 하였으나, 방현식(2005)은 적합한 컴퓨터 사양으로 팬티엄 IV, 24GHZ, 메모리

512MB 이상 최대 2GIGA 확장 가능, 하드디스크 80GB를 제시하고 있음을 볼 때 컴퓨터의 가격과 성능이 빠르게 변화하고 있음을 알 수 있다. 일반적으로 컴퓨터를 구입하면 한 3년 정도 사용하므로 이러한 점을 고려할 필요가 있다. 이 외에 사운드 카드, 스피커, 마이크 등이 부가적으로 필요하므로 잘 선택해야 한다.

〈표 7-1〉은 컴퓨터 구입 시 점검해야 하는 단계를 간략히 제시한 것이다.

〈표 7-1〉 **컴퓨터 시스템 구입의 단계**(Thouvenelle & Bewick, 2003)

단계 1: 자신의 요구를 평가
- 교실의 컴퓨터 시스템의 목적이 무엇인가?
- 어떠한 소프트웨어를 사용할 것인가?
- 다른 컴퓨터와 연결 없이 사용할 것인가?
- 소프트웨어 사용의 최소 요구 기준은 무엇인가?
- 프린터나 다른 기기가 필요한가?
- 인터넷 연결이 바람직한가?
- 허용예산은 어느 정도인가?
- 기술적 지원이 가능하고 비용은 어느 정도인가?
- 어떤 종류의 보장과 서비스가 제공되는가?
- 새로운 소프트웨어나 하드웨어가 나올 때 확장할 수 있는가?

단계 2: 컴퓨터 시장조사를 통해 자신의 요구를 조정
- 컴퓨터 잡지, 신문광고 등을 읽을 것
- 인터넷에서 컴퓨터 회사 웹 사이트를 검토할 것
- 컴퓨터와 프린터를 평가하는 잡지의 기사를 검토할 것
- 신뢰할 만한 동료나 판매인에게 자문을 구할 것

단계 3: 자신이 원하는 컴퓨터 결정
- 원하는 최소한의 구체적 명세서를 목록화
- 보장과 기술적 지원을 포함하여 추가적으로 원하는 정보를 구체화
- 지역 판매자에게 목록을 주고 인터넷으로 가격을 조사
- 구입과 설치를 위한 시간과 일정을 구체화
- 가능하면 시범을 요청

단계 4: 가격 참고자료로부터 예상가격을 비교
- 모든 명세서를 확인
- 요청한 것 외의 추가적 서비스를 비교
- 실제 원하고 사용할 아이템인지 확인
- 가장 이로운 가격 제시처를 수용

단계 5: 하드웨어 체계의 점검
- 모든 것이 주문대로인지, 손상된 것은 없는지 점검
- 등록카드를 작성하여 제출
- 제품번호, 보증정보, 구입일자, 기술지원번호 등을 기록
- 새로운 시스템과 함께 제공되는 모든 자료, 디스켓, CD-Rom, 참고자료를 보관

2. 컴퓨터 관련 기자재의 선택과 활용

컴퓨터를 보다 적극적으로 교수-학습에 활용하기 위해서는 컴퓨터와 관련된 정보(ICT)기자재를 갖추고 있어야 한다. 정보기자재란 교육 현장에 설치되는 컴퓨터 관련 기기와 교육용 소프트웨어의 모든 자료를 총칭한다. 그러나 주로 유아교육현장의 교실에서 활용되고 있는 기자재를 중심으로 살펴보면 프린터, 디지털 카메라, 디지털 캠코더, PC 카메라, 프로젝션 TV, 스캐너 등을 들 수 있다.

(1) 프린터

프린터는 컴퓨터 설치 시 선택이 아닌 필수적인 것이다. 유아교육현장에서의 프린터 활용은 주로 교사의 학습활동 준비, 행정업무, 유아의 작품 출력, 활동 결과물 출력 등에 활용되고 있다. 특히 유아들에게는 컴퓨터 화면으로 보는 것뿐 아니라 결과물을 출력해 볼 수 있도록 하는 것이 필요하다. 프린트는 유아들 자신이 시도한 다양한 조작적 경험의 결과를 시각적인

기록물로 볼 수 있게 하고, 또래와 공유를 용이하게 한다. 따라서 컴퓨터 구입 시 프린터를 포함하는 것은 필수적으로 고려되어야 한다. 프린터를 선택할 때 칼라 또는 흑백의 선택, 프린터의 속도, 프린트물의 선명도, 프린터의 견고성 등의 선택문제가 제기된다. 먼저 칼라와 흑백 프린터의 선택은 사용되는 잉크의 가격과 사용빈도에 의해서 결정될 것이다. 프린터 가격보다는 소모품인 잉크의 비용을 고려할 때 컬러 프린터 사용에 따른 지속적인 사용은 부담이 되고 있어, 현장에서는 흑백으로 프린트한 후 미술영역에서 색을 칠하는 방식을 선호하고 있다. 일반적으로 많은 유아가 사용하므로 인쇄의 질은 중간 정도이면 적합하고 프린터의 속도는 빠를수록 좋으나 가격은 반대로 비싸진다. 그러나 유아들이 프린트되는 것을 볼 수 있도록 하거나, 자신이 처리하도록 하면 속도의 문제를 조정할 수 있을 것이다.

(2) 디지털 카메라

디지털 카메라는 유아들의 작품이나 야외활동, 견학 등을 촬영하여 즉시 프린트하거나 컴퓨터에 연결하여 이야기 나누기 자료로 손쉽게 활용할 수 있을 뿐 아니라 학급 앨범 제작, 홈페이지에 활동 게시 등에 편리한 기자재다. 기존의 카메라는 사진관에 맡겨 인화할 때까지 기다려야 하지만, 디지털 카메라는 즉시 화면으로 볼 수 있어 유아의 직접적 경험을 손쉽게 학습활동으로 연계할 수 있고, 사용하기에도 편리하여 사용 사례가 자주 보고되고 있으며, 현장교사들도 많이 사용하는 추세다.

(3) 디지털 캠코더

디지털 캠코더는 좋은 동영상 화질 녹화 및 재생과 녹화된 매체를 장기간 저장하더라도 화질의 변화가 거의 없으며, 컴퓨터를 비롯한 디지털 매체와 호환성이 좋은 장점이 있다. 유아들의 현장체험활동, 유치원의 각종 행사 등 유아들의 활동을 동영상으로 촬영하여 손쉽게 컴퓨터나 TV로 연결하여 볼 수 있으므로 유아의 연속적인 활동이나 상황을 기록하고 저장하는 데 활용할 수 있다.

(4) PC 카메라

컴퓨터와 연결하여 사용할 수 있으며, 다른 반 유아들과 서로 실시간으로 보며 이야기 나눌 수 있어 다양한 학습활동으로 활용할 수 있다.

(5) 프로젝션 TV

프로젝션 TV는 기존 방송을 시청할 수 있는 장점이 있으며, VCR 자료, 실물화상기, 디지털 카메라, 컴퓨터 등과 연결하여 모니터로 활용할 수 있는 등 다기능적 기자재로 활용할 수 있다. 특히 큰 화면으로 전체 교실의 유아들에게 제시할 때 편리하다. 최근에는 교실마다 이를 비치하여 다양한 기자재와 연결하여 활용하고 있다.

3. 컴퓨터 영역 설치

컴퓨터 영역 설치 시 우선 교육과정에 쉽게 통합할 수 있어야 한다는 점을 고려하여야 한다. 따라서 교실이 아닌 곳에 별도로 컴퓨터실을 마련하는 것은 가장 비효율적인 배치로 바람직하지 않으며, 교실 내의 학습이나 활동영역의 하나로 설치하여야 한다.

앞에서 제시한 것처럼 10 : 1 정도의 비율을 고려할 때 25~30명의 교실에는 2~3대 이상이 적합하며, 1대에 2명씩 나란히 앉아 사용할 수 있도록 하기 위해서는 적어도 4명이 활용할 수 있는 공간이 요구된다.

또한 컴퓨터 영역은 유아들의 사회적 상호작용이 활발히 일어나는 곳이므로 의사소통에 어려움이 없는 영역, 역할놀이 영역과 가까워 쉽게 연계될 수 있도록 하거나, 유아가 쉽게 개입하기 좋은 위치에 설치한다. 그리고 소음이 많은 영역이나 물이나 모래 또는 자석을 사용하는 영역은 피하는 것이 좋다. 무엇보다도 창문이나 전등으로부터 빛의 반사를 고려하여 눈부심이 있는 곳은 피하고, 전선이나 케이블 등은 벽에 부착하여 걸리지 않도록 하는 것이 좋다.

1) 컴퓨터 영역의 설치 기준

〈표 7-2〉 **컴퓨터 영역의 설치 단계(Thouvenelle & Bewick, 2003)**

평면도 준비:	• 출입문, 창문의 위치 고려 • 타 영역과의 위치를 고려하여 배치
물리적 환경:	• 4명의 작업공간, 책상과 의자 공간 확보 • 전기 콘센트의 위치 점검 • 조명과 빛의 반사 정도 고려
주요 이동 패턴:	• 통로를 막고 있는지 점검 • 자유로운 개입이 용이한지 점검
위험요인:	• 물, 모래, 물감, 자석 등의 사용과 가까운지 점검 • 전기 콘센트의 안전커버를 사용하는지 점검
영역 설정 및 위치 재점검:	• 교사의 관찰과 감독이 용이한지 점검 • 프린터에 쉽게 다가가고 볼 수 있는지 점검

2) 컴퓨터 설치를 위한 작업대

컴퓨터를 놓고 마우스 조작이 쉬운 작업대가 필요하고, 유아가 앉았을 때 모니터는 유아의 눈 위치에 맞아야 한다. 바닥과 팔이 평행이 되고, 팔을 굽혔을 때 90도 정도가 되도록 하고, 스크린과는 40~70cm 되도록 설치한다.

〈표 7-3〉 컴퓨터 작업대의 크기

	컴퓨터 1대	컴퓨터 2대
길이	90cm	180cm
폭	60~70cm	60~70cm
높이	33~75cm	33~75cm

출처: Thouvenelle & Bewick, 2003.

4. 소프트웨어 선정

유아교육에 컴퓨터가 도입될 때부터 꾸준히 제기되어 왔으며, 여전히 중요한 문제로 다루는 것은 소프트웨어의 선정과 관련된 소프트웨어의 질에 대한 논의다. 1970년대 이후로 많은 연구들은 소프트웨어의 유형에 따라 전혀 다른 교육적 효과를 초래할 수 있음을 지속적으로 보고하여 왔다. 결국 유아교육에 있어 컴퓨터의 효율적 활용의 성패는 질 높은 소프트웨어를 사용할 수 있느냐와 밀접한 관련이 있다. 질 좋은 소프트웨어는 시뮬레이트된 환경을 조절하고, 유아들이 만든 맥락에서 도전적인 문제에 다양한 해결책을 탐색하고 실험해 보며, 구성하고 창조해 보는 등의 경험을 제공한다(Thouvenelle & Bewick, 2003).

1) 소프트웨어 유형

일반적으로 소프트웨어의 구입 시 교실에 몇 개가 필요한지, 어떤 유형의 소프트웨어가 필요한지 등이 흔히 제기될 수 있는 질문이다. 교실에 몇 대의 컴퓨터가 있는지에 따라 소프트웨어의 수가 달라지지만, 소프트웨어가 많을수록 좋은 것은 아니며, 오히려 많은 경우 컴퓨터 활동과 교육과정의 활동을 연결하기 어렵게 된다. 소프트웨어의 유형 중 전자책이나 반복과 연습 유형의 소프트웨어보다는 시뮬레이션이 가능한 소프트웨어와 그리기

나 쓰기 같이 도구로 활용할 수 있는 소프트웨어를 더 많이 선택하도록 권하고 있다. 왜냐하면 시뮬레이션이나 도구형 소프트웨어는 다양한 학습활동에 통합되기 쉽고 융통성 있게 활용될 수 있기 때문이다(Thouvenelle & Bewick, 2003). 소프트웨어의 수는 유아의 활용 정도에 따라 달라질 수 있지만 대체로 9~10개 정도면 충분하다. 만약 컴퓨터가 교실에 처음으로 도입될 때 갖추어야 할 기본 소프트웨어 5종류를 선정한다면 유틸리티 프로그램, 워드와 그리기 프로그램, 언어 프로그램, 수학과 과학 프로그램, 주제나 다문화에 초점을 둔 프로그램 등을 선정하도록 추천하고 있다(Haugland & Wright, 1997).

〈표 7-4〉는 교실마다 갖추어야 할 기본적인 소프트웨어의 유형과 개수

〈표 7-4〉 유아 교실에서 갖추어야 할 최소한의 소프트웨어

소프트웨어 유형	기능	종류와 갯수
파일관리 소프트웨어	자신의 파일 관리기능을 제공	Kid Desk 등
전자책 유형 소프트웨어	클릭하여 즐길 수 있는 경험을 제공	e-book(Living book series 등) 적어도 2개 정도
워드프로세서	그림이 포함되기도 하는 이야기 만들기 활동을 제공	LG 홈워드, 올리의 그림동화 등
그래픽 소프트웨어	그림 그리기 활동을 제공	Kidpix 등
학습유형 소프트웨어	교육내용의 학습을 제공	밀리의 수 가게, 세미의 과학집, 씽킹씽즈 1, 2, 3 등 적어도 3~4개 정도
멀티미디어 소프트웨어	멀티미디어 프레젠테이션의 기능	교사와 아동이 함께 협동작업을 할 수 있는 파워포인트
마이크로 소프트웨어	마이크로 세계에 대한 탐색경험을 제공	Simcity, Simtown 등
주제별 소프트웨어	주제별로 내용을 제공	공룡의 세계, 피라미드, 바다이야기, 사파리 대모험 등

출처: Davis & Shade, 1999.

에 관한 목록으로서 컴퓨터 환경 구성에 참고가 될 수 있을 것이다. 또한 교육인적자원부에서는 매년 교육활동자료집과 CD-Rom 타이틀을 개발하여 보급하고 있으며, 이에 관한 자료들도 〈표 7-5〉와 같이 교육인적자원부 사이트의 정보자료실에 탑재해놓아 쉽게 다운받을 수 있도록 하는

〈표 7-5〉 교육부에서 보급한 CD-Rom 타이틀 현황

출간연도	장학자료 및 CD-ROM 타이틀 명	사용자	
		유아용	교사용
1999	유아를 위한 전통문화 및 교육활동 자료	○	○
2000	유아를 위한 안전교육활동 자료	○	○
	유치원 종일반 프로그램		○
2001	성희롱·성폭력 예방교육 프로그램	○	○
	유아와 부모가 함께 하는 교육활동 자료		○
	유아를 위한 통일교육활동자료	○	○
2002	유아를 위한 부모교육 자료		○
	유아를 위한 자연체험활동 자료	○	○
	유아를 위한 환경보전 교육활동 자료	○	○
2003	유아를 위한 안전교육 프로그램	○	○
	놀이를 통한 과학교육 활동자료	○	○
	유아의 안전을 위한 부모교육 자료		○
2004	유아를 위한 양성평등 교육자료	○	○
	유치원 교육과정 운영을 위한 정보화 프로그램		○
	유치원의 급식, 간식, 식단		○
	주 5일제 근무를 위한 유치원 주말 프로그램		○
2005	교사의 전문성 신장을 위한 동료 장학 자료		○
	유아를 위한 수학교육활동 자료	○	○
	유아를 위한 명화감상활동 자료	○	○
2006	가족과 함께 하는 체력증진 프로그램		○
	유아의 사회성발달을 돕는 협동활동 프로그램	○	○
	유아를 위한 성교육 프로그램	○	○

※ 참고 사이트: www.moe.go.kr(교육인적자원) → 정보교실→ 정보자료실→ 유초중등교육

서비스를 제공하고 있다. 특히 교육인적자원부의 자료는 정보의 전문성과 신뢰성이 확보되어 있어 활용적 가치가 크다고 하겠다.

2) 소프트웨어 구입

소프트웨어 구입 시 고려되어야 할 사항을 단계별로 제시한 과정을 살펴보면, 〈표 7-6〉과 같다. 무엇보다 먼저 컴퓨터의 활용 목적을 확실히 하고, 이에 부합되는 것이 무엇인지를 분명히 하는 것이 필요하다.

생산되는 모든 소프트웨어를 교사가 평가하여 선정하기는 어려울 뿐 아니라 시간적으로도 불가능하다. 유아 컴퓨터 전문가들에 의한 소프트웨어 평가보고를 활용하는 것도 유익하다.

〈표 7-6〉 소프트웨어 구입의 단계(Thouvenelle & Bewick, 2003)

단계 1: 교사가 기대하는 교육적 목적을 인식
• 교사 자신이 설정하는 교육목적이 무엇인가?
• 소프트웨어 사용을 통해 추구하는 목적이 무엇인가?
• 서로 협력적 작업이 가능하고, 다양한 형태의 의사소통을 허용하여 기대하는 교육목적 달성에 기여하는가?

단계 2: 소프트웨어가 교육목표 달성을 지원하는 요인을 구체화
• 어떤 유형의 소프트웨어가 교육목표에 적합한가?
• 능동적 지식 구성의 기회를 허용하는가?
• 긍정적 사회 상호작용을 격려하는가?
• 다양한 상황적 맥락을 포함하는가?
• 표상적 상황을 허용하는가?
• 가상적 놀이환경을 제공하는가?

단계 3: 교육과정의 교과와 내용을 고려
• 기존 교육과정에서 제공하는 가상놀이, 조작놀이, 쌓기놀이 등의 활동에서 갖는 것과 같은 다양한 기회를 제공하는가?

단계 4: 교육과정과 교수전략의 점검
• 소프트웨어가 능동적이고 구체적인 탐색을 허용하는가?
• 소프트웨어가 직접적 조작과 극놀이의 기회를 허용하는가?
• 자기주도적 활동을 허용하는가?
• 교사의 교수전략과 연계될 수 있는가?

단계 5: 소프트웨어가 반영하는 메시지
• 인종, 능력, 폭력, 성 등의 반편견적 견해를 반영하는가?
• 바람직한 문제해결 방안을 반영하는가?

3) 소프트웨어 평가

1990년대 이후 국내외 많은 연구자들이 질 높은 유아용 소프트웨어를 선정하기 위한 평가 기준들을 개발하였다(Buckleitner, 1986; Haugland & Shade, 1996; 김경철 외, 1998; 김진호, 유구종, 1995). 이들 소프트웨어 평가 기준들은 교사와 부모에게 유용한 정보를 제공하여 활용적 가치가 크다고 할 수 있다. 소프트웨어 선정을 위한 평가체계를 활성화하는 것에 대한 이점으로는 교사가 직접 시연해 볼 필요가 없다는 것이다(Haugland & Wright, 1997). 유아가 실제로 손쉽고 흥미롭게 사용할지 그리고 교사가 교육적으로 가치 있는 활동으로 연계할 수 있을지를 점검하는 것은 시간이 오래 걸리는 작업이며, 전문적인 식견이 필요하다. 만약 전문가에 의해 제시되는 평가를 위한 체계를 활용할 수 있다면 교사는 시간과 노력을 절약할 수 있어 유익하다. 그러나 또 다른 한편으로 생산되는 모든 소프트웨어를 평가하기가 어려울 뿐 아니라 일반인들이 소프트웨어 평가의 결과를 접하는 데는 시간적 간격이 있다는 제한점도 제기될 수 있다.

허그랜드와 라이트(Haugland & Wright, 1997)는 소프트웨어 평가체계의 선택은 평가체계의 철학적 접근과 일치하는 것을 권고하고 있다. 각 평가 기준을 각기 다른 관점과 중요시하는 순위가 다르기 때문에 교사 자신의 관점과 철학을 반영하는 평가 기준을 선택하는 것이 필요하다.

〈표 7-7〉은 유아용 소프트웨어의 대표적인 평가척도들을 요약하여 제시하였다. 이 외에도 한국교육학술정보원에서는 소프트웨어 품질인증 심의지침을 마련하여 적용하고 있다. 오프라인 교수학습용 콘텐츠를 개별학습용, 자료제시형, 학습 데이터 베이스형, 교육용 게임형, 저작도구형으로 구분하여 각 활용 목적에 따라 심의요소를 다르게 제시하고 있다. 이는 소프트웨어 개발과 질적 향상에 기여하는 바 크다.

일반적으로 소프트웨어 평가도구의 평가 영역은 인종, 다문화사회에서는 반편견의 요소가 강조되는 등 사회와 문화적인 맥락을 반영하는 요소가 첨가되기도 하지만, 대체적으로 내용의 적합성, 발달 및 교육적 가치, 사용 및 지원의 용이성으로 구분될 수 있다.

〈표 7-7〉 소프트웨어 평가 시스템

평가 시스템	연령범위	주요 준거요인	특징적 요소	평가방법
Haugland & Shade의 소프트웨어 평가척도 (1971)	3~8	연령적합성	반편견 점수의 공제	• 준거항목별 0, 0.5, 1점으로 평점 • 10개 준거를 합산 후 반편견 점수를 공제 • 총점 7~10점 이면 발달적으로 적합한 소프트웨어
		유아통제성		
		명확한 지시		
		난이도 확장		
		독립적 사용		
		비폭력성		
		과정지향성		
		실제 세계 표상		
		기술적 특징		
		변형		
		반편견		
Children's Software Revue (1998)	3~12	사용용이성	Bologna New Media 상의 평가준거로 적용	• 준거항목별 0, 0.5, 1점으로 평정 • 총점 1~5점의 범위
		유아적합성		
		교육적 가치		
		흥미성		
		디자인 특성		
		전체적 가치		

박선희 (1996)	유아	유아내용측면	내용의 발달적 적합성	유아의 발달적, 교수–학습적, 문화적 측면의 적합성 평가	• 평가영역에 내용, 교수설계, 학습자 지원의 3영역으로 구성 • 1~4점 평정 척도 • 타당도, 신뢰도 검증
			내용의 인지발달 기여도		
			내용의 사회정서발달 기여도		
			내용의 흥미성		
			학습목표의 타당성		
		프로그램내용측면	내용의 타당성		
			내용의 공정성		
			내용의 정확성		
			내용의 교육과정에 통합성		
			내용조직의 적합성		
		교수설계	학습의 과정지향성		
			내재적 동기화 가능성		
			피드백의 적합성		
			개념의 의미화 정도		
			학습과정의 통제성		
			변화의 관찰가능성		
		학습자지원	지시방법의 적합성		
			그래픽의 적합성		
			음향효과의 적합성		
			독립적 사용의 가능성		
			컴퓨터 환경의 조정가능성		
			설명서의 적합성		
			매체의 적합성		
김경철, 박선희, 박정선, 유구종, 조부경 (1998)	유아	내용의 적합성	내용의 발달적 적합성(2)	박선희 평가준거의 평가영역별 요소를 재구성	
			내용의 타당성(1)		
			내용의 공정성(3)		
			내용의 정확성(2)		
			조직의 적합성(4)		
			내용의 인지발달 기여도(4)		
		교육성	내용의 사회정서발달 기여도(2)		
			학습목표의 타당성(4)		
			내용의 교육과정 통합성(2)		

김경철, 박선희, 박정선, 유구종, 조부경 (1998)	유아	흥미성	내용의 흥미성(3)	박선희 평가 준거의 평가 영역별 요소 를 재구성
			그래픽의 적합성(4)	
			음향효과의 적합성(2)	
		교수방법의 적합성	학습과정의 지향성(2)	
			내재적 동기화 가능성(2)	
			피드백의 적합성(3)	
			개념의 의미화 정도(2)	
			학습과정의 통제성(3)	
			변화의 관찰가능성(2)	
		학습자지원	지시방법의 적합성	
			독립적 사용의 가능성	
			컴퓨터 환경의 조정가능성	
			인쇄기능	
			설명서의 적합성	
			매체의 적합성	

5. 웹 사이트 선정

1997년은 CD-Rom 타이틀의 판매가 20억 달러를 차지하는 황금시기였으나, 그 이후 인터넷의 확산으로 점차 축소되고 인터넷을 통한 활용이 급속도로 증가되었다. 특히 웹 사이트가 지니는 다양한 이점과 활용의 편리성으로 인하여 교육현장에서도 수업에 활용하는 빈도가 증가하고 있다.

최근에는 이미 모든 초등학교에 초고속 인터넷 서비스가 제공되고 있으며, 공립 병설유치원에서 교실 내 인터넷 사용이 증가되고 있는 실정이다. 또한 유아관련 인터넷 사이트도 500여 개나 상용화되고 있으며, 유아교육현장에서 교사의 활용도 보편화되고 있는 추세다.

그러나 인터넷 활용에 대한 기초연구와 활용방안에 관한 체계적인 작업이 이루어지지 않고 있으며, 특히 적합한 인터넷 사이트의 선정은 교육의 성과를 결정하는 중요한 요인이 되고 있다. 인터넷 사용이 급증하기 시작한 1990년대 후반부터 웹 사이트의 평가에 대한 필요성과 평가 기준을 모색하는 노력이 이루어지기 시작하였으며, 이들 평가준거를 살펴보면 〈표

〈표 7-8〉 웹 사이트 평가준거

평가시스템	연령범위	주요 준거요인(문항)	특징적 요소
Haugland & Gerzog 발달적 척도 (1999)	3~8세	연령적합성(2)	Haugland & Shade의 소프트 웨어 평가척도와 동일
		유아통제성(4)	
		명확한 지시(4)	
		난이도 확장(3)	
		독립적 사용(1)	
		비폭력성(2)	
		과정지향성(3)	
		실제 세계 표상(3)	
		기술적 특징(8)	
		변형(2)	
		반편견(6)	
Children's Software Revue (1998)	3~12세	사용용이성(5)	Software 문항 보다 평가문항 축소, 안정성과 책임 항목 추가
		안정성과 책임(3)	
		교육적 가치(8)	
		오락성(5)	
		디자인 특성(4)	
		전체적 가치(1~10점)	
Webby Award 평가 기준(1997)		내용	60범주에서 각각 최고의 5 사이트 중 심사자에 의 한 Webby상과 대중의 투표에 의한 People's Voice상을 선정
		구조와 네비게이션	
		시각적 디자인	
		기능성	
		상호작용성	
		전체적 경험	

이경우 외 (2000)	유아	사이트 운영자(1)	사이트 운영자의 공개로 개발자의 정보와 윤리적 책임성에 대한 기준을 포함하고 있다.
		사이트의 주요 내용(1)	
		안정성과 책임성(4)	
		사용의 용이성(6)	
		교육성(7)	
		오락성(5)	
		디자인(5)	
한국교육 학술정보원 (2006. 12 기준)	유·초· 중등	요구분석(4점)	• 학습환경 분석(4)	교수-학습형, 교육 지원형으로 구분하여 각각의 평가 기준을 제시하고 있다.
		교수설계(33점)	• 학습목표 제시(4) • 수준별 학습(1) • 학습요소 자료 선정(10) • 화면 구성 및 배치(9) • 인터페이스 및 진행(9)	
		학습내용(40점)	• 학습내용 선정(15) • 학습내용의 조직(15) • 학습난이도(5) • 학습 분량(5)	
		교수-학습전략 (8점)	• 교수-학습전략 선정(4) • 동기부여 전략(4)	
		상호작용성(4점)	• 학습자와 학습내용 간(4)	
		평가(7)	• 평가내용 선정(2) • 평가방법 선정(3) • 평가도구 적용(2)	
		피드백(2점)	• 평가결과 제공(2)	
		공유유통(2점)	• 메타데이터(2)	
		윤리성(적/부)	• 윤리적 가치문제	
		저작권(적/부)	• 저작권 적용	

7-8〉과 같다.

앞에서 살펴본 바에 의하면, 웹 사이트의 평가준거의 내용이 CD-Rom 타이틀의 평가준거 내용과 상당 부분 중복됨을 볼 수 있다. 그러나 웹 사이트의 경우 추가 또는 강화된 부분은 안정성과 윤리적 책임성의 부분이라 할 수 있다. 웹 사이트를 제작한 주체를 쉽게 파악하기 힘들어 사이트의 내용에 대한 책임소지를 밝히기 어렵다는 문제가 있다. 따라서 사이트 선정 시 사이트 개발자를 게시하고 있는지 점검하는 것도 필요하다.

인터넷 사이트의 평가준거 마련이 유아교육 전문가에 의해 이루어지고 실제 평가단에도 유아교육자들이 참여하는 평가 시스템은 이경우 연구팀(2000)이 개발한 것이다. 그리고 대한어린이교육협회에서 웹 사이트 평가 정보를 제공하였으나, 인터넷 사이트의 평가결과가 지속적으로 공지되지 않는 것으로 나타났다.

특히 한국교육학술정보원에서 실시하는 품질인증제도는 공공기관에 의해 실시되므로 신뢰할 수 있는 출처라 할 수 있으나, 유아용에 관련된 정보는 극히 미흡한 수준이다. 특히 웹 사이트의 평가에 유아교육 전문가의 참여의 문제도 중요하다. 참고로 인터넷의 웹 사이트를 매년 평가하여 수상하는 사이트를 소개하면 〈표 7-9〉와 같다.

우리나라도 유아관련 웹 사이트가 많이 증가하고 있다. 교사뿐 아니라 부모들도 자녀양육에 대한 정보를 위해 활용하는 추세에 있으며, 점점 다양화, 전문화되고 있다. 그러나 유아관련 웹 사이트의 양적 팽창에 비해 신뢰할 수 있는 양질의 정보를 제공하고 있지는 않다는 지적이다. 따라서 공공기관이나 단체가 유아관련 웹 사이트를 평가하고 우수 웹 사이트를 선정하여 발표하는 노력이 필요하다.

〈표 7-9〉 2005년도 수상 웹 사이트

수상부문	수상내역	사이트 명
가족/양육	Webby Award	www.kidhealth.org
	People's Voice Award	www.BabyCenter.co.uk
교육	Webby Award	www.knowingpoe.thinkport.org
	People's Voice Award	Bay Aquaium.org

CHAPTER EIGHT

유아교육에서 컴퓨터의
통합적 적용

학습개요

이 장에서는 유아교육현장에서 통합적 접근의 관점에서 컴퓨터 테크놀로지를 활용에 대한 의미를 살펴보고, 구성주의 관점에서 컴퓨터 테크놀로지를 활용할 경우 고려해야 할 사항을 제시하고자 한다. 또한 유아의 발달 수준에 적합한 컴퓨터 문해능력의 범위와 내용을 제시하여 통합적인 컴퓨터 활용을 위한 교수-학습계획에 기초자료를 제공하고자 한다. 그리고 유아교육현장에서 컴퓨터교육을 통합적으로 적용 실행한 실제 사례를 통하여 구체적인 적용방법에 대해 살펴보고자 한다.

COMPUTER
EDUCATION

1. 컴퓨터의 통합적 접근에 대한 의미

유아에게 발달적으로 적합한 컴퓨터 활용에 대한 논의는 비교적 많은 문헌에서 다루어져 왔으며, 이들은 한결같이 유아교육과정에 통합하여 이루어져야 함을 지적하고 있다. 첨단기술의 급속한 발달로 컴퓨터 사용기술을 중심으로 배우는 것은 쓸모없게 되는 경우가 많고, 오히려 학습을 위한 도구로서 컴퓨터를 활용할 수 있는 능숙함이 요구된다. 이러한 학습을 위한 도구로서의 능숙한 사용은 컴퓨터의 활용이 교실의 수업에서 통합적으로 적용되고, 학습상황에 활용되며, 학습의 환경으로 제공될 때 획득된다. 따라서 유아의 컴퓨터교육은 따로 컴퓨터실에서 학습하거나, 모든 유아들이 정해진 컴퓨터 사용시간 동안 컴퓨터를 사용하여 학습하도록 하는 방식을 배제할 것을 권고하고 있다. 유아에게 제한적 상황에서 컴퓨터 사용만을 허용하면 정교화하는 작업이나 또래교수가 적게 이루어질 뿐 아니라, 도구 중심의 소프트웨어 사용보다는 반복연습 유형의 소프트웨어가 사용되는 경향을 보이기 때문이라는 것이다(Davis & Shade, 1999).

컴퓨터의 활용에서도 통합적 접근이 바람직하다면 이는 무엇을 의미하는지를 고려해 볼 필요가 있다. 아마도 컴퓨터 사용이 유아의 의미 있는 학습을 위한 자연스런 도구로서 효율적으로 사용되고, 기존의 교육과정에 통합되어야 함을 의미한다고 하겠다. 데이비스와 쉐이드(Davis & Shade, 1999)는 컴퓨터의 통합적 적용을 위한 조건으로 다음사항을 고려해야 한다고 하였다. 첫째, 유아가 의미 있고 타당한 목적을 성취하기 위한 도구로서 컴퓨터가 활용되는 총체적 활동의 일환이어야 한다. 둘째, 컴퓨터 활용에 있어 유아들이 학습에 능동적으로 참여할 수 있고, 자신의 개인적 경험을 기초한 지식 구성작업에 컴퓨터를 활용할 수 있어야 한다. 셋째, 컴퓨터를 통해 사회적 상호작용이 활발히 이루어지고 격려되어야 한다. 다시 말하면 컴퓨터 활동으로부터 학습하게 되는 것(learning from computer)은 통합적 적용이 아니며, 유아가 학습을 위해 컴퓨터를 활용하게 하는 것(learning with computer)이 진정한 통합적 적용이라고 보았다.

　　최근 유아교육에서 수용되고 있는 구성주의 접근의 입장을 반영한 교육을 실시하고자 한다면, 컴퓨터 테크놀로지를 교육과정에 통합하기 위하여 프레리(Prairie, 2005)는 〈표 8-1〉과 같은 질문을 고려하여 결정하여야 한다고 하였다. 컴퓨터 테크놀로지의 활용 시 그가 제시한 질문에 기초하여 유아의 교육적 적용을 결정한다면 보다 창의적이고 효율적인 활용이 가능하리라 본다.

〈표 8-1〉　구성주의 교실에서 컴퓨터 테크놀로지의 적용

구성주의 목적	컴퓨터 테크놀로지 사용의 목적
1. 활동이 개방적 탐구를 증진하는가?	1. 컴퓨터 테크놀로지의 사용이 탐구를 하도록 하는가? 2. 유아나 집단에게 발견의 과정을 주는가?
2. 활동이 유아의 지적 능력에 적합한 활동인가?	1. 컴퓨터 테크놀로지의 사용이 숙련의 수준에 따라 도전적으로 디자인되어 있는가? 2. 주제가 이미 알고 있는 것에 기초하고 발견에 흥미를 갖게 하는가? 3. 매번 컴퓨터 테크놀로지의 사용이 새로운 시도를 찾게 하는가 또는 반복적인가? 4. 프로그램 난이도 수준이 융통적인가? 5. 유아가 프로그램을 조절할 수 있는가?
3. 활동이 다양한 범위의 반응을 허용하는가?	1. 컴퓨터 테크놀로지의 사용이 유아의 창의성을 증진하는가? 2. 컴퓨터 테크놀로지의 사용 시 다른 선택이 허용되는가?
4. 활동이 새로운 통찰과 인식을 갖게 하는가?	1. 컴퓨터 테크놀로지의 사용이 단지 순간적 흥미만 유지시키는가? 2. 컴퓨터 테크놀로지의 사용이 이해를 심화하는가, 아니면 의미 없는 교육과정인가?
5. 활동이 유아의 호기심, 참여, 주의집중, 흥미의 유지를 야기시키는가?	1. 활동이 새 통찰과 인식을 이끄는가? 2. 활동이 유아가 현상에 대한 더 깊이 있는 이해를 갖게 하는가? 또는 한 개 혹은 두 개 영역에서의 학습만 하게 하는가?

6. 활동이 대부분 유아에게 생각하도록 하는가?	1. 상황들이 옳고 틀린 답이 없이 개방적으로 끝나는가?
	2. 프로그램이 의미 있는 수준에서 유아들의 사고를 요구하는가 또는 오락적인가?
	3. 컴퓨터 테크놀로지의 사용이 유아와 교사 간의 협동을 촉진하는가?

출처: Arleen Pratt Prairie, 2005.

2. 유아 컴퓨터 문해를 위한 교육과정

유아의 교수-학습에 컴퓨터를 통합적으로 활용하기 위해서는 우선 컴퓨터 활용기술이 획득되어야 하기 때문에 이에 대한 기준이 필요하다. Texas A & M University의 유아발달연구소(2001)에서 제시한 컴퓨터 활용의 범위와 연속을 살펴보면 〈표 8-2〉와 같다.

〈표 8-2〉 컴퓨터 활용의 범위와 수준별 연속

strand	학년수준	과업	학생활동	응용
의사소통	PreK-3	의사소통의 형태로서 그리기와 프린트의 개념 소개	스크린에 그리고 쓰고, 또래나 특정인에게 자신의 아이디어를 설명	Kidpix
	PreK-3	그래픽이 의미를 나타냄을 인식	소방수가 화재현장에 가서 불을 끄는 그림의 연속을 함께 붙이기	
	유치원	크고 진한 것이 주의집중을 위해 디자인되었다는 것을 이해	신문을 보고 표제를 인식	Clairis Works
	1학년	아는 사람에게 이메일 보내기	인터넷을 열어 준비한 메시지를 이메일로 보내기	야후, 네이버
	2학년	전자게시판에 메시지 게시	NASA에서 필요한 정보를 요청	야후, 네이버

strand	학년수준	과업	학생활동	응용
컴퓨터의 기초	PreK-3	기본 용어 소개(모니터, 키보드 등)	망가져도 되는 오래된 컴퓨터를 재조립하여 봄	Kidpix
	PreK-3	일이나 놀이에서 사용되는 테크놀로지 인식	컴퓨터를 사용하는 학교 견학	지역학교
	유치원	정확한 사용과 관리를 시범	손가락을 사용하여 마우스 클릭	Kidpix, Broderbound stories
	1학년	워드프로세서를 사용하여 단어와 문장을 입력	집단쓰기에 참여	Kidpix, Clairis Works
	2학년	정보-첨단기술사회에서 중요한 수단	정보 테크놀로지 이슈를 토의(해킹 등)	인터넷 탐색

strand	학년수준	과업	학생활동	응용
문제해결	PreK-3	테크놀로지가 기능을 가진다는 인식 발달	테크놀로지의 다양한 형태 보여 주고 유아들의 사용에 대한 이해를 증진(TV, 디지털카메라, 컴퓨터)	Clairis Works
	PreK-3	테크놀로지가 어떻게 사람을 돕는지 토의	컴퓨터를 사용하여 편지, 뉴스, 집에 대해 쓰는 활동을 시범해 보임	Clairis Works
	유치원	문제해결을 돕기 위해 데이터 수집 그래프 작성	차와 버스 타는 아이	Kidpix, Graph Club
	1학년	교실에서 Data base Library book	교실의 도서대여 현황 점검	Clairis Works
	2학년	시뮬레이션 소프트웨어 사용	상자곽으로 도시의 모형을 만들고 컴퓨터와의 작업을 비교	Sim Town

strand	학년수준	과업	학생활동	응용
정보획득	PreK-3	짧은 이야기 말하기	교사가 컴퓨터로 이메일을 가능하도록 이야기를 받아 적음	Clairis Works
	PreK-3	조작적 물체나 소프트웨어를 사용하여 다른 속성을 분류하기	도형을 드래그하여 분류	Clairis Works
	유치원	필요한 정보를 제공하는 소프트웨어를 선택	교사가 만든 프로필을 선택	Kidpix, Graph Club
	1학년	교실의 멀티미디어를 사용하여 연속 이야기 만들기에 참여	멀티미디어 스토리 기반	Clairis Works
	PreK-3	짧은 이야기 말하기	생일, 색, 애완동물들의 수집 정보를 그래프, 차트로 표현	Sim Tour

유아교육에서 컴퓨터의 통합적 적용을 위해서는 컴퓨터가 의사소통, 컴퓨터의 기초, 문제해결, 정보획득을 위해서 활용되어야 하며, 각각의 연령이나 학년별로 다룰 수 있는 범위와 연속의 제시는 활용 가능한 지침이 될 수 있을 것이다.

3. 컴퓨터 통합적 접근의 적용 단계

유아교육에 컴퓨터를 통합한 접근을 하기 위한 적용 단계에 대해 별도의 분리된 교육이 아닌 유아교육과정에 통합될 수 있는 방안으로 데이비스와 쉐이드(Davis & Shade, 1999)는 다음과 같이 제시하고 있다.

(1) 제1단계: 주제 정하기

흔히 교사들은 컴퓨터를 활용하려면 어떤 주제가 적합할지를 먼저 고려한다. 그러나 교사들이 크레파스를 사용하도록 하려면 어떤 주제를 가르칠지를 고려하지 않는다. 오히려 적합한 단원을 정하고 관련 학습목표를 정한 후 활동방법과 사용할 자료를 선택한다. 이와 같이 교사는 우선 유아의 생활에 관련이 있고 의미 있는 탐구주제를 선택하는 것으로 시작해야 할 것이다. 특히 주제의 선정은 유아에게 중요한 의미를 가질 수 있으며, 지속적으로 깊이 있게 탐구할 수 있고, 사고와 경험을 확장시킬 수 있는 것을 선정해야 한다. 이를테면 '봄' 이나 '이웃' 보다는 '공룡' 이나 '물' 이 보다 탐색의 내용이 풍부하고 깊이 있게 탐구할 수 있는 주제라고 할 수 있다.

(2) 제2단계: 개념 정의하기

만약 적당한 주제를 선정하였다면, 이를 통해 탐구할 주요 개념을 설정하는 작업을 해야 한다. 유아가 탐구를 통해 다루거나 생각해 보아야 할 개념은 인식, 명명, 사실의 이해보다는 관계성을 유추할 수 있는 것으로 설정해야 한다. 예를 들면, 고래는 인간과 비슷하기도 하고 다르기도 하다.' '인간은 오랫동안 고래를 필요로 하였다.' 등의 내용이 개념이 될 수 있다.

(3) 제3단계: 개념을 여러 개의 요소로 나누기

앞의 예에서 '고래가 인간과 비슷하기도 하고 다르기도 하다.' 는 개념을 위해 '고래는 가족단위로 이동한다' '고래는 사회적이다' '고래는 새끼를 기른다' '고래는 인간과 같이 물속에서 숨을 쉴 수 없다' 등으로 나눈다. 이들 요소에 기초하여 구체적인 활동을 계획하게 될 것이다.

(4) 제4단계: 각 요소에 관한 탐구를 위해 가장 적합한 활동과 자료에 대해 결정하기

어떠한 교수상황이든 어떠한 활동이든 유아의 탐구를 가장 잘 지원할 수 있는 매체를 선택하여야 한다. 때로는 전통적 활동자료가 가장 적절할 수 있고, 때로는 컴퓨터가 가장 적절할 수 있다. 예를 들면, 전통적으로 사용하였던 매체인 고래 내부구조가 그려진 그림책을 보고 시각적 지각을 통한 이해만이 가능하였다면, 컴퓨터를 사용할 경우에는 3D로 내부의 여러 부분을 해부하여 보는 모의실험이 가능하여 가상적 경험을 통한 이해를 제공할 수 있어 더욱 효과적인 매체가 될 수 있을 것이다. 따라서 탐구를 위해 때로는 컴퓨터가 보다 효과적 상황의 제시와 탐색을 가능하게 할 수 있다면, 컴퓨터의 활동은 이 주제의 학습에 중요한 역할을 하여 효과적인 통합적 적용이 될 수 있을 것이다. 그러나 주제에 따라 다양한 영역에 활용이 가능하다고 하여 통합적 적용은 아니다. 진정한 통합적 적용은 유아가 자신의 목적을 성취하기 위해 학습에 적절한 방법으로 활용하게 될 때라고 할 수 있다.

4. CD-Rom 타이틀을 활용한 교수–학습의 예

CD-Rom 타이틀을 활용한 교육적 적용의 모델이 1998년 KBS 영상사업단과 한국교육정보원의 지원연구에 의해 제시되었다(이경우, 김명순, 류지후, 박정선, 이현옥, 조부경, 홍혜경, 황보영란, 1998). 그 후 현장에서 다각적인 교육적 활용이 이루어지고 있으며, 유치원에서 생활주제와 통합하여 활용한 사례를 중심으로 살펴보면 다음과 같다. 이 유치원은 전남지역에 있는 공립유치원으로 연령은 만 5세반이며, '여름'이라는 생활주제를 다룰 때 컴퓨터를 통합적으로 활용하였다.

〈교수 –학습계획안〉
☐ 활동주제: 모래성
☐ 활동목표
  • 여러 가지 재료와 도구를 활용하여 모래성을 자유롭게 만들고 꾸며 본다.
  • 모래성 만들기에 사용된 도구의 수에 관심을 가진다.

□ 활동주제망

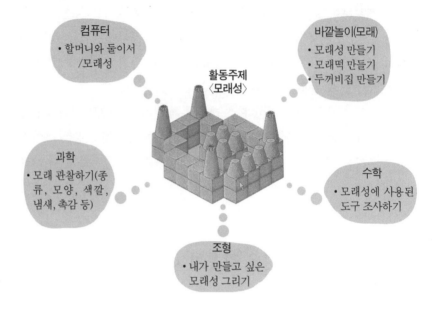

컴퓨터
• 할머니와 둘이서
/모래성

바깥놀이(모래)
• 모래성 만들기
• 모래떡 만들기
• 두꺼비집 만들기

활동주제
〈모래성〉

과학
• 모래 관찰하기(종류, 모양, 색깔, 냄새, 촉감 등)

수학
• 모래성에 사용된 도구 조사하기

조형
• 내가 만들고 싶은 모래성 그리기

□ 사전활동: 컴퓨터/모래성 쌓기

• 소프트웨어 명: 할머니와 둘이서/모래성 쌓기
• 소프트웨어 개발 회사: 아리수미디어

〈활동방법〉

• '할머니와 둘이서'를 실행한다.

• 메뉴에서 '모래성 만들기'를 선택하여 활동을 하게 한다.

• 모래성 만들기에 사용될 도구들을 탐색한다.
 − 모래성을 쌓기 위해 어떤 도구들이 있는지 알아보자.
 − 이것들(양동이, 삽, 조개바구니, 물뿌리개 등)로 무엇을 할 수 있을까?
• 양동이 모양의 그림자가 생기는 곳에 모래성이 쌓아진다.
 − 돌, 깃발, 조개들은 어떻게 사용할 수 있을까?
• '모래성책(아이콘)'을 선택하여 원하는 모래성을 찾아 그림에 나오는
 성에서부터 시작할 수 있다.

• 도구들을 활용하여 모래성을 만들어 본다.
• 다 만들어진 모래성을 [프린트] (프린트)를 눌러 출력하여 적절한 곳에 전
 시해 준다.

□ 본활동: 수학/내가 만든 모래성에 사용된 도구들 조사해 보기
〈도입〉
• 유아들이 만든 모래성을 소개한다.
• 유아들이 만든 모래성의 이름을 지어 보고 특징을 비교한다.
〈전개〉
• 내가 만든 모래성에 어떤 도구들이 사용되었는지 살펴본다.
 − 어떤 도구들이 사용되었니?
 − 그 도구들을 몇 개나 사용하였을까?
• 유아들이 만든 모래성의 이름, 모양, 사용된 도구들을 조사하여 활동

지에 그림이나 글로 표현해 본다.

〈정리〉

- 유아들이 조사한 활동지를 묶어 수학영역에 둔다.

☐ 사후활동: 바깥놀이(모래놀이)/모래성(모래떡) 만들기

- 모둠별로 어떤 모래성을 만들 것인지 토의한다.
- 모래성(모래떡) 만들기에 필요한 도구들을 준비한다.
- 모둠별로 만들어진 모래성(모래떡)을 감상한다.
- 친구들에게 만들어진 모래성을 소개(이름 등)한다.
- 친구들이 완성한 모래성의 멋있는 점 등을 찾아 이야기한다.

〈활동 모습〉

도구를 사용하는 모습

나뭇잎으로 장식하는 모습

두꺼비집을 만들고 있는 모습

친구들과 이야기하는 모습

친구들이 만들고 있는 모래성을 감상하는 모습

5. 인터넷을 활용한 교수–학습의 예

생활주제가 '동물'인 주에 혼합연령반 유아가 관심 있어 하며 제기한 '오리'를 중심으로 학습활동을 진행한 사례다.

〈교수–학습계획안〉

□ 활동주제: 오리

□ 활동목표

• 오리에 대해 관심을 가지고 탐색한다.

• 오리의 특징을 이해한다.

□ 활동주제망

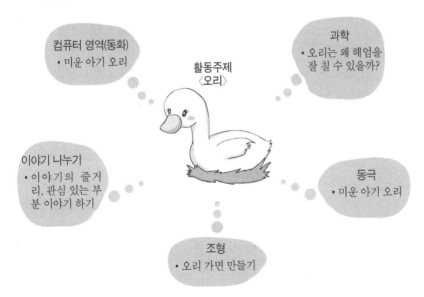

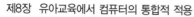
□ 사전활동: 동화듣기/미운 아기 오리

• 웹사이트: http://kr.kids.yahoo.com/
　　　동화나라/인기동화/이솝우화-미운 아기 오리 1, 2

〈활동방법〉

• 인터넷 주소창에 http://kr.kids.yahoo.com을 입력하거나, '야후꾸러
기'를 검색하여 실행시킨다.

• '야후꾸러기/동화나라/인기동화/이솝우화-미운 아기 오리 1'을 순서
대로 클릭하여 실행한다.

• '미운 아기 오리 1'이 실행되면 [크게 보기] 단추를 클릭하여 전체화
면으로 동화를 감상한다.

• 동화 듣기가 끝나면 [나가기]를 눌러 '미운 아기 오리 2'를 실행하여
동화를 감상한다.

□ 본활동: 이야기 나누기/오리

〈도입〉

• 나는 누구일까요? 수수께끼를 낸다. (오리)

– 나는 알을 낳지요.

– 물에 살아요.

– 발에는 물갈퀴가 있어요.

• 다 함께 '무엇을 주련' 노래를 부른다.

• 노랫말을 바꿔서 불러 본다.

– "오리야, 오리야, 나에게 무엇을 주련? 꽥 꽥 꽥 꽥 맛있는 오리알을
 주지."

〈전개〉

• 오리의 대해 이야기 나눈다.

– 오리를 본 적 있니? 어디서 보았니?

– 오리의 생김새 또는 아는 것에 대해 이야기해 보자.

• 오리의 여러 이미지와 소리, 동영상을 함께 본다.

웹사이트: http://100.naver.com/100.php?di=115150
네이버/백과사전/오리/이미지목록보기, 사운드, 동영상자료

– '백과사전/오리/이미지 목록 보기/슬라이드 쇼'를 실행하여 오리에
 대한 그림자료들을 본다.

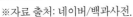

※자료 출처: 네이버/백과사전.

- '백과사전/오리/사운드 or 동영상'을 실행하여 오리에 대한 소리와 동영상 자료들을 본다.

 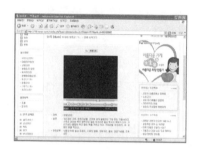

※자료 출처: 네이버/백과사전.

• 오리의 특징에 대하여 이야기를 나눈다.

교사: 오리의 발은 어떻게 생겼니? 왜 물갈퀴가 있을까?
유아: 오리의 다리는 짧으며, 앞을 향한 3개의 발가락 사이에 물갈퀴가 있어요.
교사: 그렇구나.
유아: 이 물갈퀴는 배에 있는 노의 역할을 합니다.
　　　물을 밀치는 일, 몸을 물에 뜨게 하는 일 등에 도움을 준답니다.
교사: 부리는 어떻게 생겼니?
유아: 오리의 부리는 편평하며, 양쪽 가장자리는 빗살 모양이며, 물을 걸어서
　　　낟알이나 수중의 생물 등 먹이를 잡아먹기 알맞게 되어 있어요.
교사: 깃털은 어떤 역할을 할까?
유아: 오리의 깃털은 물에 젖지 않아 물에서 가라앉지 않고 떠 있을 수 있어요.
교사: 오리의 몸에서는 지방(기름)이 분비되어 깃털이 물에 젖지 않기 때문에
　　　물에서 생활하는 데 편리하답니다.

〈정리〉
• 오리의 특징적인 생김새에 대해 이야기 나눈다.
　- 오리에 대해 알게 된 것은 무엇인지 이야기해 보자.

☐ 사후활동: 과학활동/오리는 왜 헤엄을 잘 칠 수 있을까?
• 오리가 어떻게 헤엄을 잘 칠 수 있었는지 이야기 나눈다.
　– 물갈퀴가 있다.
　– 발이 뒤쪽에 달려 있어서 몸을 훨씬 앞으로 밀려 나가게 한다.
　– 몸에서 기름을 내뿜는다.
• 물과 기름의 성질에 대하여 실험을 한다.
　– 물이 들어 있는 컵에 잉크를 한 방울 떨어뜨려 섞이는 모습을 관찰
　　한다.
　– 물에 기름을 한 방울 떨어뜨려 섞이지 않는 모습을 관찰한다.
　– 기름종이에 붓으로 물을 찍어 발라 어떻게 되는지 관찰한다.
　– 기름종이에 붓으로 기름을 찍어 발라 어떻게 되는지 관찰한다.

〈활동자료〉

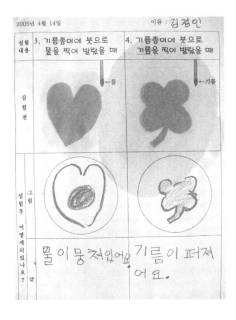

6. 유아의 활동과 작업의 기록

유아들의 학습과정과 성취에 대한 평가는 객관화된 검사도구를 사용하기보다는 유아가 직접 참여한 활동의 과정과 작업의 결과물을 통한 수행평가가 활용되고 있다. 특히 컴퓨터 테크놀로지는 프로젝트나 레지오 에밀리아의 접근을 적용하는 교실에서 유아들의 관찰, 기록, 실험, 조사 등의 활동을 기록하고, 공유하는 데 활용적 가치가 더욱 크다고 할 수 있다. 따라서 이러한 유아의 학습과정과 이해의 발달에 대한 자료의 수집과 활용에 컴퓨터 테크놀로지가 손쉽게 활용될 수 있으며, 소베넬과 비위크(Thouvenelle & Bewick, 2003)는 컴퓨터 테크놀로지 활용의 구체적 방안을 다음과 같이 제시하고 있다.

첫째, 개인적 컴퓨터 활용의 기록으로, 유아가 선택하여 사용한 소프트웨어의 종류와 빈도뿐 아니라 유아의 관심과 선호에 대해 인식하는 데 도움이 된다. 또한 유아의 사용목록을 통해 각 소프트웨어에서 연습한 개념이나 기술과 유아의 과제집중에 대한 정보도 얻을 수 있다. 더욱이 교실에서 모든 유아가 선호하며 활용하는지의 정보는 교사가 추후 교수계획과 소프트웨어 구입과 교체에 활용할 수 있다.

둘째, 유아의 다양한 이야기 꾸미기나 쓰기 또는 그리기 활동의 분석으로, 유아의 이야기를 받아 적거나, 유아가 직접 작성한 글은 프린트하여 유아의 언어능력의 양적 분석자료로 활용할 수 있다. 이를테면 유아가 표현한 어휘, 단어의 수, 문장의 구조 등을 통해 발달적 수준을 분석할 수 있으며, 장기간 수집된 분석자료는 유아의 발달적 변화에 대한 정보를 제공할 수 있다.

셋째, 유아의 다양한 결과물의 공유로 유아가 선택한 자신의 활동에 대한 결과물이나 사진을 교사, 부모, 또래와 공유하는 데 활용될 수 있다. 특히 유아 자신이 무엇을 선택할지를 결정하게 하는 것은 자신에게 무엇이 중요하고, 무엇을 공유할지를 결정하게 하므로 자기평가의 기회를 갖게 되며, 결국 평가과정에 유아를 참여 시키는 것이 될 것이다.

　요약하면 컴퓨터 테크놀로지는 유아의 탐색, 조사, 구성, 표현 등을 위한 도구로서 교육과정에 통합적으로 활용될 수 있다. 또한 컴퓨터 테크놀로지는 유아들의 학습과정과 결과를 기록하고 평가의 도구로도 효과적으로 활용될 수 있다.

CHAPTER NINE

유아 컴퓨터교육과 교사

학습개요

이 장에서는 성공적인 컴퓨터 테크놀로지 활용의 결정적인 요인인 교사의 측면에서 컴퓨터 테크놀로지 활용을 위한 교사교육의 전반적 추세를 살펴보고, 교사가 교수매체로서 컴퓨터 수용하는 과정, 유형, 인식, 태도에서의 변화과정을 다루고자 한다. 또한 컴퓨터 테크놀로지 활용을 위한 교사교육의 측면에서 직전교육과 현직교육에 다루어야 할 구체적 내용과 방법을 살펴보고자 한다. 마지막으로 유아교사의 전문성 증진에 컴퓨터 활용이 기여할 수 있는 부분에 대한 이해를 돕고자 한다.

COMPUTER
EDUCATION

1. 컴퓨터 활용을 위한 교사교육의 동향

미래의 사회는 정보화 사회로서 정보나 아이디어가 무한한 가치를 가지며, 모든 분야에서 엄청난 변혁이 일어날 것으로 예측되고 있다. 특히 컴퓨터와 통신 분야가 빠른 변화를 보이는 분야라고 할 수 있다. 21세기 일상생활에 있어 컴퓨터 테크놀로지가 미치는 영향과 비중이 엄청나리라는 것을 부인하는 사람은 없을 것이다. 미래교육에 활용될 수 있는 첨단매체로는 텔레커뮤니케이션, 문서작업, 멀티미디어를 들고 있다. 텔레커뮤니케이션은 이메일 자료 검색, 토론 및 의견 개진, 파일 전송, 지역컴퓨터 네트워킹 등의 활동을 포함할 수 있고, 문서작업은 왜, 무엇을, 누구에게 쓰는지와 관련되어 다양한 교수활동이 가능하며, 멀티미디어는 스캐너, 디지털 오디오, 비디오를 컴퓨터에 추가하는 등 자신의 멀티미디어를 구성해 보는 활동이 될 것이라고 한다(Barone, Berliner, Blanchard, Casanova, & McGrownm, 1996).

더욱이 미래사회의 컴퓨터 테크놀로지는 단지 컴퓨터를 활용하는 데 그치지 않고, 새로운 지식 창출을 위해 활용될 것이다. 이러한 추세에 따라 유아교육 분야에서도 유아의 컴퓨터 문해능력에 대한 요구가 증가됨에 따라 새로운 세기에 교사에게 주어지는 도전은 학습과정을 고무시키는 수단으로 전자매체의 사용방법을 찾아야 하는 것이다(Haugland, 2000). 교육현장에서 컴퓨터 활용의 성패는 교사에게 달려 있다. 따라서 교사교육관련 단체들은 교사교육에 첨단매체의 교육이 필수적인 요소로 포함되어야 함을 강조하는 추세다.

이미 미국에서는 1992년부터 NCATE(National Council for Accreditation of Teacher Education)에서 제시한 교사자격 기준에 컴퓨터 테크놀로지 훈련을 포함시키기 시작하였다. 1996년 NBPTS(National Board for professional Teaching Standards)에서 유아교사는 CD-Rom, 비디오 카메라, 음성합성기

등의 첨단매체 활용의 중요성을 인식하고 있어야 할 뿐 아니라 이에 대한 활용능력을 갖추어야 한다고 지적하고 있다. 또한 NAEYC(1996)도 '테크 놀로지와 유아'에 대한 지침서에서 유아에게 테크놀로지 사용과 관련된 문제에 대한 입장을 밝히고 있으며, 주로 유아를 위한 컴퓨터 테크놀로지 의 교육적 활용에 초점을 맞추고 있다.

더욱이 교사교육에서 첨단매체 활용에 대한 입장은 1997년에 NCATE의 'Technology and the New Professional Teacher'에서 구체적으로 제시하 고 있으며, NEGPS(National Education Goals Panels, 1997)도 모든 교사 교육 에 있어 새롭게 대두되는 첨단매체를 사용할 수 있는 기술을 획득하도록 해야 한다는 것을 국가적 교육목표로 정하고 있다. NCATE의 교사교육에 있어 첨단매체 활용을 위한 권장사항을 살펴보면 〈표 9-1〉과 같다.

〈표 9-1〉 교사교육에 있어 효율적인 첨단매체 활용을 촉진하기 위한 NCATE의 지침

1. NCATE는 학교, 대학 그리고 교육관련학과는 교사교육을 위한 개념적 모델을 강화하 는 첨단매체에 대한 계획과 비전을 가지도록 해야 한다.

　　개념적 틀을 형성하는 데 있어 각 기관은 컴퓨터가 유아교육기관~고등학교 까지 각자의 교사교육 프로그램에 미치는 영향을 인식해야 한다. 각 기관의 비 전은 그것이 어떻게 실현되어야 하는지를 지적하는 계획을 포함하여야 한다. 계 획에 대한 세부사항과 비전에 대한 정확한 진술은 각 기관마다 다양할 것이다. 중요한 것은 각 기관이 첨단매체를 통하여 이용 가능한 기회를 실현하도록 할 구체적 과정을 가져야 한다는 점이다.

　　첨단매체 활용 계획에 있어 구성요소로는 첨단매체 사용에 대한 목적, 목표, 결과, 어떠한 장비와 소프트웨어가 구비되어야 하는지, 첨단매체를 위한 필수항 목은 어떻게 설정될 것인지, 교수와 직원 개발은 어떻게 해야 하는지, 대학의 노 력들이 공립학교 계획과 어떻게 연결되고 어떻게 강화되는지, 인터넷 접속을 어 떻게 할지, 첨단매체가 교사교육 모델의 끊임없는 개선 및 노력을 어떻게 지원 할 수 있는지, 그리고 교사교육의 교육단위에서 컴퓨터 수행능력에 대한 기대 수준은 어느 정도인지와 같은 항목들이 포함될 수 있다.

2. 교사교육을 위한 미국대학연합회(AACTE)와 같은 다른 전문기관과 함께 NCATE는 각

학교, 대학 그리고 교육관련학과에서는 다양한 기능과 역할을 수행하는 데 있어 현대의 의사소통 수단인 컴퓨터의 이용을 탐색하고 확립하도록 격려해야 한다.

NCATE의 인증을 받은 모든 기관은 세계 각국의 전산망을 통하여 접근 가능하도록 하는 것이 목표가 되어야 한다. 전산망 컴퓨터는 프로그램, 교수, 교과목 그리고 교사가 되기 위한 개념적 모델에 대한 정보를 제공할 수 있고, 교수와 학생 사이의 의사소통을 촉진하며, 학생들이 학습자료를 이용하도록 하고, 또한 인증 과정을 촉진하는 데 사용될 수 있다. NCATE 인증기관의 교육단위는 전산망 컴퓨터를 다양한 방법으로 이용하도록 유도해야 한다. 이러한 기관의 졸업생은 전문 분야와 컴퓨터의 교실 적용에 완전히 능숙해야 한다.

3. AACTE와 같은 다른 전문적인 기관과 함께 하는 NACTE는 21세기를 대비한 교사교육에 있어서 컴퓨터의 모범적인 실제를 모든 관심 있는 기관이 인식하고, 활용하도록 해야 한다.

컴퓨터 실제에 대해 이제 막 시작한 기관은 이미 제기된 몇 가지 질문에 대한 답을 발견한 다른 교육기관으로부터 배울 필요가 있다. NCATE는 컴퓨터에 있어 모범적인 실제를 확인하는 웹 페이지를 전시할 수 있다(이것은 컴퓨터와 더불어 다른 영역에서도 발생할 수 있다). 확인된 기관의 웹 페이지의 연결로 인하여 더 많은 정보와 모범적인 실제를 발견할 수 있을 것이다.

NCATE의 웹 페이지는 다양한 기관에 있어 모범적인 실제의 척도를 창안하는 것을 도울 수 있다. 이런 모델은 미래에 대한 비전을 자극할 수 있고, 효율적인 계획과정에 대한 실례를 제시하며; 새로운 컴퓨터 적용에 대한 시범을 제공하며 교육과정 실제, 협동학습, 교사발전 그리고 P-12학년, 대학 내에서 다른 부서 그리고 사회와의 더 나은 연계를 촉진시키는 교사교육문화 변화의 실제 예를 제시할 수 있다. NCATE는 교사교육자가 컴퓨터와 교사교육에 대한 연구를 수행하는 기관으로부터 이용 가능한 자원을 안내한다.

출처: National Council for Accreditation of Teacher Education (1997). "Technology and the New Professional Teacher" : Preparing for the 21st Century Classroom.

또한 1998년 ISTE(International Society for Technology in Education)에서는 이러한 교사교육단체의 입장뿐 아니라 테크놀로지 활용을 위한 기준과 교사의 수행지표를 현장적용적 맥락에서 구체적으로 제시하고 있다. ISTE의 교사를 위한 전국 교육공학 기준을 살펴보면 〈표 9-2〉와 같다.

〈표 9-2〉 ISTE의 교사를 위한 전국 교육공학 기준

1. 테크놀로지 조작과 개념
- 테크놀로지에 관한 개념의 이해와 기초지식, 기술을 갖추어야 함
- 새로 대두되는 테크놀로지를 따라가기 위해 지식과 기술의 지속적 성장을 해야 함

2. 학습환경과 경험을 계획하고 설계
- 다양한 학습자의 요구를 지원하기 위해 증진된 교수전략인 테크놀로지를 적용하는 발달적으로 적합한 학습기회를 설계
- 학습환경과 경험을 계획할 때 테크놀로지를 활용한 교수-학습에 관한 최근 연구를 적용
- 테크놀로지 자원을 인식하고 찾고 정확성과 적합성을 위한 계획을 평가
- 학습활동의 맥락에서 테크놀로지 자원의 관리를 계획
- 테크놀로지 증진 환경에서 학생 학습을 관리하기 위한 전략을 계획

3. 교수, 학습 그리고 교육과정
- 내용 기준과 학생 테크놀로지 기준에 따른 테크놀로지 증진 경험을 촉진
- 다양한 학생의 요구를 반영한 학습자 중심 전략을 지원하기 위해 테크놀로지를 사용
- 학생의 상위기술과 창의성의 발달을 위해 테크놀로지를 적용
- 테크놀로지 증진 환경에서 학습자 학습활동을 관리

4. 평가
- 다양한 평가기술을 사용하여 교과의 학습을 평가하는 데 테크놀로지를 적용
- 교수적 실제를 증진하고 학생의 학습을 극대화하기 위하여 자료를 수집하고 분석하며 결과를 해석

5. 생산성과 전문성 실행
- 전문성 발달과 평생학습에 참여하기 위해 테크놀로지 자원을 사용
- 학생의 학습을 지원하기 위한 테크놀로지 사용에 대한 결정을 하기 위해 지속적으로 전문성 실행을 반성하고 평가
- 생산성을 증진시키기 위해 테크놀로지를 적용
- 학생의 학습을 증진하기 위해 동료, 부모, 지역사회와 의사소통하고 협동하는 데 테크놀로지를 사용하고, 찾아낸 것을 의사소통하기 위해 테크놀로지 자원을 이용

6. 사회적, 윤리적, 법적 그리고 인간 이슈
- 사용에 관련된 법적, 윤리적 실행에 대한 시범을 통해 가르침
- 다양한 배경, 특성, 능력을 가진 학습자를 함양하기 위해 테크놀로지를 적용
- 다양성을 확고히 하는 데 테크놀로지 자원을 인식하고 사용하기
- 테크놀로지 자원의 안전하고 건강한 사용을 증진
- 모든 학생에게 테크놀로지 자원에의 동등한 접근을 촉진

출처: International Society for Technology in Education (1998).

2. 컴퓨터 활용에 대한 유아교사의 수용태도 및 인식

1) 교사의 교수매체 수용의 유형

일반적으로 컴퓨터라는 새로운 매체의 수용이 늦게 이루어진 분야는 아마도 교육 분야이며, 그중에서도 유아교육 분야는 더욱 늦은 편이라 할 수 있다. 새로운 교수매체가 대두될 때마다 이를 수용하는 교사들의 유형은 매우 다르다. 이를 소베넬과 비위크(Thouvenelle & Bewick, 2003)는 아주 흥미롭게 분류하여 제시하고 있다. 이를 살펴보면, 첫째 유형으로 새로운 것은 항상 적극적으로 시도하려는 유형으로 '내가 첫 번째야'다. 이를테면, 새로운 것을 앞장서서 배우고 교육현장에 적용해 보려는 개척자형 유형이다. 둘째 유형으로는 새로운 것에 대해 관심을 가지고 비교적 먼저 수용하려는 유형으로 '어떻게 하는지 나에게 물어봐'다. 주로 남들보다 먼저 시도한 경험과 지식을 다른 사람에게 알려 주려는 선도자형 유형이다. 셋째 유형으로는 남들이 시도하는 것을 지켜보며 신중하게 수용하는 유형으로 '첫 번째도 마지막도 아닌' 추종자 유형이다. 넷째 유형으로는 많은 사람이 시도하고 해야 한다는 분위기에 소극적으로 수용하는 유형으로 '해야 한다니까 하는' 수용자 유형이다. 다섯째 유형으로는 매우 조심스럽게 새로운 것의 사용에 소극적인 유형으로 다들 하니까 '마지못해 하는' 회의자

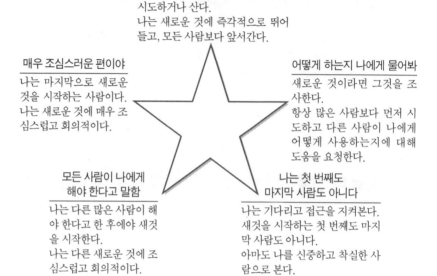

내가 첫 번째야
새로운 것이 있다면, 즉시 그것을 시도하거나 산다.
나는 새로운 것에 즉각적으로 뛰어들고, 모든 사람보다 앞서간다.

매우 조심스러운 편이야
나는 마지막으로 새로운 것을 시작하는 사람이다.
나는 새로운 것에 매우 조심스럽고 회의적이다.

어떻게 하는지 나에게 물어봐
새로운 것이라면 그것을 조사한다.
항상 많은 사람보다 먼저 시도하고 다른 사람이 나에게 어떻게 사용하는지에 대해 도움을 요청한다.

모든 사람이 나에게 해야 한다고 말함
나는 다른 많은 사람이 해야 한다고 한 후에야 새것을 시작한다.
나는 다른 새로운 것에 조심스럽고 회의적이다.

나는 첫 번째도 마지막 사람도 아니다
나는 기다리고 접근을 지켜본다.
새것을 시작하는 첫 번째도 마지막 사람도 아니다.
아마도 나를 신중하고 착실한 사람으로 본다.

[그림 9-1] 교사의 교수매체 수용 유형

유형이다. 아마도 교사들은 이 다섯 가지 유형 중 하나에 속하게 될 것이며, 이들이 어떠한 유형인가에 따라 활용 정도와 효율성에 차이가 있을 것이다.

2) 컴퓨터 활용에 대한 유아교사의 수용태도

유아교육에 컴퓨터를 도입하여 활용하는 것에 대한 교사의 수용 형태는 컴퓨터 관련 경험과 함께 변화되어 간다. 교사가 컴퓨터를 수용하는 과정에서 나타난 태도의 변화를 버클라이트너(Buckleitner, 1995)는 3단계로 나누어 설명하고 있다. 첫 번째 단계는 유아교육에 컴퓨터를 도입하는 것에 대한 회의를 나타내는 회의기라 볼 수 있다. 대체로 교사들은 컴퓨터 도입 초기에 컴퓨터가 너무 복잡하고 비싸서, 또한 유아들이 사용하기에 부적절하지 않을까 하는 우려와 유아에게 구체적이고 직접적인 경험을 통해 지식을 구성하도록 하여야 하는데 컴퓨터는 2차원의 평면에서 다루어지므로 유아의 교수매체로는 부적절하다는 인식 때문에 컴퓨터 수용을 꺼린다. 더욱이 컴퓨터와의 활동으로 인해 유아끼리의 놀이나 사회적 상호작용이 부족할 것에 대한 우려 등으로 인해 교사가 교실에 컴퓨터 도입을 고려할 때 이러한 우려나 인식으로 인하여 회의기를 갖게 된다.

　이러한 인식은 초창기 인터넷 활용에서도 마찬가지로 적용되어 인터넷 수용에서도 회의기를 보였다. 대체로 컴퓨터가 도입되기 시작한 1980년대에 많이 제기되었던 수용태도이며, 교사가 교실에서 컴퓨터의 도입을 고려할 때 나타나게 된다. 그러나 최근에 실시한 유치원 교사와 원장을 대상으로 한 전국조사 결과에 의하면(유구종, 김종난, 2002), 4.3% 정도만이 발달에 부적합한 것으로 인식하고 있다고 보고하고 있다. 따라서 유아교육 전문가들은 교사들이 이미 회의기를 넘어선 것으로 볼 수 있다.

　두 번째 단계는 유아들이 컴퓨터를 사용하는 과정을 관찰하면서 종전에 가졌던 교사의 회의적인 태도가 바뀌고 호기심이나 관심을 갖게 되는 탐색기다. 무엇보다 유아들은 컴퓨터 활동 동안 또래와의 상호작용이 활발할 뿐 아니라 교육적 가치가 있는 기존의 다른 활동의 참여에 영향을 주지 않는 것 등 긍정적인 면에 대해 교사가 새롭게 인식하게 된다. 또한 컴퓨터의 사용 경험을 통해 우려했던 유아의 컴퓨터 조작에 대한 어려움이 많지 않을 뿐 아니라 고장도 그리 문제가 되지 않음을 알게 되는 시기라는 것이다. 그러나 여전히 교사는 기술적 측면에서 전문가의 도움이나 지원을 필요로 하며, 효과적 활용에도 점차 관심을 갖기 시작한다.

　세 번째 단계는 교사가 유아와 컴퓨터 활용에 대한 경험을 통해 긍정적인 태도를 갖게 되고 적극적으로 활용하려는 열광기다. 교사는 유아가 컴퓨터를 활용하도록 유도하지 않아도 유아 스스로 선택하고 학습활동에 몰두할 수 있음을 알게 된다. 또한 교사는 더 이상 컴퓨터가 유아의 사고와 동떨어진 실제 세계에 대한 추상적인 해석이라 생각하지 않고, 유아에게 능동적이고 구체적인 경험을 줄 수 있다는 확신을 갖게 된다. 더욱이 교사는 기존 유아교육과정에 컴퓨터의 통합적인 사용을 위해 적극적으로 효과적인 교수방법을 개발하거나 적용하려는 시도를 하며, 교육적으로 바람직한 소프트웨어의 선정에도 관심을 갖게 되는 시기다.

이러한 교사의 컴퓨터 수용에 대한 태도 변화에는 물론 유아교육에 컴퓨터의 활용에 대한 직접 경험뿐 아니라 또래 교사와의 공유와 지원, 관련 연구와 효과적인 교수방법에 대한 문헌들의 증가 요인에 영향을 받을 것이다.

한편, 코리(Cory, 1983)는 교사가 수업에 컴퓨터를 수용하는 과정을 단계적으로 설명하고 있다. 첫 번째 단계는 교사가 다른 교사들처럼 컴퓨터를 구입하고 설치해놓는 단계다. 교사는 컴퓨터 문해능력과 컴퓨터 보조학습과의 차이를 구분하지 못하고, 소프트웨어나 지원자 개발에는 관심을 보이지 않는다. 따라서 이 단계는 컴퓨터 설치에 관심을 보이고 활용 면에 있어서는 초보단계라 하겠다. 두 번째 단계는 혼돈의 시기로서 컴퓨터 문해능력과 컴퓨터 보조학습과의 차이를 구분하게 되지만 여전히 하드웨어에 관심이 크며, 워크숍이나 한두 강좌 정도 컴퓨터 활용에 대한 강의에 참여한다. 이 단계에는 교사에 따라 컴퓨터에 대해 쉽게 열광적이 되거나 아니면 매우 두려워하는 태도를 보이며, 수용하기 어려워하기도 한다. 세 번째 단계는 모든 것을 종합할 수 있는 시기로서 하드웨어에는 관심이 적고 전문적으로 개발된 다양한 소프트웨어 구입에 관심이 크다. 이 단계에서는 컴퓨터를 완벽한 교수매체로 보거나 아주 저항적이게 되기도 하지만 대부분 흥미를 갖고 두려움이 없어지며, 수용적 태도를 갖게 된다. 따라서 이 단계에서는 컴퓨터의 다양한 활용방법에 대해 관심을 보인다. 네 번째 단계는 완전히 활용할 수 있는 단계로서 특정 하드웨어나 소프트웨어 구입을 계획하고, 소프트웨어 활용을 위한 자원이나 지원망을 지속적으로 구축한다. 또한 학교 내에 있는 컴퓨터 전문가에게 지원을 받기도 하며, 교육과정에 적합한 소프트웨어나 필요한 강좌를 찾아 수강하기도 한다. 따라서 이

단계에서는 교수매체로서의 가치와 역할을 충분히 인식하고 보다 적극적
으로 컴퓨터를 활용하게 된다.

또한 컴퓨터 테크놀로지를 교수에 통합하는 과정도 교사가 수용하는 과
정과 유사하며, 이를 요약하면 〈표 9-3〉과 같다.

〈표 9-3〉 컴퓨터 테크놀로지를 교수에 통합하는 단계(Sandholtz et. al., 1997)

단계 1	도입(entry)	• 교사는 테크놀로지를 사용하지 않고, 편하게 생각하지 않는다.
단계 2	채택(adoption)	• 교사는 전통적 방법을 지원하기 위해 테크놀로지를 사용한다. • 교사는 관리 문제를 익혔지만 교수 스타일은 바꾸지 않는다.
단계 3	적응(adaption)	• 교사는 테크놀로지가 시간을 절약하고, 상위 수준의 사고를 수행하도록 함을 안다. 더 나은 피드백을 주기 위해 그들의 교수 스타일에 적용한다.
단계 4	전용(appropriation)	• 교사는 교수의 새로운 방법을 개발하기 위해 컴퓨터 의사소통의 협동적 양상을 활용하기 위해 테크놀로지 사용의 기술과 자신감을 가진다.
단계 5	창안(invention)	• 교사는 교수와 학습의 개인적 시각과 테크놀로지의 잠재력을 통합한다. • 교사는 새로운 학습환경을 개발하기 시작한다.

위에서 살펴본 바에 의하면, 컴퓨터의 교육적 활용에 대해 수용하는 태
도나 활용하게 되는 과정은 점진적으로 이루어지고 있음을 볼 수 있다. 비
록 최근 연구는 아니지만 랜더홈(Landerholm, 1995)에 의하면, 교사 중 과반
수 이상인 51%가 컴퓨터 활용에 관심을 보이는 1단계에 속하고, 28% 정도
는 전혀 컴퓨터를 활용하지 못하는 0단계다. 14% 정도가 관심을 갖고 활용
을 시도해 보는 2단계이며, 6%가 적극적 활용을 시도하려는 3단계에 있으
며, 충분히 컴퓨터를 교수매체를 활용하고 전문적 활용능력의 증진에 관심
을 갖는 교사는 거의 없는 것으로 나타났다고 보고하고 있다. 이 연구보고
에 의하면, 미국의 교사들도 컴퓨터를 활용하는 능력을 갖추기에는 시간이

필요함을 시사하고 있다. 이러한 경향은 인터넷의 교육적 활용에서도 비슷할 것으로 보인다. 특히 인터넷의 활용에 대해서는 인터넷 보급률이 세계에서 제일인 우리나라의 교사가 교육적 적용에 대한 선도적 역할을 하여야 할 것이며, 이에 대한 다양한 방안의 모색과 효과를 검증하는 노력이 필요할 것이다.

3) 컴퓨터 활용에 대한 유아교사의 인식

미국의 경우 유아교육에 있어 컴퓨터 사용에 대해 유아교사의 90% 이상이 컴퓨터 사용에 긍정적인 인식을 보이고 있으며(Landerholm, 1995), 우리나라의 경우 유아기에 컴퓨터를 실시하는 것에 대하여 윤정은(2002)은 90.1%의 교사들이 효과적이라고 인식하고 있다고 하였고, 이옥기(2001)연구에서는 교사의 95.9%가 필요하다고 인식하는 것으로 보고하였다. 대부분의 유아교사가 컴퓨터 활용에 긍정적임을 볼 수 있다. 특히 평소 컴퓨터를 사용하는 교사가 유아 컴퓨터교육에 더 긍정적인 인식을 보이는 것으로 나타났다(김경철, 유구종, 1994). 이들 보고에 의하면, 유아교사들은 대체적으로 컴퓨터 활용에 긍정적 인식을 갖고 수용하는 입장을 보이는 것으로 볼 수 있다.

또한 유아에게 컴퓨터교육을 실시해야 하는 이유로는 이옥기(2001)의 연구에서는 다양한 경험 39.7%, 컴퓨터와 친숙도를 높이기 23.3%, 미래생활을 준비하기 16.8%, 학습을 돕기 위해서 13.9%, 사고력 향상 5.5% 등으로 나타난 반면, 박선영(2003)의 연구에서는 컴퓨터와의 친숙도 높이기 31.2%, 다양한 경험 25.8%, 교육용 소프트웨어 이용으로 지식 습득 21.5% 순으로 나타나는 등 연구자가 설정한 문항에 따른 차이를 보이고 있다.

그러나 컴퓨터 활동 실시의 적합한 연령에 대한 교사들의 인식조사를 보면, 윤정은(2002)의 연구에서는 만 5세 이상 38.5%, 만 4세 이상 37.0%로 만 4, 5세가 컴퓨터교육을 시작하기에 적합한 연령으로 보고 있다. 한편,

허그랜드(Haugland, 2000)도 컴퓨터를 사용하는 적합한 연령으로 감각적 탐색을 통해 학습하는 시기가 지나는 만 3세 이상을 권하고 있다.

컴퓨터의 활용 정도에 대해서는 미국의 경우 71% 정도가 컴퓨터를 사용하고 있으며, 그중 51% 정도가 교실에서, 20%가 컴퓨터실에서 사용하고 있는 것으로 보고하고 있다(Landerholm, 1995). 우리나라의 경우 유치원에서 컴퓨터 활용 수업실태는 63.1%로 보고되고 있으며(박선영, 2003) 이 결과는 이미 많은 유치원에서 컴퓨터교육을 실시하고 있음을 말해 준다.

그러나 이에 대한 교사의 훈련이나 교육에 대해 조사한 바에 의하면, 미국의 경우 67%가 컴퓨터에 대한 워크숍을 통한 약간의 훈련과 지식을 갖고 있다고 보고하였으며, 컴퓨터교육의 교수방법과 관련하여 체계적인 교육이나 훈련을 받지 않은 것으로 나타났다(Landerholm, 1995). 한편, 우리나라에서도 유아 컴퓨터교육에 관한 직전교육의 실시는 2~3개 대학에서 시작한 정도로 미흡한 상태이며, 이옥기(2001)는 유치원교사의 컴퓨터 연수의 필요성을 조사한 연구에서 63.1%가 매우 필요하다고 인식하며, 33.9%는 꼭 필요하다고 인식하고 있다. 또한 인터넷 활용에 대한 문제점으로 교사들은 연수기회 부족(18.3%)을 가장 큰 요인으로 인식하고 있었다(유구종, 김승연, 2002; 이옥기, 2001).

더욱이 대부분 교사들은 컴퓨터교육 프로그램이나 유아를 위한 바람직한 컴퓨터 활용에 대해 알지 못하고 단지 컴퓨터에 관해서 잘 아는 사람으로부터 훈련을 받고 사용하게 되므로 유아교육과정에 통합적 적용을 도울 수 있는 특별한 지원이나 제도적 대안이 필요하다는 지적(Hancock & Betts, 1994)도 이와 같은 맥락에서 고려될 수 있다. 이들 교사의 컴퓨터에 대한 인식이나 요구의 연구들은 한결같이 교사교육의 필요성을 언급하고 있다.

3. 컴퓨터 활용을 위한 유아교사교육

사회적 변화에 대처하기 위해 교사들은 자신의 지식기반을 확장하고, 교육공학의 현장 적용을 배우고, 교수와 학습과정에 대한 새로운 태도와 신념을 갖도록 해야 한다(Hixon & Jones, 1990). 유아교육에 있어 컴퓨터 활용의 긍정적 효과를 위해서는 교사의 역할이 중요함은 이론의 여지가 없으며, 이를 위한 교사교육은 필수적인 작업이라 하겠다. 그러나 교사교육은 시간과 경비를 가장 많이 요하는 작업이다. 교사가 바쁜 시간을 할애하여 컴퓨터교육을 받기 어려우므로 이를 위한 인센티브를 주거나, 컴퓨터교육을 위한 전문가를 고용해야 하거나, 컴퓨터에 친숙해질 수 있도록 사회적, 환경적, 제도적 지원 등을 제공해 주어야 하기 때문이다(Shade, 1994).

특히 교사의 직전교육과 현직교육에서의 컴퓨터교육은 유아교육의 원리를 반영하며, 이를 적용하여 효과적으로 활용해 보는 직접적인 경험을 기초로 하여야 할 것이기 때문에 교사교육은 현장과 학교 중심의 훈련과 지원이 뒤따라야 한다. 더욱이 컴퓨터가 새로운 교수매체로서 수용되는 것뿐만 아니라 교사 및 전문가들 간의 협력과 의사소통을 위한 도구로서 활용이 증가되고 있는 추세다. 이를테면, 교사는 자신의 전문성 발달을 위한 도구로서 PC 통신과 인터넷을 통해 새로운 정보와 아이디어를 전문가나 동료로부터 지원받을 수 있을 뿐 아니라, 신속한 피드백을 받을 수 있는 반응적인 온라인 시스템은 교사를 보조하거나 훈련하는 작업에도 활용되어야 한다는 것이다.

1) 유아 컴퓨터교육을 위한 효과적인 교사교육의 관련 요인

효과적인 교사교육을 결정하는 주요 요인으로 엡스타인(Epstein, 1993)은 컴퓨터와의 실제 경험, 워크숍의 참여, 컴퓨터 활용의 모델이나 조언자, 후속적인 관리자를 들고 있다. 이를 구체적으로 살펴보면 첫째, 교사가 교육 현장에서 컴퓨터를 활용하기 위해서는 무엇보다 우선 컴퓨터 사용에 친숙하여야 한다. 교사교육에 있어서 흔히 이론적 학습이 먼저 제공된 후 실제 경험을 제공하고 있으나, 컴퓨터 활용에 대한 구체적이고 실제적인 조작경험이 우선되어야 하고 이론은 오히려 나중에 보완하는 것이 더욱 효과적이라고 엡스타인은 지적하고 있다. 따라서 구체적 현장 적용의 경험이나 사례를 볼 수 있는 다양한 기회를 제공하는 것이 교사교육에서 우선적으로 고려되어야 한다.

둘째, 워크숍에 참여하는 경우는 교사가 컴퓨터 사용에 있어 어느 정도 능동적인 참여가 허용되고, 동료와 교류를 통해 수준 높은 실제의 시범을 관찰이나 경험할 수 있을 때 효과적이라고 한다. 또한 교사를 위한 컴퓨터 교육은 10시간 이하의 연수나 교육으로는 부족하며, 직접 조작적 경험이 수반되어야 한다(Clements, 1999). 따라서 긴 강좌보다 여러 번의 짧은 강좌와 실습이 더 효과적이고, 집단별 활동과 토의기회가 주어지며 후속 강좌를 포함시킬 때 지속적인 효과를 가진다.

셋째, 교사가 컴퓨터 활용의 실제를 관찰하거나 시범적 현장 경험을 가질 수 있다면 교사는 교육을 통해 컴퓨터 활용의 구체적 상황을 접할 수 있으므로 실제 적용의 어려움이 많을 것이라는 우려를 일소할 수 있을 것이다. 또한 컴퓨터 실제 적용의 경험은 교육과정 실시에서 간과하기 쉬운 사소한 여러 측면을 직접 관찰할 수 있어 구체적인 정보를 관찰자에게 제공할 수 있기 때문에 실제적 적용의 간접적 경험도 중요하다.

마지막으로, 교사가 현장에서 독립적인 컴퓨터 활용자가 되기 위해서는 숙련된 전문가와 지속적인 일대일 접촉을 통해 조언과 피드백을 받을 수 있어야 한다. 따라서 각 학교마다 교사를 지원할 수 있는 컴퓨터 활용에 대한 전문가가 있어야 하며, 이들은 컴퓨터에 관한 것뿐만 아니라 교육적 활용의 실제에 관해서도 전문적 지식과 능력이 있어서 구체적 조언을 받을 수 있어야 한다.

2) 컴퓨터 활용을 위한 교사교육의 목표

컴퓨터 활용에 대한 교사교육의 주요 목표를 호프만(Hohmann, 1994)은 기계공포증을 줄이는 것과 테크놀로지와 교육과정을 동시에 집중할 수 있도록 하는 데 있다고 지적하였다. 초창기에 생산된 컴퓨터는 사용하는 데 많은 기계적 조작기술을 요하거나 명령어를 사용하여야 하는 등 어려움이 있었으나, 요즘은 조작적 어려움은 많이 해소되었다. 그럼에도 불구하고 여전히 사용에 대한 불안감이 있으며, 특히 이 불안감은 여성에게 더욱 커서 대부분이 여성인 유아교사에게는 기계조작의 공포증이 큰 장애요인으로 작용하고 있다. 또한 인터넷 활용의 문제점으로 기술 미숙(16.6%)의 지적도 이를 입증하는 것이라 할 수 있으며, 컴퓨터 뿐 아니라 프로젝터, 디지털 카메라 등의 다른 기자재와 함께 사용하는 경우에 더욱 조작의 어려움을 느끼게 된다.

따라서 유아 교사교육에는 컴퓨터 조작에 자신감을 갖도록 하는 것이 주요 목표가 되어야 한다. 우선 컴퓨터 사용의 기본적인 기술의 획득과 더불어 일상적 사용과 함께 대두되는 여러 문제, 예를 들면, 파일관리, 파일의 손상, 바이러스 예방 및 치료, 토너 교체 등의 대처에 관한 학습이 요구된다고 하겠다.

또한 교육적 적용을 위해서는 유아뿐 아니라 교사의 요구도 반영하는 컴퓨터 테크놀로지 적용이 이루어져야 한다. 대부분 컴퓨터의 활용을 고려할 때 유아 측면만을 고려하고 이를 적용하는 교사 측면의 배려는 간과되어 왔다고 할 수 있다. 이를테면 유아에게 적합한 컴퓨터의 기능이나 배치, 소프트웨어 등은 문헌에서 많이 다루고 있으나, 유아교사가 활용하기 적합한 컴퓨터의 기종이나 배치 또는 소프트웨어에 대해서는 소홀히 다루었다고 할 수 있다. 그러므로 교사 입장에서 컴퓨터 활용의 어려움을 해결하는 데 초점을 두어, 교사가 쉽게 컴퓨터를 학습자원으로 활용하도록 도울 수 있는 방안과, 기존의 교육과정과 컴퓨터 테크놀로지를 통합하는 데 문제점을 해결할 수 있는 구체적 방안을 제시함으로써 컴퓨터 테크놀로지의 통합적 적용을 할 수 있도록 돕는 데 목표를 두어야 할 것이다.

3) 컴퓨터 활용을 위한 교사의 직전교육

유아교사의 컴퓨터 활용을 위한 교육은 크게 교사가 되기 위한 준비교육으로서의 직전교육과 현장교사의 재교육을 위한 현직교육의 형태로 나누어 볼 수 있다. 전통적으로 유아교사의 직전교육을 위한 2~3년제 대학이나 4년제 대학의 유아교육과 교육과정에 컴퓨터교육에 관한 교과가 포함되어 있지 않았었다. 그러나 최근에 이르러 컴퓨터의 보급이 확산되고, 유아교육에서의 컴퓨터 활용을 수용함에 따라 이에 대한 교과를 포함하려는 시도가 서서히 나타나기 시작하였다. 미국에서는 이미 1992년에 교사교육단체(NCATE, NBPTS)들이 제시한 자격 기준에서 컴퓨터 테크놀로지 훈련이 포함되어야 함을 언급하기 시작했다. 그러나 우리나라에서는 1995년 이화여대에서 '유아 컴퓨터교육'이라는 과목이 최초로 설강되었으며, 그 후 2, 3년제, 4년제 대학에서 컴퓨터 관련 과목을 설강하거나 필수과목으로 정하는 추세가 증가되고 있으나, 아직은 초기단계로 교사교육의 주요 교과목으로 보고 있지 않으며, 적극적 수용 관점에서 심도 있게 다루지 못하고 있다.

NCATE의 교사교육지침에서는 예비교사의 컴퓨터 활용능력을 위한 교육은 '유아 컴퓨터교육'이나 '유아 교수매체'처럼 분리된 과목으로 교과목에서만 다룰 것이 아니라, 교사교육과정의 모든 교과목에 통합적으로 활용되어야 함을 전제로 하고 있다. 모든 교과교육에서 교수-학습방법의 매체로 활용되는 방안에 대한 컴퓨터교육이 포함되어야 함을 의미하는 것이다.

그러나 NCATE(1997)는 예비교사의 첨단매체 활용능력을 위한 교사교육에 있어 가장 큰 장애요인은 기존 교수들의 인식에 있다고 보고 있다. 이를테면, 교사교육에 있어 교수진들의 첨단매체 활용이 아주 미흡한 수준일

뿐 아니라 단지 첨가되어야 할 또 하나의 과목 정도로만 인식하고 있다는 점이다. 첨단매체 활용을 위한 교사교육 프로그램의 실시에 따른 문제로는 교수들이 학문이나 교육 영역에서 자신의 독자성이 인정되고 있는 점, 교수들은 그들 간의 지식과 기술의 부족에 대한 인정이나 비평을 허용하지 않는 풍토를 갖고 있는 점, 교육현장의 실제에서 일어나는 변화에 무관심하거나 대응이 늦은 점, 첨단매체 활용을 위한 훈련을 받은 경험이 없다는 점, 교수 자신의 교수와 첨단매체를 통합하는 기술과 지식 부족, 효과적인 컴퓨터의 통합적 접근에 대한 연구 부족 등이 장애요인으로 요약될 수 있다(NCATE, 1997).

그러므로 유아교사의 직전교육에 컴퓨터교육을 포함하기 위해 해결하여야 할 요인을 살펴보면 다음과 같다.

첫째, 유아교사를 위해 필요한 컴퓨터교육의 교과목으로서 내용이나 방법 등을 다룬 문헌은 거의 없는 실정이며, 이를 위한 전문가들의 의견 수렴과 교사교육을 위한 자료가 부족하다. 그동안의 연구나 문헌은 주로 유아에게 어떻게 컴퓨터교육을 실시해야 하는지에 초점을 두어 왔기 때문에 교사교육에서 무엇을 어떻게 다룰 지에 대한 기초 자료가 부족한 것이 우선적인 문제점으로 대두되고 있다.

둘째, 무엇보다도 교사교육에서는 유아교육과정에 컴퓨터를 통합하는 수업계획, 활동의 전개, 학습의 평가, 교수매체 제작의 활용, 부모나 동료와의 의사소통 방법 등의 내용이 포함되어야 한다. 이를 위해서는 우선 컴퓨터 조작에 친숙할 뿐 아니라 컴퓨터의 기초 소양능력을 갖추어야 할 것이다. 따라서 교사의 직전교육에서는 교양과목에서 일반적인 멀티미디어 소양교육을 받고, 이어서 교육적 적용을 전공과목에서 구체적으로 다루는 것이 바람직하다고 볼 수 있다. 그러기 위해서는 이 과목을 담당할 수 있는 교수가 컴퓨터에 대한 전문지식을 가지고 있을 뿐 아니라 유아교육에 대한 전문적 지식이 겸비되어야 한다는 어려움 때문에 교수진의 확보가 큰 문제라 하겠다.

셋째, 교사교육에서 컴퓨터의 활용능력을 효과적으로 양성하는 모형에 대한 연구가 부족하다. 컴퓨터의 교육적 적용능력을 양성하기 위하여 어느 정도의 컴퓨터 조작 경험이 필요하며, 어떠한 형태로 이루어져야 하며, 현장실습은 얼마 동안 어떻게 이루어져야 하는지 등에 대해서는 아직 구체적인 정보가 없는 실정이다.

현재 교사양성교육에서 컴퓨터교육의 필요성이 인식되고 있지만, 예비교사에게 효과적이고 바람직한 구체적 접근방안에 대해서는 아직 무지한 상태이며 미개척 분야이기도 하다. 자연스럽게 컴퓨터와 접하며, 컴퓨터를 통해 학습하고 컴퓨터와 함께 자라지 않은 교수나 예비교사들에게 새로운 방법을 학습하도록 하기 위해서는 역시 유아와 마찬가지로 컴퓨터와 놀고 탐색하기를 즐길 수 있는 상황에서 배울 수 있도록 하여야 한다는 주장도 의미 있다고 하겠다.

교사교육의 모든 교육과정을 통해 예비교사의 컴퓨터 활용능력을 증진시키기 위한 방안으로 NCATE(1997)가 제시한 지침은 다음과 같다.

첫째, 정보매체의 이점을 충분히 활용한 교사교육 프로그램에 대한 비전을 갖는 것이다. 앞으로의 사회에 요구되는 예비교사를 교육하기 위해 그들이 필요한 지식과 기술, 태도가 무엇이며, 어떻게 획득하도록 할 것인가 하는 관점에서 새로운 변화에 대처할 수 있는 실험적 안목을 가져야 한다.

둘째, 교사교육과정에서 첨단매체의 통합에 관련된 계획을 수립하는 것이다. 앞으로 풍부한 첨단매체를 사용하는 소비자로부터 자신의 수업에 필요한 첨단매체를 제작, 활용하는 프로듀서가 될 수 있는 능력으로의 전환이 필요하므로 지속적이고 체계적인 교육계획 수립이 중요하다.

셋째, 교수들이 할 수 있는 최선의 방법은 첨단매체의 다양한 적용을 실험하고 스스로 학습자로서 뛰어드는 것이다. 교수들 역시 평생학습자로서 자신의 능력을 향상시키기 위해 도전하고, 동료의 도움을 받는 등의 노력이 필요하다.

마지막으로 예비교사의 컴퓨터 활용능력을 위한 교사교육은 보다 종합적인 접근이 요구된다. 이를테면, 교사 자신의 전문적 발달을 위한 시간을 배려하거나 새 교과목을 개발하도록 격려하고 보상할 수 있는 유인체제를 제공하고, 기술적 협력을 받을 수 있는 지원체제와 충분한 첨단매체를 활용할 수 있는 기자재를 확보하고, 필요한 재정적 지원을 하는 등의 종합적이고 체계적인 지원을 통해 미래 예비교사에게 요구되는 첨단매체의 활용능력을 양성할 수 있다.

교사가 교육현장에서 컴퓨터를 적극 활용하기를 기대한다면 교사교육에서 보다 포괄적이고 체계적인 교육과 지원이 이루어져야 한다. 교사교육에 관한 인증기관인 NCATE에서도 교사교육에서 첨단매체 활용에 대한 요구로 교육 첨단매체에 대해 잘 계획된 이수과목, 교수, 평가, 전문적 효율성에서 첨단매체 사용을 포함하는 교육경험을 갖도록 권고하고 있다. 특히 직전교사교육에서 다루어야 할 구체적 내용에 대해 쉐이드와 데이비스(Shade & Davis, 1997)는 다음과 같이 제시하고 있다.

첫째, 컴퓨터 활용에 있어 기능적 지식을 갖추도록 하는 것이다. 이를테면 컴퓨터의 하드웨어 활용과 관련된 지식으로 컴퓨터와 관련 장비의 연결, 하드 드라이브에 프로그램 설치, 관련 장비나 기계의 유지 관리, 인터넷 접속과 자료검색 및 파일 저장, e-mail 송수신, 잉크 카트리지나 인쇄용지 교환 등의 컴퓨터 사용으로 인해 발생하는 문제점의 처리 등의 컴퓨터 조작 및 사용에 관련된 지식을 들 수 있다. 이에 대한 기능적 지식과 숙련성은 컴퓨터 사용에 대한 불안감을 줄일 수 있고 첨단매체에 대한 신비감을 제거하는 데 기여할 것이다. 이러한 기본적 기능의 습득은 실습 경험과 직접적 교수나 개별적 지도를 통한 훈련으로 획득될 수 있다. 이는 전공과목이 아닌 교양과목이나 대학인증 프로그램의 이수 등을 통해 이루어질 수 있다.

또한 교사로서가 아닌 정보화 사회에서 생활하는 일반인의 생활에서도 컴퓨터는 자신의 삶의 생산적 도구로 이미 자리 잡아 가고 있다. 이러한 컴퓨터 활용에 대한 인식 변화로 자신의 학업에 있어 워드 작업, 이메일을 통한 교수와의 의사소통, 인터넷 또는 www(world wide web)으로부터 자료 수집 등의 적극적 사용자가 되도록 하는 것이 우선 필요하다. 유아들의 교육에서와 마찬가지로 예비교사의 컴퓨터 활용능력의 증진도 요구된다. 나아가 이러한 예비교사 컴퓨터교육은 자신의 실제적 활용 경험을 토대로 컴퓨터의 교육적 상황에서 활용방안으로 확장되어야 할 것이다.

둘째, 교육적 매체로서 컴퓨터 활용에 대한 이론적 토대를 갖추는 것이다. 유아에게 첨단매체의 적절한 사용을 위한 이론적 기초를 확고히 해야 한다. 이를테면 피아제, 비고츠키, 브루너의 이론과 학습을 위한 도구로서 첨단매체 사용을 어떻게 연계하도록 할 것인지 고찰해 보도록 해야 한다. 또한 교육적 매체로서의 컴퓨터 활용에 대한 적합성을 발달 및 학습이론의 체계 틀에서 다룰 수 있는 배경적 지식이 요구된다.

셋째, 소프트웨어의 질을 평가 할 수 있도록 하는 것이다. 교육현장에서 컴퓨터 사용의 적합성은 소프트웨어의 질과 밀접한 관련이 있다. 미국에서는 새로운 소프트웨어가 빠른 속도로 개발되어 상품화되고 있으나, 소프트웨어의 25~30% 정도가 발달적으로 적합한 것으로 보고되고 있다(Haugland, 2000). 따라서 교사가 유아에게 적합한 질 높은 소프트웨어를 선정하여 교육현장에 적용하는 것은 중요한 작업이다. 이를 위하여 예비교사에게 발달적으로 적합한 소프트웨어가 개방적인지, 유아에 의해 조절될 수 있는지, 성유형화로 고착될 수 있는지(equitable gender), 다문화적인 요소를 포함하고 있는지, 또한 소프트웨어의 교육적 내용과 질이 적절한지 등에 대해 평가할 수 있는 능력을 갖추도록 하는 것이 필요하다.

마지막으로 교육매체로서 컴퓨터 활용을 모든 교육과정에서 통합적으로 적용할 수 있는 능력을 갖추도록 하는 것이다. 단지 교사자격증에서 몇 개의 필수과목으로 컴퓨터 관련 교육을 실시하는 것이 아니라 교사교육의 모든 교육과정에서 컴퓨터가 어떻게 활용될 수 있는지 구체적인 교육을 통해 학습되어야 하는 것이다. 따라서 예비교사의 교사교육에서부터 컴퓨터의 통합적 적용의 실제적 경험을 포함시켜야 한다.

4) 컴퓨터 활용을 위한 교사의 현직교육

컴퓨터의 활용을 위한 교사교육 형태 중 가장 손쉽게 제공될 수 있는 것은 현직교사를 일정기간 재교육을 시키는 것으로 현재 각 시·도 교원연수원이나 학회 또는 협회 등 여러 기관에서 행하여지고 있다. 유아 컴퓨터 활동을 위한 교사교육은 교사연수를 통해 가장 많이 이루어지고 있으며, 이옥기(2001)의 조사연구에서는 교육청 교사연수는 58.1%, 전문교육센터는 19.4%, 일반사설학원은 10.5%, 학교재학 시 6.8%, 유치원 자체 실시 5.3%로 유아 컴퓨터 활동을 위한 교사교육은 교사의 현직교육이 큰 비중을 차지하고 있음을 알 수 있다. 1999년부터 교육부는 교원 컴퓨터교육 시 유치원 교원을 포함하여 연수를 실시할 계획을 포함하고 있으며, 모든 교사와 학생들이 컴퓨터를 이용하여 다양한 정보를 활용해서 새로운 지식을 창출하는 환경을 만드는 교육정보화 사업을 적극 추진 중이다. 앞으로 인터넷 활용을 위한 현직교사의 재교육이나 연수는 활발히 이루어질 것으로 예상된다.

일반적으로 현직교육은 다양한 형태로 진행되나, 워크숍 형태일 경우 시범이나 강의보다는 교사의 능동적인 참여를 요구하고, 실제의 적용이나 경험을 공유할 수 있고, 동료 간의 상호작용이 더 활발히 일어 날 수 있도록 배려하는 것이 필요하며 1~2일 정도의 워크숍은 그리 효과적이지 못하다. 대표적인 교사재교육 프로그램으로 High/Scope Foundation에서 개발한 것을 살펴보면, 대상교사에게 1학기에 걸쳐 7회 주중의 워크숍이 실시하였으며, 교육방법은 대집단 프레젠테이션, 월별 소집단 직접경험의 워크숍, 월별 관찰과 피드백을 위한 교실방문, 실제 적용을 모니터하기 위한 매월 3번의 비공식 방문 등으로 실시하였으며, 이러한 프로그램을 실시한 경우 의미 있는 성과가 있음을 보고하고 있다(Hohmann, 1994). 우리나라의 경우 유아교사가 컴퓨터 활용의 주요 정보원이 되는 대상을 조사한 연구에 의하면, 교사의 연수에서 가장 많이 얻고, 2위로는 주위사람(동료교사,

친구 등), 3위로는 유아교육관련 도서에서 얻는 것으로 보고되었다(윤정은, 2002). 그러나 대집단으로 구성되어 진행되는 연수만큼이나 가까이에서 교사가 필요할 때 개별적인 지원도 필요함을 시사하고 있다.

앞에서 살펴본 바와 같이 효과적인 교사재교육을 위해서는 교사의 구체적이고 직접적인 컴퓨터 조작의 경험, 개별적 지도와 피드백을 받을 수 있는 협조체제, 손쉽고 지속적인 지원자의 활용 등을 필수적인 요인으로 꼽을 수 있다. 무엇보다도 교사의 재교육은 현장과 교실 중심으로 이루어지는 것이 효과적이다(Alexander, 1994). 이러한 성과를 갖기 위해서는 이를 지원할 수 있는 비용, 전문가, 행정의 협조 등이 전제되어야 한다.

또 다른 과제는 컴퓨터 산업의 급속한 발전으로 교사가 사용하는 하드웨어나 소프트웨어와 관련된 환경의 변화도 역시 빠르게 일어나고 있다. 따라서 교사는 앞으로도 지속적으로 이를 수용하고 교육현장에 적용하는 노력이 꾸준히 이어져야 한다는 점을 인식시키는 것이 필요하다.

더욱이 교사가 자신의 수업에 컴퓨터를 활용하는 단계를 넘어 교육적, 사회적 문제도 함께 다룰 수 있어야 한다. 이를테면, 교실에서 컴퓨터 활용이 남아와 여아 간의 불균형을 이루어 남아들이 독점하는 활동이 된다든지, 가정경제 사정에 따라 컴퓨터의 활용 경험이나 지원에서 차이가 나는 경우를 다루어야 하는 문제 등도 교사의 직전, 현직교육에서 함께 다루어져야 할 문제다.

4. 컴퓨터 활용과 유아교사의 전문성 증진

유아교육에 있어 컴퓨터 활용의 성패는 무엇보다 교사에게 달려 있다. 따라서 교사교육에 교수매체로서의 컴퓨터 활용에 대해 관심과 재교육의 제공에 초점을 두어 왔다.

NAEYC가 제시한 교사의 컴퓨터교육 내용으로 직전교육과 현직교육을 제공하는 고등교육기관과 기구나 단체는 유아교사의 전문성 증진을 위한 교육에 있어서 〈표 9-4〉와 같은 기본 입장이 반영되어야 한다고 명시하고 있다.

첫째, 컴퓨터 활용의 긍정적 성취를 위해서는 직전교육과 현직교육을 통해 컴퓨터에 대한 기본적인 지식과 인식을 갖게 하여야 한다. 이러한 노력은 컴퓨터 분야에서 급속하게 이루어지고 있는 보급과 변화를 염두에 두고 이루어져야 한다.

컴퓨터 기술은 학습도구일 뿐만 아니라 교육과정의 한 분야이므로 교사는 이 분야에 대한 자신의 학습능력을 보일 수 있어야 한다(Bredekamp &

〈표 9-4〉 교사의 전문성 신장

〈교사교육에서의 전문성 신장〉
• 유아교육의 원리를 반영하고 어떻게 과학기술이 이러한 원리를 지원하고 확장할 수 있는가를 경험하도록 통합하는 것
• 교육공학을 효율적으로 이용하는 방법에 초점을 두고, 교육공학을 유아교육 프로그램에 이용하기 위한 계획을 세워 볼 수 있도록 시간을 할애하는 것
• 적절한 소프트웨어로 직접 실습해 보는 경험을 제공해서 하드웨어와 소프트웨어에 익숙하고 편안해질 수 있도록 하는 것
• 컴퓨터를 교육과정과 평가과정에 효율적으로 통합하는 현장 중심 교육을 제공하는 것

〈학급 수준의 교사 전문성 신장〉
또한 교사는 학급 수준에서 적용하기 위하여 다음과 같은 교사의 전문성 발달을 위한 경험이 요구된다.
• 과학기술을 충분히 활용하여 수업 및 교수목적을 위해 사용하는 것
• 부모나 지역사회와의 의사소통을 통해 부모참여를 증진시키는 것
• 개별 유아의 학습 요구에 맞게 컴퓨터를 활용하거나 개개인의 잠재력 향상을 위해 사용하는 것
• 다문화적 적용을 모색하는 것
• 유아들 간의 협력적 상호작용 및 의사소통을 조장하는 것
• 교수매체 제작을 위해 사용하는 것

Rosegrant, 1994). 교사가 새로운 지식을 학급에 적용할 때는 자신의 경험과 통찰력, 문제와 도전을 다른 교사와 공유할 기회가 있어야 한다. 또한 새로운 기술에 익숙해져서 자신감을 갖게 되면 교사에게 부가적으로 도전을 제공하고, 자극하여 컴퓨터 사용과 관련한 새로운 능력 수준에 도달하도록 하는 것이 필요하다.

따라서 교사교육에는 교사 효율성을 위한 컴퓨터 사용능력, 텔레커뮤니케이션 능력, 원거리 교육방법, 주제 중심의 교육과정에 테크놀로지의 통합적 적용, 컴퓨터를 활용한 부모와 지역 사회의 참여, 자료나 자원의 검색 능력 등이 포함될 수 있다.

둘째, 유아교사의 컴퓨터 네트워크 활용이다. 컴퓨터 활용에 교사가 익숙해지면 더 새로운 수준의 컴퓨터 활용을 위해 관심을 갖게 된다. 따라서 컴퓨터가 교수매체로서뿐만 아니라 전문가들 간의 협력과 의사소통의 도구로 활용될 수 있고 전문성 발달을 위한 강력한 도구가 될 수 있다. 유아교사가 온라인 네트워크와 인터넷을 활용하도록 훈련과 지원을 제공하여 더 넓은 세계의 교육관련 자료에 접할 수 있도록 지원해야 한다. 컴퓨터 숙달자는 온라인 시스템을 이용하여 초보자를 도와서 컴퓨터 기술에 보다 익숙해지도록 지원하고, 전문적인 성장을 위해 컴퓨터 기술을 적극적으로 활용하도록 도울 수 있다.

예를 들면, 텔레커뮤니케이션이나 인터넷을 통해 부모, 유아교사, 장학사, 교수들 간에 새로운 정보나 아이디어를 교환하고, 서로간의 격려와 피드백을 받을 수 있으며, 원격강의 수강 등을 통해 자신의 전문성 신장을 꾀할 수 있다. 더 나아가서는 교육자가 자신의 성장과 전문성 향상을 위해 컴퓨터를 유능하게 사용할 수 있게 될 때 유아에게 컴퓨터 사용의 적절한 모델이 될 수 있다(NAEYC, 1996). 의사소통의 과학기술이 일반화되고 막강해지게 될 때 유아는 더욱 확장된 사회맥락에서 교류하고 학습하게 될 것이다(Druin & Soloman, 1996).

또한 컴퓨터를 통한 유아교육 종사자 간의 교류는 이 분야에 관련된 제도나 정책 등의 수립이나 결정단계에서 고립되어 왔던 현장의 목소리를 적극적으로 반영할 수 있게 할 것이다. 더욱이 컴퓨터를 통한 교류나 교육은 최신 정보나 학술모임에 참여하기가 용이하지 않은 농어촌지역의 유아교사에게 유용하게 활용될 수 있다. 따라서 유아교사는 이러한 사회맥락적 변화에 대처하기 위해 컴퓨터 활용의 범위를 점차 넓혀 가는 노력을 하여야 한다.

일반적으로 유아교육자들이 인터넷을 통해 자주 사용하는 것은 〈표 9-5〉와 같다고 보고하고 있다(Rothenberg, 1995).

이러한 인터넷의 활용을 통해 유아교사의 전문성 신장과 사회적 참여를 기할 수 있을 것으로 보이며, 이를 위해서는 유아교사의 직전교육에서도 인터넷의 활용능력을 키워 줄 수 있는 내용이 포함되어야 할 것이다. 예를 들면, 부모에게 자료 제공을 위한 정보 패키지를 만드는 것, 학습계획안을 위한 자료나 정보의 검색활동, 문제해결을 위해 필요한 방안이나 정보를 찾는 활동, 유아교육관련 정보의 제공자가 되기 위해 홈페이지, 웹 사이트 개설하기 등에 대해 훈련을 받아야 할 필요가 있다고 지적하고 있다(Hinchliffe, 1996).

〈표 9-5〉 유아교사의 인터넷 활용 유형

- e-mail: 개별적 의사소통 및 정보의 근원으로 활용
- 토론 집단: 자신의 견해를 공개적으로 개진하고, 다른 사람의 반응과 피드백을 받는 등 의견수렴이 가능
- 데이터베이스 또는 자료 검색: 필요한 관련 자료 검색
- WWW(World Wide Web): 문자뿐 아니라 이미지, 음성, 동영상 등 정보를 활용할 수 있으며, 웹 페이지 내와 다른 웹 페이지로의 이동이 용이하며 해당 부분에 대한 상세한 정보나 이미지를 볼 수 있음
- 파일 전송: 텍스트나 프로그램을 전송할 수 있음
- 지역 컴퓨터 네트워킹: 지역사회의 공공도서관 무료 컴퓨터 네트워킹을 제공하는 것의 활용

CHAPTER TEN

유아 컴퓨터교육에 대한
주요 과제 및 쟁점

학습개요

　이 장에서는 유아 컴퓨터 활용에 대한 교육현장 외적인 요인들로서 논의되고 있는 여러 쟁점과 과제를 다루고자 한다. 종전에 경험하지 못한 컴퓨터 테크놀로지 사회에는 예측하지 못하는 다양한 문제들이 대두되고 있으며, 이에 대한 인식과 이를 해소하기 위한 다각적 노력에 대한 이해를 돕고자 한다. 특히 컴퓨터 활용에 따른 적합성, 형평성, 안전성에 대해 구체적 지도방법을 살펴보고자 한다.

COMPUTER
EDUCATION

유아교육에 컴퓨터의 활용에 대한 쟁점은 적합성의 문제에서 시작되었으며, 여전히 적합성에 대한 문제는 주요 논쟁거리가 되고 있다. 또한 정보화 사회에서 정보에 접근할 수 있는 기회를 가지고, 기존의 정보를 활용하여 새로운 정보를 창출할 수 있다면, 이는 새로운 파워를 갖게 되는 셈이다. 따라서 정보에 동등한 접근의 기회와 활용경험을 가지도록 하는 것이 평등사회 창조에 관건이 되는 것이다. 이에 따른 형평성도 새롭게 제기되는 논쟁거리며, 이에 대한 대책을 촉구하고 있다. 더욱이 컴퓨터와 인터넷 사용률이 증가됨에 따라 이전에 경험하지 못한 상황에 새롭게 직면하게 되고 이에 따른 문제들이 나타나고 있다.

1. 적합성의 문제

　유아 컴퓨터교육에 있어 적합성의 문제는 유아교육 분야에 교수매체로서 도입 여부를 고려하는 초창기부터 논쟁거리가 되어 온 이슈다. 오랫동안 지속되어 온 논쟁의 핵심은 유아의 발달적 특성에 적합한가에 초점을 두었다. 그러나 컴퓨터 테크놀로지의 급속한 발달로 새로운 형태가 대두될 때마다 적합성의 문제는 또 다시 제기되곤 하였다. 이를테면 초기 컴퓨터에서는 명령어를 직접 입력하여야 하는 문제가 유아의 신체적 발달이나 조작능력에 부적합하다는 문제를 제기하였으나, 윈도우체계를 사용하면서 이러한 문제가 해결되었다. 그러나 인터넷의 도입과 활용이 대두되면서는 제한된 유아의 의사소통능력과 정보검색능력에 부적합하다는 점이 제기되는 등 교수매체가 등장할 때마다 적합성의 문제는 논쟁의 핵심이 되어 왔다. 이와 같이 유아교육에서 컴퓨터 활용에 대한 적합성의 문제는 컴퓨터 테크놀로지의 발달과 함께 지속적으로 논의되고 검토되어 온 문제로 이러한 논쟁은 유아교육에의 컴퓨터 활용이 보다 바람직한 방향과 접근을 모색하는 데 의미 있는 기여를 하고 있다.

그동안의 컴퓨터 활용에 대한 적합성의 문제를 다룬 문헌을 살펴보면, 적합성의 문제를 유아교육 분야에서 추구하여 온 철학적 관점이나 접근에 적합한가를 검토하려는 입장과 컴퓨터 활용의 긍정적 또는 부정적 영향을 실험적 연구로 검증하려는 입장으로 크게 구분할 수 있다.

첫 번째 입장은 주로 컴퓨터 활용에 의해 야기될 수 있는 여러 부정적 측면의 가능성을 제기하는 작업을 하였으나, 이를 입증하는 구체적이고 실증적인 자료를 제시하지는 못하고 있다. 대체로 이들 입장은 유아에게 컴퓨터 활용은 매우 신중하게 다루어져야 한다는 소극적인, 때로는 부정적인 수용태도를 견지하고 있다. 이들의 대표적인 입장 표명은 Alliance for Childhood에서 제시한 'Fool's gold: A critical look at computers in childhood' (Cordes & Miller, 2000)라 하겠다. 아동기에 컴퓨터 활용에 대한 비판적인 시각을 집중적으로 다루었으며, 기계 중심적 접근은 유아 및 아동기의 발달적 요구에 적합하지 않다는 입장을 강력히 표명하였다. 이 단체가 권고하는 사항은 다음과 같다. 첫째, 건강한 영유아기의 기본 요소에 재초점을 맞추어야 한다는 것이다. 즉, 양육자와의 강력한 유대, 자발적 탐색 위한 시간, 창의적 놀이, 음악과 예술, 책읽기, 이야기 나누기, 리듬과 신체표현, 요리, 쌓기놀이, 만들기, 꽃밭 가꾸기, 자연과 물리적 세계에서의 구체적 경험 등 풍요한 교육과정이 제공되어야 한다. 둘째, 컴퓨터를 강조하는 것이 아동 특히 저소득계층 가족의 아동에게 어떻게 영향을 미치는지에 대한 논의가 있어야 한다는 것이다. 셋째, 신체적, 정서적, 다른 발달적 위험요소에 대한 외과 일반의사에 대한 종합적 보고를 요청하고 있다. 넷째, 테크놀로지의 개인적 그리고 사회적 영향에 대해 아동을 가르치는 데 있어 윤리, 책임감, 비판적 사고 등을 강조해야 한다는 것이다. 이와 같이 이들은 컴퓨터의 활용이 유아와 아동에게 적합하지 않다는 입장을 견지하고 있다.

한편, 두 번째 입장은 컴퓨터 활용에 따른 영향에 대한 실증적 자료를 찾아보려는 노력을 통해 주로 부정적 측면이나 우려에 대해 구체적 정보를 제공하고자 하였다. 이들 입장은 유아에게 컴퓨터 활용에 대한 긍정적 효과와 바람직한 활용방안을 제시하며, 적극적인 수용태도를 견지하고 있다. 이들의 대표적인 입장 표명은 'Fool's Gold'에 대한 반응으로 발표한 클레멘츠와 사라마(Clements & Sarama, 2003)의 논문을 들 수 있다. 이들은 *Educational Technology Review, 11*(1)을 통해 Fool's gold가 지적한 문제점을 조목조목 반박하고 있다. 보다 구체적 실증연구에 기초한 논의의 중요성을 강조하고 있다.

그러나 컴퓨터 활용에 대한 이슈와 관심사에 대해 두 입장의 일치된 부분도 있으며, 이를 정리하여 제시하고 있다(Clements & Sarama, 2003). 이를 살펴보면 첫째, 유아를 위한 의미 있고 총체적인 발달과 학습을 지원하기 위해 사용되어야 한다는 것에 동의하고 있다. 둘째, 컴퓨터 테크놀로지는 장애를 가진 유아를 도울 수 있다. 셋째, 조기 컴퓨터 사용에 대한 부적절한 정당화가 있다는 점에 동의하고 있다. 넷째, 컴퓨터의 부적절한 사용이 있다는 점을 인정하고 있다. 다섯째, TV, 비디오 등의 화면 앞에 앉는 총시간을 제한하여야 하며, 긍정적인 사용을 위해 하루에 1~2시간 이상이 되어서는 안 된다. 여섯째, 인간적인 보살핌의 욕구가 있다. 이들 사항에 모든 유아교육 전문가가 동의하고 같은 입장을 견지하고 있다.

이들 두 입장은 각각 컴퓨터 활용에 있어 바람직한 방향을 모색하는 데 의미 있는 기여를 하고 있음을 볼 수 있다. 따라서 이들이 제기한 우려와 이에 대한 반박과 관련 자료 등은 유아교육에서 컴퓨터 활용의 결정을 고려할 때 중요한 근거가 될 수 있을 것이다.

그러나 유아들도 교육 및 학습의 목적 외에 게임과 오락의 여가활동으로 활용하는 비중이 크다는 사실이 문제가 되고 있다. 한국인터넷진흥원(2006)에서는 유아의 84.9%가 게임과 오락활동에 인터넷을 사용하고 있어 게임중독의 우려가 대두되고 있으며, 유아에게 부적절한 '크레이지 아케이드'와 '메이플 스토리'와 같은 사이트도 약 30~40%가 이용하고 있는 실정이라고 보고하였다(한국정보문화진흥원, 2007). 따라서 유아의 게임중독에 대한 예방에도 관심이 제기되고 있고, 최근 게임중독의 여부를 판정하는 척도도 개발·보고되고 있으며(이경옥, 김승옥, 김민화, 김혜수, 2006), 주니어 네이버에서는 인터넷 게임중독 예방법을 〈표 10-1〉과 같이 제시하고 있다.

〈표 10-1〉 인터넷 게임 중독 예방법

1. 게임은 하루에 1시간 30분 이내로 한다.

2. 식사는 거르지 않고 제때 한다.

3. 잠은 정해진 시간에 잔다.
   밤늦게 게임을 하면 잠이 부족해 다음날 일상생활에 지장을 준다. 정해진 시간에 잠자리에 들어 생활리듬을 지킨다.

4. 낮 시간에 30분 이상 햇볕을 쬔다.
   햇빛은 신체 면역기능을 활성화시키고 마음을 편하게 만들어 정서 안정에 도움이 된다. 낮에 30분 이상 햇빛을 즐긴다.

5. 가족이나 친구와 함께 하는 시간을 보낸다.
   게임은 성격을 개인적인 성향으로 흐르게 하므로 가족이나 친구와 함께 하는 시간을 늘린다.

6. 일주일에 2회 이상 운동을 한다.
   농구나 축구 같은 육체적 운동으로 게임만 하는 것에서 벗어나고, 컴퓨터로 인한 자세의 불균형을 예방한다.

7. 게임을 혼자 하지 않는다.
   소극적이거나 내성적인 친구들이 게임중독에 걸리기 쉽다. 친구들과 같이 게임을 적당히 즐긴다.

8. 게임을 하다가 음식을 먹지 않는다.
   대부분의 중독자가 게임을 하면서 자장면을 먹는다. 게임에 빠져 밥 먹는 시간도 아까워하기 때문이다.

9. 컴퓨터 안 켜는 날을 일주일에 2번 이상 정한다.

출처: http://jr.naver.com./safe/game_sub2.html

2. 형평성의 문제

1) 경제계층 간의 차이

컴퓨터 사용의 증가로 인해 손쉽게 많이 사용할 수 있는 계층과 그렇지 못한 계층 간의 간격으로 인한 디지털 분할(digital divide)이 이루어지고 있다. 실제로 현장교사들이 최근 직면하고 있는 문제는 형평성의 문제다. 어떤 유아들은 집에 있는 다양한 교육용 소프트웨어에 오랫동안 노출되고 있는 반면, 전혀 접해 보지 않은 유아들도 있으며, 이에 따른 컴퓨터의 활용능력에서도 차이를 보이고 있다는 것이다. 여러 연구들이 저소득층 가정의 자녀들은 중산층 자녀보다 가정이나 주변 지역사회에서의 활동에서 컴퓨터를 접할 기회가 더 적음을 보고하고 있다. 베커(Becker, 2000)가 미국 전국조사결과를 인용하여 보고한 바에 의하면, 연간 소득 2만 불 이하의 가정에서 컴퓨터를 소유하는 비율이 22%인 반면, 7만 5천 불 이상의 가정에서는 컴퓨터의 소유율이 91%인 것으로 보고하고 있다.

우리나라의 경우 한국인터넷진흥원(2006)에서 가구소득에 따른 컴퓨터 보유 현황과 인터넷 이용 현황을 조사하였는데, 컴퓨터 보유는 소득 100만 원 미만인 가정에서는 30.8%, 100~200만 원 미만인 가정은 79%, 200~300만 원 미만은 93.4%, 300~400만 원 미만은 97.2%로 조사되었으며, 인터넷 이용률에 있어서도 소득 100만 원 미만인 가정에서는 28%, 100~200만 원 미만인 가정은 76.9%, 200~300만 원 미만은 93.2%, 300~400만 원 미만은 96.6%가 이용하고 있는 것으로 조사되었다. 이처럼 컴퓨터 보유나 인터넷 이용 실태가 소득 수준에 따라 차이를 보이고 있는데, 이러한 양상은 컴퓨터와 관련 기기의 가격이 고가이기 때문에 구입에 있어 경제적인 부담이 되기 때문이다.

더욱이 유아에게 적합한 컴퓨터는 처리속도가 빠르고, 애니메이션, 그래픽, CD-Rom 드라이브 등을 갖춘 고기능, 고가의 제품이라 볼 때 유아가 사용할 수 있는 컴퓨터 기종을 가진 비율에서는 많은 차이가 날 수도 있을 것이다.

그러나 더욱 심각한 사실은 저소득계층의 아동은 반복적 연습을 위해 컴퓨터를 더 자주 사용하는 반면, 고소득 계층의 아동은 더욱 정교하고 복잡한 응용을 위해 사용하는 것으로 보고되고 있다는 점이다(Becker, 2000). 따라서 컴퓨터교육에 있어 경제계층에 따른 격차가 심각한 문제로 대두되고 있다. 그러므로 컴퓨터의 구입과 활용 및 접근의 문제를 시장 자율성에 맡길 경우 경제계층에 따른 격차는 더욱 심화되고 이에 따른 악순환은 지속될 것이므로 관심을 갖고 대처하여야 한다.

이를 위해 쉐이드와 데이비스(Shade & Davis, 1997)는 모든 계층의 유아들에게 컴퓨터 활용에 대한 동등한 기회를 제공하기 위하여 방학 동안 학교의 컴퓨터를 저소득층 가정에 대여하여 줄 것을 제안하기도 하였다. 앞으로 정보화 사회에서 필수적인 컴퓨터 활용능력이 경제력 차이에 의해 심화된다면 더욱 심각한 문제를 초래할 수 있으므로 컴퓨터교육에 있어 저소득계층의 컴퓨터 경험 제공의 형평성은 신중히 다루어져야 할 것이다.

위에서 제기한 계층 간의 격차를 줄이기 위해 교육자들도 테크놀로지의 존재가 어떻게 가정과 학교의 연계를 강화할 수 있는지 고려하기 시작하였다. 모든 부모들이 유아교육기관에 참여할 수 있도록 하기 위해 유아의 학습과정에 일부가 될 수 있도록 학교가 많은 기회를 개발하는 것은 필수적이다. 테크놀로지 프로그램을 활용한 부모참여에 관한 보고서는 다음과 같은 광범위한 기회를 제안한다. 허그랜드와 라이트(Haugland & Wright, 1997)는 유아들의 가정과 연계하는 프로그램을 위해 다음을 제시하고 있다.

- 가족구성원들이 가정에서의 쓰기와 읽기 활동들을 확장시킴으로써 유아들의 학습을 지지하는 방법을 찾고, 가족구성원들 자신의 기초 기술을 향상시키기 위해 컴퓨터를 사용할 기회

- 성인의 고용훈련과 관련된 주간, 야간 학급
- 부모와 조부모의 자발적인 참여
- 모든 유아들이 동등하게 접근할 수 있는 계획과 전략들을 수립하기 위해 교육자들과 지역 기업체 및 주 공무원들과 일하는 부모님들에 의한 지원
- 다양한 종류의 소프트웨어의 제공과 부모가 학교나 가정에서의 학생 학습에서 수행할 수 있는 역할에 초점을 맞춘 워크숍

2) 성별 간의 차이

컴퓨터교육에 있어 경제적 형평성 외에 성별에 따른 형평성도 지적되고 있다. 많은 연구들은 아동들의 경우 남아는 주로 게임에 더 많이 참여하는 반면 여아는 음악, 배우의 사진, 이메일 교환, 채팅에 더 많이 참여하는 등 남녀 간의 선호하는 활동이 다르다고 보고하고 있다(Shields & Behrman, 2000). 더욱이 컴퓨터 게임의 대부분이 폭력, 공격 등을 다루고 있어 지속적으로 장기간 사용하는 것에 대한 영향에 심각한 우려를 보이고 있다. 한편, 인터넷을 통한 의사소통은 동일한 의견이나 감정을 공유하기가 용이하다는 긍정적인 측면도 있으나, 실제 세계와 구별하는 능력을 흐리게 하고, 가상환경에 몰입하거나, 고독, 우울 등의 심리적으로 부정적인 영향을 우려하기도 한다(Shields & Behrman, 2000). 이를 검증한 연구는 아직 미흡한 수준이여서 제기된 문제를 단정할 수는 없으나, 성별에 따라 참여하는 컴퓨터 활동의 차이로 인한 영향이 다를 수 있음을 시사하는 것으로 신중한 대책이 강구되어야 할 필요가 있다.

대체로 유아들은 컴퓨터 사용 정도나 흥미에는 커다란 차이를 보이지 않는 것으로 나타났으나(Shields & Behrman, 2000), 초등학교 3학년부터 여아가 남아보다 컴퓨터 관련 활동의 참여가 적은 것으로 나타났으며, 이는 컴퓨터를 남성관련 활동이란 주위의 메시지를 수용하기 때문인 것으로 보고

있다(Shade & Davis, 1997). 이러한 사회의 고정적인 성 유형화의 분위기나 성인이 주는 메시지로 인해 여아의 컴퓨터 활동이 제한받지 않고 모든 유아가 동등한 기회를 제공받을 수 있도록 하기 위해서는 교사들의 특별한 배려가 필요하다. 따라서 예비교사교육에서도 성별에 따른 형평성의 문제를 인식할 수 있도록 할 뿐 아니라 이를 적극적으로 실현하기 위한 구체적 방안을 탐색하는 것도 포함되어야 한다.

컴퓨터 사용의 형평성을 촉진시킬 수 있는 전략으로 허그랜드(Haugland, 2000)는 다음과 같이 제시하고 있다.

첫째, 가정에 컴퓨터가 없는 유아를 위해 도서관, 학교, 방과 후 프로그램에서 컴퓨터에 접근할 수 있는 기회를 제공하는 것의 중요성을 강조하고 옹호하여야 한다.

둘째, 가정에서 컴퓨터를 사용할 수 있도록 컴퓨터나 소프트웨어를 대여하는 도서관 제도를 수립하고, 이를 위한 충분한 기금을 확보하는 것이 중요하다.

셋째, 컴퓨터 개발회사에 성에 대한 편견, 폭력적인 것에 대한 문제점을 인식시키고 소프트웨어 개발 시 반영하도록 촉구하여야 한다.

넷째, 유아들이 함께 소집단으로 프로젝트에 참여하기를 격려하는 것이다. 남아와 여아가 공통의 목적을 향해 함께 작업할 수 있는 집단을 구성하도록 계획하는 것이다.

물론 유아를 대상으로 컴퓨터교육의 문제를 다룰 때는 논의되지 않는 문제이지만, 실제적으로는 컴퓨터 활용이나 접근에 있어 연령별 격차도 새롭게 대두되는 사회적 이슈이기도 한다. 노인층은 젊은층보다 컴퓨터의 학습능력이나 빠른 컴퓨터 환경의 변화에 적응하는 데 어려움이 크기 때문에 이들의 격차를 줄이기 위한 노력도 함께 고려되어야 한다.

3. 안전성의 문제

1) 정보의 신뢰성

최근 인터넷의 웹 사이트는 엄청나게 증가하고 정보의 확산 속도가 빠르기 때문에 이에 대한 활용의 잠재력과 영향력은 무척 크다. 특히 인터넷 사이트의 정보가 모두 신뢰할 수 있는 정보가 아니기 때문에 문제의 심각성이 있다. 유아들은 초·중등학생보다 자율적 활용 정도가 낮지만, 유아에게 적합하고 다양한 정보를 제공하는 사이트보다는 그렇지 않은 사이트가 많으며, 무분별하게 난무하고 있는 실정이다. 더욱이 인터넷은 CD-Rom과는 달리 통제가 어려우며, 접속의 용이성과 신속함으로 유아에게 거의 무방비 상태로 노출되어 있다고 하겠다.

또한 비록 유아 사이트라고 할지라도 이들이 제공하는 다양한 정보들 중 때로는 신뢰하기 어려운 정보도 포함되어 있다. 물론 유아들도 이들 정보를 변별할 수 있는 능력을 가지고 있지 않다. 예를 들면, 유아를 대상으로 하는 상업용 사이트는 유아들에게 흥미로운 활동을 제공하기도 하지만, 해당 브랜드에 대한 충실한 고객이 되도록 하거나, 일찍부터 소비자가 되도록 유도하는 부적절한 부작용의 문제가 제기되고 있다.

무엇보다 부모나 유아교육자가 우려하는 것은 성인사이트에 손쉽게 노출된다는 점이다. 유아가 의도적으로 접속하지 않아도 보게 되는 팝 업 메일(pop-up mail)을 어떻게 통제하느냐 하는 문제가 심각한 현실이 되고 있다. 따라서 유아교육 전문가들의 과제는 무방비하게 노출된 인터넷 사이트로부터 유아를 보호하는 장치를 어떻게 마련할 것인가 하는 방안을 모색하여야 할 것이다. 이를테면 Kid Desk: Internet Safe, Net Nanny (http://www.netnanny.com), Cyber Patrol(http://www.cyberpatrol.com)과 같은 사이트를 마련하여 교사나 부모에게 정보를 제공하는 것도 필요하다.

2) 개인 권리의 보호

인터넷의 신속한 정보 확산의 특징은 때로는 또 다른 심각한 후유증을 야기하기도 한다. 이를테면 개인이 공개하기를 원치 않는 정보나 확인되지 않은 개인의 정보들이 노출됨으로 인한 개인의 사생활 침해도 사회문제로 대두되고 있다. 흔히 유아교육기관 홈페이지를 통해 유아가 속한 반과 유아의 이름과 사진 등의 정보도 손쉽게 얻을 수 있고 이러한 정보가 악용될 수 있는 소지도 크기 때문에 이에 대한 세심한 배려가 필요하다. 미국 아동의 온라인 사적인 권리보호법(Children's Online Privacy Protection Act)에 의하면, 웹 사이트가 13세 이하의 자녀로부터 개인의 정보를 얻기 전에 부모의 동의를 얻고 사이트에 사적 권리보호에 대한 정책을 설명하도록 규정하고 있다. 또한 게임에 필요한 것 이상의 개인정보를 요구하는 것을 금하고 있다.

〈표 10-2〉는 유아들이 인터넷을 사용할 때 지켜야 할 규칙을 목록화한 것으로 유아에게 가르쳐야 할 일종의 사회적 지식이며, 주니어 네이버에서도 인터넷 윤리 십계명으로 제시하고 있기도 하다.

〈표 10-2〉 온라인 안전성을 위한 규칙

1. 나의 주소, 전화번호, 부모의 직장/전화번호 또는 부모의 허락 없이 학교의 이름과 위치 등의 개인적 정보를 주지 않을 것이다.

2. 만약 불편함을 느끼게 하는 어떤 정보를 접하게 되면 곧장 부모에게 말할 것이다.

3. 나의 부모와 함께 먼저 점검하지 않은 온라인에서 만난 사람과 함께 모이지 않는다. 만약 나의 부모가 모임에 동의했다면, 그곳은 공공의 장소이며, 엄마나 아빠를 데려올 수 있는 곳인지 확인할 것이다.

4. 나의 부모와 함께 먼저 점검하지 않고는 나의 사진이나 어떤 것을 보내지 않을 것이다.

5. 나를 불편하게 만들거나 비열한 메시지에는 반응하지 않을 것이다. 만약 그런 메시지를 받았다면 그것은 나의 잘못이 아니다. 만약 받는다면 나는 부모에게 곧장 말하여 부모가 제공자와 접촉할 수 있을 것이다.

6. 나는 부모와 이야기하여 함께 온라인 사용에 대한 규칙을 세울 수 있다. 우리는 방문할 사이트와 일시 및 시간을 결정할 것이다. 허락 없이 이들 규칙을 깨거나 다른 사이트에 접속하지 않을 것이다.

7. 부모 외 어느 누구에게도 친한 친구일지라도 나의 인터넷 패스워드를 주지 않을 것이다.

8. 나는 우리 가족의 사적인 권리를 침해할 수 있는 어떤 것을 하거나, 소프트웨어를 설치하거나 전송하기 전에 부모와 함께 점검할 것이다.

9. 나는 좋은 온라인 시민이 될 것이며, 다른 사람을 해치거나 법을 어기는 어떠한 것도 하지 않을 것이다.

10. 나는 부모에게 인터넷, 컴퓨터, 다른 테크놀로지에 대해 가르치고, 온라인으로 어떻게 배우고 재미를 주는지 이해하도록 도울 것이다.

출처: http://SafeKids.com

3) 안전한 인터넷 사용을 위한 교사와 부모의 역할

교사나 부모들이 유아를 보호하기 위하여 위에서 제시한 규칙을 유아 자신이 지키도록 가르쳐야 하지만 교사나 부모가 보다 능동적 역할을 위해서는 다음과 같은 역할을 해야 할 것이다.

첫째, 부모나 교사들은 유아가 접속하는 컴퓨터 사이트에 대해 알고 있어야 하며, 가능하면 바이러스나 나쁜 사이트의 접속을 차단하는 프로그램을 설치해야 한다.

둘째, 유아가 사용하는 것을 관찰하고 감독할 수 있는 개방된 공간에 컴퓨터를 놓는다.

셋째, 이메일 주소를 공유하여 유아에게 오는 메시지를 모니터한다.

넷째, 접속을 용이하게 하기 위해 즐겨찾기를 활용한다.

다섯째, 온라인 사용에 대한 적절한 행동을 가르치기 위해 함께 시간을 보낸다.

여섯째, 온라인 사용 명세서를 점검한다.

일곱째, 교사나 부모의 감독 밖에서 컴퓨터를 할 수 있는 곳을 점검해 본다.

특히 차일드 에듀넷(child edunet)에서는 교사나 부모가 유아에게 어떻게 인터넷 사용에 대해 설명해 주어야 하는지를 구체적으로 〈표 10-3〉에 제시하고 있다.

근본적으로 인터넷의 사용은 모든 세대가 처음 경험하는 것이므로 이를

〈표 10-3〉 어린이 안전 수칙

인터넷을 하다가 친구들이나 가족들에 대해서 물으면 알려 주지 마세요.

만약 친구들이 길에서 모르는 사람들을 만났는데, 그 사람들이 친구 등의 이름, 집, 전화번호, 엄마, 아빠에 대한 것을 물으면 알려 주어야 하나요?

그래요. 모르는 사람에게는 이러한 것들을 알려 주지 않아요. 인터넷을 하다가도 마찬가지예요. 인터넷 여행을 하다가 모르는 사람들에게 친구들의 이름, 집, 전화번호, 엄마 아빠의 이름과 직업, 신용카드 번호 등을 물을 때 이것을 모두 다 알려 주면 나중에 큰일이 날 수도 있답니다. 부모님과 선생님의 허락 없이는 누구에게도 알려 주지 마세요.

인터넷에서 만난 사람들 중에는 나쁜 사람들도 있어요.

우리가 길을 다니다 보면 여러 사람을 만날 수 있어요. 아주머니, 아저씨, 할아버지, 할머니… 그리고 좋은 사람은 물론 나쁜 사람들도 만날 수 있지요. 이렇게 많은 사람들이 인터넷에서도 똑같이 있습니다. 그러니까, 인터넷에 있는 아주 많은 사람 중에는 좋은 사람들도 있지만 나쁜 사람들도 있을 수 있지요.

더욱 조심해야 하는 것은 인터넷에서 만난 사람들은 얼굴을 잘 볼 수 없으니까 아주 위험한 사람일 때도 잘 알 수 없다는 거예요. 겉으로는 착하게 이야기하고 있지만, 속은 아주 나쁜 사람일 수도 있거든요. 우리가 모르는 낯선 사람을 집에 들어오도록 하지 않는 것처럼, 될 수 있으면 인터넷에서 만난 수상한 낯선 사람과는 이야기하지 않는 것이 좋아요. 그 사람이 나쁜 사람일 수도 있으니까요.

필요 없는 곳을 계속해서 옮겨다니지 마세요. 길을 잃을 수도 있어요.

인터넷 여행을 할 때, 마우스를 한 번 클릭하면 다른 곳으로 옮겨갈 수 있지요.

여기저기 아무 곳이나 마우스로 클릭하여 여행을 하다 보면 이상한 곳에 가서 길을 잃을 수 있어요. 길을 잃은 곳이 나쁘고 무서운 곳일 수도 있지요.

그러니까 길을 잃지 않기 위해서는 이상해 보이는 곳은 클릭하지 않아야 해요. 실수로 이상한 곳에 들어갔을 때는 여행하는 것을 멈추거나 뒤로 돌아가고, 엄마, 아빠, 선생님께 말씀드려야 해요.

인터넷에 있는 이야기들이 언제나 맞는 것은 아니에요.

인터넷에는 우리들이 재미있게 보고 듣고 할 수 있는 것들이 많이 있어요. 하지만 그중에는 엉터리 이야기들도 많이 있답니다. 그리고 맞지도 않으면서 맞는 이야기처럼 거짓말을 하는 것도 있어요. 어떤 곳은 선물 같은 좋은 것을 나누어 준다고 하면서 친구들의 집, 생일, 엄마, 아빠의 이름, 주민등록번호, 신용카드 번호만 묻고 선물은 주지 않는 곳도 있어요. 정확한 이야기를 하고 있는 곳인지 알기 위해서는 엄마, 아빠, 선생님께서 알려 주신 좋은 인터넷 사이트를 찾아가거나, 이상한 것이 나오면 엄마, 아빠, 선생님께 여쭈어 보세요. 그러면 즐거운 인터넷 여행이 될 거에요.

모르는 사람이 보낸 전자우편이나 파일을 열거나 다운로드를 받지 마세요.

인터넷을 쓰는 사람들 중에는 아주 나쁜 전자우편을 다른 사람들에게 보내는 나쁜 사람도 있어요. 우리들이 보기에는 좋지 못한 내용을 보내거나, 컴퓨터를 고장내는 바이러스를 퍼뜨려서 친구들을 깜짝 놀라게 해요. 그러니까 모르는 사람이 보낸 이상한 전자우편은 열어 보지 않아야 해요. 이런 편지가 오면 곧바로 지워버리거나 엄마, 아빠, 선생님께 꼭 이야기해 주세요. 사이버 경찰이 출동할 거예요.

출처: http://www.childedu.net/safety/

어떻게 대처할지에 대해 구체적으로 예측하기도 힘들다. 부모가 유해차단 프로그램을 설치하여 사용하는 경우는 1/3 정도며, 1/2이 부모의 제한 없이 사용하고 있다는 보고는 부모의 역할이 필요함을 시사하는 것이라 볼 수 있다(Behrmann, 2000). 그러므로 가능한 한 가까이서 지속적인 모니터링이 요구된다고 하겠다.

한국정보문화진흥원(2006)에서는 〈표 10-4〉와 같이 부모가 가정에서 유아의 인터넷 사용 시 지도요령을 제시하고 있다. 이는 부모교육용 자료로 활용할 수 있을 것이다.

〈표 10-4〉 가정에서의 유아 인터넷 지도방법

1. 자녀의 인터넷 이용시간을 강압적으로 통제하기보다는 자녀와 합의해서 정한다.
2. 부모도 컴퓨터에 대하여 알고 인터넷을 활용할 수 있도록 한다.
3. 컴퓨터는 거실처럼 가족이 공유하는 장소에 둔다.
4. 학습을 돕는 긍정적인 인터넷 이용을 격려한다.
5. 자녀가 여가시간에 인터넷을 하는 것 이외에 다른 취미활동을 할 수 있도록 유도한다.
6. 자녀가 인터넷을 하면서 식사나 군것질을 하지 않도록 한다.
7. 인터넷 이용에 대하여 일관된 태도를 보여 준다.
8. 자녀 스스로 인터넷 이용시간을 조절하기가 어려울 경우 시간관리 소프트웨어를 설치한다.
9. 자녀의 평소 생각이나 고민에 관심을 보여 준다.
10. 인터넷 이용으로 인하여 생활 부적응이나 갈등이 지속되면 전문 상담기관의 도움을 받는다.

출처: 한국정보문화진흥원, 인터넷중독 예방가이드북, 2006.

4. 의사소통 및 지원체제 구축의 문제

유아교사들은 컴퓨터 보급과 발전의 빠른 속도와 이에 따른 변화에 맞춰 교육현장에서 적절히 사용하기를 기대하는 사회적 요구로부터 지속적인 압박감을 느끼게 된다. 따라서 유아 컴퓨터에 대한 교사교육은 단기의 워크숍이나 과목수강으로 끝낼 것이 아니라 지속적인 지원체제가 구축되어야 한다. 그러나 이에 따른 현실적 문제점은 유아 컴퓨터교육에 대해 오랫동안 다양한 방법으로 시도되고 보완된 유아교육 전문가들이 동의하는 구체적이고 바람직한 방안이 없다는 데 있다. 어느 누구도 앞으로 정보화 사회에서 컴퓨터의 활용이 일상생활, 교육, 여가 등을 어떻게 변화시키고, 어떠한 방향으로 나아갈지 정확히 예측하기 어렵다.

따라서 유아교사들도 자신들의 시도와 경험을 함께 공유하고 다함께 더 나은 방향으로 찾아가기 위한 의사소통 체계 및 지원체제를 구축하는 것이 필요하다. 이러한 체제를 어떻게 구성하고 운영할지도 결국은 유아교사 자신에게 달려 있다고 할 수 있으므로, 유아교육 전문가들 간에 이에 대한 인식을 확신시키는 것이 우선 과제라 하겠다.

유아 컴퓨터교육과 관련하여 해결하여야 할 과제를 살펴보았으나, 이제까지 어느 시대나 사회에서도 컴퓨터나 인터넷의 활용을 경험하지 못하였기 때문에 무슨 문제가 대두될지 예측할 수 없는 실정이다. 그러나 유아교육 전문가로서 사회적·교육적 환경 변화에 따른 수용이나 활용 방안이 성인의 관점에서가 아닌 유아 자신을 위하고, 유아에 의하여 또한 유아들의 발달이나 학습을 지원할 수 있는가 하는 관점에서 다루어져야 할 것이다.

참고문헌

강숙희(2000). 지식 창출 도구로서의 교육정보 서비스망의 활용: 구성주의에 입
　　각한 활용 사례들을 중심으로. 교육학연구, 38(1), 207-234.

교육부(2000). 초 · 중등학교 정보통신기술 교육 운영지침. 서울: 교육부.

교육인적자원부(2004). 2005년 교육 정보화 촉진 시행계획. 서울: 교육부.

교육인적자원부(2004). 교육 정보화백서. 서울: 교육부.

김경철, 박선희, 박정선, 유구종, 조부경(1998). 유아교육과 멀티미디어: CD-ROM 타
　　이틀 분석 및 인터넷 활용방안. 파주: 양서원.

김경철, 유구종(1994). 유아 컴퓨터 교육활성화를 위한 기초 조사연구. 유아교육연
　　구, 14(1), 235-265.

김언주(2003). 인터넷 중독과 사고력, 학습태도와의 관계. 충남대학교 교육대학
　　원 석사학위논문.

김정은, 홍혜경(2000). 인터넷 수학활동에 대한 교사의 개입유형이 유아의 수학
　　능력 및 태도에 미치는 효과. 어린이미디어연구, 4, 1-19.

김종미(2005). 교사의 ICT 활용 현황 및 유아교육 관련 웹사이트의 교육과정 충실
　　도 조사. 숙명여자대학교 원격유아교육정보대학원 석사학위 청구논문.

김종연(2001). 유아교육기관 인터넷 활용교육의 현황 및 발전방안. 광주대학교

산업대학원 석사학위논문.

김진호, 유구종(1995). 아동용 멀티미디어 CD_ROM 타이틀의 현황 및 평가 준거 개발연구. 학생지도연구, 21, 129-154.

김현, 김만, 차현화, 홍혜경(2006). 인터넷동화 활동과 그림동화 활동이 유아의 언어이해력과 언어표현력에 미치는 효과 비교. 열린유아교육연구, 11(5), 251-268.

권희경(1993). 컴퓨터 교육과 유아의 인지능력의 발달. 경희대학교 석사학위논문.

네이버인터넷사이트 http://jr.naver.com/safe/game/game_sub2.html

도규철(2002). 협력적 컴퓨터 활동이 유아의 사회성과 사회적 참여에 미치는 영향. 중앙대학교 교육대학원 석사학위 청구논문.

류영자(2005). 공립유치원의 컴퓨터 보유현황과 활용실태-경북지역을 중심으로-. 가야대학교 교육대학원 석사학위 청구논문.

박경숙(2004). 컴퓨터 교육프로그램 활동이 유아의 사회, 정서발달에 미치는 효과. 계명대학교 교육대학원 석사학위 청구논문.

박석규, 최중근, 이민아(2005). 유아 컴퓨터 교육. 서울: 형설출판사.

박선영(2003). 유아교육에서 정보통신기술활용에 대한 실태 분석. 인제대학교 교육대학원 석사학위논문.

박선희(1995). 유아교육에서 컴퓨터의 역할 정립. 교육학 연구, 33(5), 313-332.

박선희, 김선영(1998). 유아교육과 컴퓨터. 서울: 정민사.

박용만(2002). 지식기반 사회의 평생교육. 인천교육대학교 교육논총, 19(2), 209-223.

박향(2000). 유아의 쌍협동적 및 단독 컴퓨터 활동이 사회적 놀이 형태와 상호작용 행동에 미치는 영향. 계명대학교 교육대학원 석사학위 청구논문.

방현식(2005). 초등학교의 정보통신기자재 기준안에 관한 연구. 경인대학교교육대학원 석사학위논문.

버크라이트너(1995). 컴퓨터 활용에 대한 변화 및 방향. 이경우 편. "유아를 위한 컴퓨터 활동의 접근 방향." 서울: 창지사.

서광선(1996). 새 1000년 밝지 않아… 인간개발연 심포지엄. 조선일보, 5월 3일자.

서정우(1996). 정보화 추세 잡지판매에 유리. 잡지협회 세미나. 조선일보, 5월 8

일자.

안동근(2000). Internet에 대한 유치원 교사의 인식과 활용실태 조사. 전남대학교
    교육대학원 석사학위논문.

양영란(2004). 유치원의 멀티미디어 활용실태 분석. 충남대학교 교육대학원 석사
    학위 청구논문.

유구종, 김종연(2002). 유아교육기관 인터넷 활용교육의 현황 및 문제점. 열린유아
    교육연구, 7(1), 77-98.

윤정은(2002). 유치원의 컴퓨터 활용실태에 관한 연구. 중앙대학교 교육대학원
    석사학위논문.

이경옥, 김승옥, 김민화, 김혜수(2006). 유·아동 및 청소년의 인터넷 게임 중독 척도
    개발 연구. 한국정보문화진흥원.

이경우, 김명순, 류지후, 박정선, 이현옥, 조부경, 홍혜경, 황보영란(1998). 유아를
    위한 멀티미디어 교육의 이론과 실제. 서울: 창지사.

이경우, 이영주(2000). 유치원 컴퓨터 교육의 현황과 전망. 서울: 한국어린이육영회.

이경우 이현옥, 조경자, 김지영, 박정민, 김영실(1998). 유아 컴퓨터 교육. 서울: 다
    음세대.

이기숙, 장영희, 정미라, 엄정애(2002). 유아교육개론. 서울: 양서원.

이영석, 이소희(2001). 유아 컴퓨터 교육론. 서울: 동문사.

이영자, 박미라, 최경애(1999). 유아교육 교수매체. 서울: 교문사.

이옥기(2001). 유치원에서의 컴퓨터 활용실태에 관한 조사연구. 경기대학교 교육
    대학원 석사학위논문.

이현옥, 김영실, 박정민, 조경자(1995). 유치원 컴퓨터 활동현황에 관한 연구. 서울:
    교육부.

이현옥, 김영실, 박정민, 조경자(1996). 유치원 컴퓨터 활동현황. 유아교육연구,
    16(1), 157-173.

정범모(1996). 정보화시대와 아동교육. 한국아동학회 96년도 춘계학술대회, 3-12.

정현재(2000). 컴퓨터 활동이 유아의 사회, 정서발달에 미치는 영향. 원광대학교
    대학원 석사학위 청구논문.

토플러(1995). 세계적 미래학자 앨빈 토플러. 조선일보, 11월 30일자.

토플러(1996). 제3의 물결(유래현 역). 서울: 주무.

한국경제(1999). 논리보다 직관이 앞서 가는 AQ 시대. 한국경제신문, 1월 15일자.

한국교육학술정보원(2003). 2003년 교육 정보화백서. 서울: 한국교육학술정보원.

한국교육학술정보원(2004). 2004년 교육 정보화백서. 서울: 한국교육학술정보원.

한국교육학술정보원(2006). 교육용 콘텐츠 기준. 서울: 한국교육학술정보원.

한국인터넷진흥원(2006). 2005년도 하반기 정보화 실태조사: 요약보고서. 서울: 한국
　　　인터넷진흥원.

한국인터넷진흥원(2007). 연도별 인터넷 이용률. 서울: 한국인터넷진흥원.
　　　www.nida.or.kr

한국정보문화진흥원(2006). 인터넷중독 예방가이드북. 서울: 한국정보문화진흥원.

한국정보문화진흥원(2007). 유아를 위한 바른 인터넷 첫걸음: 지도서. 서울: 한국정보
　　　문화진흥원.

한국정보통신기술협회(2007). 정보통신용어사전. http://word.tta.or.kr/
　　　terms/business.jsp

허미혜(2004). 유아교사의 인터넷 교육콘텐츠에 대한 인식과 활용실태. 성균관대
　　　학교 대학원 석사학위 청구논문.

홍혜경(2000). 지식기반 사회에 대비한 유아 멀티미디어교육. 한국유아교육학회
　　　광주 전남지회 여름 워크숍 자료집, 27-57.

홍혜경(2002). 유아교수매체로서의 인터넷 활용에 관한 이론적 탐색. 유아교육논
　　　집, 6(2), 93-113.

홍혜경(2006). 인터넷 동화와 그림책동화를 활용한 이야기 나누기의 언어상호작
　　　용 비교. 유아교육학논집, 10(3), 5-28.

홍혜경, 정용은(2005). 유아의 정보능력 측정도구 개발연구, 유아교육연구, 25(1),
　　　47-65.

황해익, 제경숙, 서현아, 천희영, 최미현, 강신영, 김혜림(2001). 인터넷과 유아교육.
　　　서울: 창지사.

Alexander, N. P. (1994). Early childhood professional development and the
　　　electronic age. *Young Children, 49*(5), 26-27.

Ali, A., & Franklin, T. (2001). Internet use in the classroom: Potential and pitfalls for student learning and teacher-student relationships. *Educational Technology, 41*(4), 57-59.

Alliance for Childhood (2001). Fool's gold: A critical look at computer and childhood. http://www.allianceforchildhood.org.uk/

ALSA & AECT (1998). Information literacy standards for student learning: Standards and indicators. ERIC ED 427 971.

American Occupational Therapy Association (2000). Repetitive motion injury. www.aota.org.

American Optometric Association (1997). New release: Computer related vision woes can be solved. www.aoanet.org.

Anderson, G. T. (2000). An empirical comparison of the proposition of cooperative play of 4-year-old preschool children observed as they interact in four centers: Block, computer, housekeeping, and manipulative. Atlanta, GA: NAEYC.

Barnes, B. J., & Hill, S. (1983). Should young children work with microcomputers-Logo before Logo? *The Computing Teacher, 10*(9), 11-14.

Barone, T., Berliner, D. C., Blanchard, J., Casanova, U., & McGowan, T. (1996). A future for teacher education. In J. Sikula, T. J. Butty, & E. Guyton (Eds.), *Handbook of research on teacher education* (2nd ed.). NY, NY: Macmillan.

Beaty, J. J., & Tucker, W. H. (1987). *The computer as a paintbrush: Creative uses for the personal computer in the classroom.* Columbus, OH: Merill Publishing Co.

Becker, H. J. (2000). Who's wired and who's not: Children's access to and use of computer technology. *The Future of Children, 10*(2), 44-75.

Benoit, M. B. (1997). Violence is as American as apple pie. *American Academy of Child and Adolescent Psychiatry News.* Washing, DC: AACAP, March-April, 20.

Bergen, D. (2000). Linking technology and teaching practice technology in the classroom. *Childhood Education, 76*(4), 252-53.

Bowman, B. T. (1998). *Math, science and technology in early childhood education.* ERIC ED 418 774.

Bredekamp, S., & Rosegrant, T. (1994). Learning and teaching with technology. In J. L. Wright & D. D. Shade (Eds.), *Young children: Active learners in a technological age.* Washington, DC: NAEYC.

Buckleitner, W. (2004). Trends and Issues. 2004년도 어린이 미디어의 경향. 한국어린이미디어학회 춘계학술대회 및 정기총회, 5-21.

Buckleitner, W. (1986). *Hallmarks of quality software.* The High Scope Resource, 12-13.

Clements, D. H. (1995). Teaching creativity with computers. *Educational Psychology Review, 7*(2), 141-161.

Clements, D. H. (1999). Concrete manipulatives, concrete ideas. *Contemporary Issues in Early Childhood, 1*(1), 45-60.

Clements, D. H. (1999). The effective usse of computer with young children. J. V. Copley (Ed.), *Mathematics in the early years.* Reston, VA: NCTM.

Clements, D. H. (2001). From exercises and tasks to problems and jorjects: Unique contributions of computers to innovative mathematics education. *Journal of Mathematical Behavior, 19,* 9-47.

Clements, D. H., & Nastasi, B. K. (1992). Computers and early childhood education. In M. Gettinger, S. N. Elliotte, & T. R. Kratochwill (Eds.), *Advances in school psychology: Preschool and early childhood treatment directions.* Hillsdale, NJ: Lawence Erlbaum.

Clements, D. H., & Nastasi, B. K. (1993). Electroic media and early childhood education. In B. Spodek (Ed.), *Handbook of research on the eduction of young children.* NY: Macmillan, 241-275.

Clements, D. H., & Sarama, J. (1998). Building blocks-Foundations for mathematical thinking, pre-kindergarten to grade 2: Research-ased

materials development. www.gse.buffalo.edu/org/buildingblocks/

Clements, D. H., & Sarama, J. (2003). Strip mining for gold: Research and policy in educational technology-A response to "Fool's Gold". *Educational Technology Review, 11*(1), http://www.aace.org/pubs/etr/issue4/current.ctm/

Cordes, C., & Miller, E. (2001). *Fool's gold: A critical look at computers in childhood.* Alliance for Childhood. Retrieved November 7, 2000. http://www.allianceforchildhood.net/projects/computers/computers_reports.htm

Cory, S. (1983). A 4-stage model of development for full implementation of computers for instruction in a school system. *The Computing Teacher,* 11-16.

Cunningham, A. E., & Stanovich, K. E. (1990). Early spelling acquisition: Writing beats the computer. *Journal of Educatonal Psychology, 82,* 159-162.

Davidson, J. I. (1989). *Children and computer together in the early childhood classroom.* Albany, NY: Delmar Publishers Inc.

Davis, B. C., & Shade, D. D. (1999). *Integrate, don't Isolate Computers in the Early Childhood Curriculum.* Office of Educational Research and Improvement (Ed.), Washington, DC. ERIC NO. ED 376 991.

Davis, B. C., & Shade, D. D. (1994, December). Integrate, don't isolate!-computers in the early childhood curriculum. ERIC Digest, EDO-PS-94-17.

DeHart, G. B., Sroufe, L. A., & Cooper, R. G. (2000). *Child development: It's nature and course* (4th ed.). Boston, MA: Mcgraw-Hill Companies.

Dickinson, D. K. (1986). Cooperation, collaboration, and a computer: Integrating a computer into a first-second grade writing program. *Research in the Teaching of English, 20,* 357-378.

Dividson, J., & Wright, J. L. (1994). The potential of the microcomputer in the early childhood classroom. In J. L. Wright & D. D. Shade (Eds.), *Young children: Active learners ina technological age.* Washington, DC: NAEYC.

Doherty, A. (1998). The internet: Destined to become a passive surfing technology? *Educational Technology, 38*(1), 61-63.

Doran, L. A., & Kalinowski, M. F. (1991). Reducing adult computer anxiety: Lessons from preschool child tutors. *Journal of Computing in Childhood Education, 2*(3), 41-50.

Druin, A., & Soloman, C. (1996). *Designing multimedia environments for children.* NJ, NY: John Wiley & Sons, Inc, 220-243.

Elkind, D. (1987). The child, yesterday, today, and tomorrow, *Young Children, 42*(4), 6-11.

Elkind, D. (1991). Early childhood education in the postmodern era: An introduction. In D. Elkind (Ed.). *Perspectives on early childhood education.* Washington, D.C.: NEA, 3-17.

Epstein, A. (1993). *Training for quality.* Ypsilant, MI: High/Scope Press.

Foster, K. C., Erickson, G. C., Foster, D. F., Brinkman, D., & Torgesen, J. K. (1994). Computer administered instruction in phonological awareness: Evaluation of the Daisy Quest program. *Journal of Research and Development in Education, 27*, 126-137.

Freeman, N. K., & Somerindyke, J. (2001). Social play at the computer: Preschoolers scaffold and support peer's computer competence. *Information Technology in Childhood Education Annual*, 203-214.

Hancock, V., & Betts, E. (1994). From the lagging to the leading. *Educational Leadership, 51*(7).

Harel, I. (2000). Learning skills for the millennium: The three Xs. http://www.mamamedia.com/area/grownups/new/

Haugland, S. W., & Shade, D. (1994). Software education for young children. In J. L. Wright & D. D. Shade (Eds.), *Young children: active learners in a technological age.* Washington, D.C.: NAEYC.

Haugland, S. W., & Wright, J. L. (1997). *Young children and technology: A world of discovery.* Boston, MA: Allyn and Bacon.

Haugland, S. W. (1992). The effects of computer software on preschool children's developmental gains. *Journal of Computing in Childhood*

Education, 3(1), 15-30.

Haugland, S. W. (2000). Early childhood classrooms in the 21st century: Using computers to maximizing learning. *Young Children, 55*(1), 12-18.

Hinchliffe, L. J. (1996, May). *Helping early childhood teacher education students learn about the internet.* ERIC Digest, EDO-PS-96-5.

Hixson, J., & Jones, B. F. (1990). *Using technology to support professional development for teachers and administrators.* ERIC Document Reproduction Service No. ED 327176.

Hohmann, C. (1994). Staff development practices for integrating technology in early childhood education programs. In Wright, J. L. & Shade, D. D. (1994). *Young children: active learners in a technological age.* NAEYC, Washington, D.C.

Hubbard, G. (1988). Children in the information age. In B. Sendov & I. StanChev (Eds.), *Child in the information age.* Oxford: Pergamon Press.

Hutinger, P. L., & Johanson, J. (2000). Implementing and maintaining an effective early childhood comprehensive technology system. *A Topics in Early Childhood Special Education, 20*(3), 159-173.

Hutinger, P. L., Beard, M., Bell, C., Bond, J., Robinson, L., Schneider, C., & Terry, C. (1998). *Emerging literacy and technology: Working together.* ERIC ED 433 670.

IRA (2002). *Integrating literacy and technology in the curriculum.* Newark, DE: Author.

ISTE (1998). *National Educational Technology Standard for students.* ERIC ED 421 971.

ISTE (2000). *National Educational Technology Standard for students: Connecting curriculum and technology.* Eugene, OR: author.

Jonassen, D. H., Peck, K. L., & Wilson, B. G. (1999). *Learning with technology: A constructivist perspective.* Upper Saddle River, NJ: Prenice Hall Inc.

Kaufman, R. (1998). The internet as the ultimate technology and panacea.

Educational Technology, 38(1), 63-64.

Kelly, K. (1999). Get that TV out of your children's bedroom, U. S. News and World Report, Nov. 29, 79.

Kokish, R. (1994). Experiences using a PC in play therapy with children. *Computers in Human Services, 11*(1-2), 141-150.

Landerholm, E. (1995). Early childhood teacher's computer attitude, knowledge, and practices. *Early Child Development and Care, 109,* 43-60.

Lipinski, J. M. (1984). Competence, gender and preschooler's free play choices when a microcomputer is present in the classroom. North Carolina University, Greensboro, Family Research Center.

Lipinski, J. M., Nida, R. E., Shade, D. D., & Watson, J. A. (1986). The effects of microcomputers on young children: An examination of free-play choices, sex differences, and social interactions. *Journal of Educational Computing Research, 2,* 147-168.

Massachusetts Department of Education(2001). Recommended Pre-K-12 instructional technology standard. http://www.doe.mass.edu/edtech/

Miller, E. (2001). Developmental risks: The hazards of computer in childhood. In Fool's gold: A critical look at computers and childhood. http://www.allianceforchildhood.or.uk

Montgomety, K. C. (2000). Children's media culture in the new millennium: Mapping the digital landscape. *The Future of Children: Children and Computer Technology, 10*(2), 145-167.

Morrison, G. S. (1997). *Fundamentals of early childhood education.* Upper Saddle River, NJ: Prentice-Hall.

Muhlstein, E. A., & Croft, D. J. (1986). *Using the microcomputer to enhance language experiences and the development of cooperative play among preschool children.* Cupertino, CA: DeAnza College.

NAEYC (1998). The internet and young children. http://www.naeyc.org/resources/ey/1998/18.asp.

NAEYC (1987). Developmentally appropriate practice in early childhood programs serving children from birth through age 8. Washington, D.C.: NAEYC.

NAEYC (1992). Guidelines for appropriate curriculum content and assessment in programs serving children ages three through eight. Washington, D.C.: NAEYC.

NAEYC (1996). *Guidelines for preparation of early childhood professionals.* Washington, D.C.: NAEYC.

NAEYC (1996). NAEYC position statement: technology and young children- ages three through eight. *Young Children, 51*(6), 11-16.

National Education Goals Panel (1997). *The national education goals report: Building a nation of learners.* Washington, D.C.: U. S. Government Printing Office.

NBPTS (1996). *NBPT Standards for early childhood, generalist certification.* In Guidelines for preparation of early childhood professionals. Washington, D.C.: NAEYC.

NCATE (1997). *Technology and the new professional teacher: Preparing for the 21st century classroom.* Washington, D.C.: Author.

NETC (2003). *Early connections: Technology in early childhood education.* http://222.netc.org/earlyconnections/childcare/technology.html

New York State Education (2002). *Mathematics, scicence, & technoloy.* www.nysed.gov

Newton, D. (2005). *Teaching design and technology 3-11.* Lodon: Paul Chapman Publishing.

NIEHS (1999). *Environmental health institute report concludes evidence is weak that electric and magnetic fields cause cancer.* no. 9-99. Research Triangle Park, NC: NIEHS.

Oates, S., Evans, G., & Hedge, A. (1998). A preliminary ergonomic and postural assessment of computer work settings in America elementay school.

Computers in the Schools, 14(3/4), 55-63.

Papert, S. (1987). A critique of technocentrism in thinking about the school of the future. In B. Sendov & I Stanchev. (Eds.), *Children in the information age.* Oxford: Pergamon Press, 3-18.

Papert, S. (1998). *Child power: Key to the new learning of the digital century.* http://www.connectedfamily.com/frame4/

Pellegrino, J. W., & Altman, J. E. (1997). Information technology and teacher preparation: Some critical issues and illustrative solutions. *Peabody Journal of Education, 72*(1), 89-121.

Plotnick, E. (1999). *Information literarcy.* ERIC ED 427 777.

Prairie, A. P. (2005). *Inquiry into math, science, and technology for teaching young children.* Clifton Park, NY: Thomson & Delmar Learning.

Resnick, L. B., & Wirt, J. G. (1996). *Linking school and work: Roles for standards and assessment.* San Francisco, CA: Jossey-Bass, Inc.

Rodrigues, S., & Williams, M. (2002). *Developing a curriculum framework in technology for young children.* ERIC ED 468 869.

Rothenberg, D. (1995). *The internet and early childhood educators: Some frequently asked questions.* ERIC Digest, EDO-PS-95-5.

Sandberg, A. (2002). Preschool teacher's conceptions of computers and play. *Information Technology in Childhood Education Annual*, 245-262.

Sandholtz, J. H. (1997). Teaching with Technology: Creating student-centered classrooms. ERIC ED 402 923.

Sarama, J., & Clements, D. H. (2003). Building Blocks of early childhood mathematics. *Teaching Children Mathematics, 9*, 480-484.

Scardamalia, M., & Bereiter, C. (1992). An architecture ofr collaborative knowledge building. In E. De Corte, M. C. Linn, H. Mandle, & L. Verschaffel (Eds.), *Computer-based learning environments and problem solving* (pp. 41-66). Berlin-Heidelberg, NY: Springer-Verlag.

Schrader, C. T. (1990). The worf processor as a tool for developing young

writers. ERIC Document Reproduction Service No. ED 321 276.

Shade, D. D., & Darino, B. C. (1994). The role of computer technology in early childhood education. In J. P. Isenberg & M. R. Jalongo (Eds.), *Major trends and issues in early childhood education.* NY, NY: Teachers College Press.

Shade, D. D. (1985). *Will a microcomputer really benefit preschool children? A theoretical examination of computer applications in early childhood education.* ERIC ED 264 951.

Shade, D. D. (1994). Computers and young children: Software types, social contents, age, and emotional responses. *Journal of Computing in Childhood Education, 5*(2), 177-209.

Shields, M. K., & Behrman, R. E. (2000). Children and computer technology: Analysis and recommendations. *The Future of Children: Children and Computer Technology, 10*(2), 4-30.

Siraj-Blatchford, J., & Whitebread, D. (2003). *Supporting ICT in the early years.* Berkshire, England: Open University Press.

Sprung, B. (1996). Physics is fun: Physics is important and physics belongs in the early childhood curriculum. *Young Children, 51*(5), 29-33.

Subrahmanyam, K., Kraut, R. E., Greenfield, P. M., & Gross, E. F. (2000). The impact of home computer use on children's activities and development. *The Future of Children: Children and Computer Technology, 10*(2), 123-144.

Suomala, J. A., Korhonen, R., & Ketamo, H. C. (2000). *New Media in Early Childhood Education.* Paper presented at the European Conference on Quality in Early Childhood Education(10th, London, England, Aug. 29-Sep. 1).

Tally, S., Lancy, D. F., & Lee, T. R. (1997). Children, storybooks, and computers. *Reading Horizons, 38*(2), 116-128.

Taylor, R. P. (1980). *The computer in the school: Tutor, tool, tutee.* NY:

Teachers College Press.

Thouvenelle, S., & Bewick, C. J. (2003). *Completing the computer puzzle: A guide for early childhood educators.* Boston, MA: Allyn and Bacon.

U.S. National Institute for Occupational Safty and Health Administration (1997). Musculoskeletal Disorders and workplace factors. Publication No. 97-141. Washington, D.C.: U.S. Department of Health and Human Services.

Wonacott, M. E. (2001). Technological literacy. ERIC Digest, ERIC ED 459 371.

Wright, J. L. (1994). Listen to the children: Observing young children's discoveries with the microcomputers. In J. L. Wright, & D. D. Shade (Eds.), *Young children: Active learners in a technological age.* Washington, D.C.: NAEYC.

Yost, N. J. M. (1998). Computers, kids, and crayons: A comparative study of one kindergarten's emergent literacy behaviors. *Dissertation Abstracts International,* 59-08, 2847.

찾아보기

내 용

242 찾아보기

저자 소개

홍혜경

University of Michigan, 교육학 박사
전 '유아교육 연구' 편집위원, 한국어린이집협회 간사
현 전남대학교 사범대학 유아교육과 교수
   '유아교육학 논집' 편집위원, 한국어린이미디어학회 이사
   한국 유아교육학회 광주 · 전남지회장

〈대표 저서〉
유아 수학교육의 이론과 실제(공저, 창지사, 1997)
유아를 위한 멀티미디어 교육의 이론과 실제(공저, 창지사, 1998)
유아수학능력 발달과 교육(양서원, 2004)
유아수학교육의 탐구–한국수학교육학회 수학교사 시리즈 2(공저, 교유사, 2006)

〈대표 논문〉
인터넷동화와 그림책동화를 활용한 이야기 나누기의 언어 상호작용 비교(2006)
인터넷동화 활동과 그림책동화 활동이 유아의 언어이해력과 언어표현력에 미치는 효과
   비교(2006)
유아의 정보능력 측정도구 개발 연구(2005)
인터넷 수학활동에 대한 교사의 개입유형이 유아의 수학능력 및 태도에 미치는 효과(2005)
유아교수매체로서의 인터넷 활용에 관한 이론적 탐색(2002)

유아 컴퓨터교육

2008년 1월 5일 1판 1쇄 인쇄
2008년 1월 10일 1판 1쇄 발행

지은이 · 홍혜경
펴낸이 · 김진환
펴낸곳 · **학지사**
121-837 서울특별시 마포구 서교동 352-29 마인드월드빌딩 5층
대표전화 · 02)326-1500 / 팩스 02)324-2345
홈페이지 · http://www.hakjisa.co.kr
등   록 · 1992년 2월 19일 제2-1329호

ISBN 978-89-5891-568-3 94370
ISBN 978-89-5891-037-4(set)

정가 13,000원

학지사는 깨끗한 마음을 드립니다.

유아교육개론 〈개정판〉

신옥순 지음

2005년 · 크라운판 · 416면

아동 연구방법의 이해

이은해 · 이미리 · 박소연 공저

2006년 · 사륙배판 · 408면

영유아보육의 이해

조성연 외 공저

2006년 · 사륙배변형판 · 360면

아동발달의 이해

정옥분 지음

2002년 · 사륙배판 · 628면

보육과정 〈2판〉

이순형 외 공저

2007년 · 사륙배판 · 440면

발달심리학

송명자 지음

1995년 · 사륙배판 · 526면

보육실습

서영숙 · 천혜정 · 윤매자 공저

2006년 · 사륙배판 · 212면

유아놀이지도

정진 · 성원경 공저

2004년 · 사륙배판 · 460면

**영유아를 위한
교수매체의 이론과 실제**

심성경 외 공저

2007년 · 사륙배변형판 · 344면

**그림을 통한 아동의
진단과 이해 〈증보판〉**

신민섭 외 공저

2003년 · 사륙배변형판 · 368면

학지사

학지사는 깨끗한 마음을 드립니다.

다중지능이론에 기초한 유아교육과정

한양여자대학교 부속유치원 편
2006년 · 사륙배판 · 464면

유아를 위한 동작교육의 이론과 실제

심성경 외 공저
2007년 · 크라운판 · 296면

유아교과교육론

유민임 지음
2007년 · 사륙배판 · 344면

유치원 · 보육시설 운영관리 〈2판〉

강문희 외 공저
2007년 · 사륙배변형판 · 432면

그림책과 예술교육

현은자 외 공저
2007년 · 크라운판 · 432면

예비부모교육

정옥분 · 정순화 공저
2007년 · 사륙배변형판 · 424면

유아언어교육의 이론과 실제

이차숙 지음
2005년 · 사륙배변형판 · 448면

아동건강교육

최민수 · 정영희 공저
2006년 · 사륙배판 · 424면

유아수학교육 이론과 실제

나귀옥 · 김경희 공저
2004년 · 사륙배판 · 384면

아동과 환경

황혜정 외 공저
2003년 · 크라운판 · 424면

학지사